建造师考试参考教材

公路边坡防护技术

主 编 赵艳华 张秀娟

西南交通大学出版社
·成 都·

图书在版编目（CIP）数据

公路边坡防护技术 / 赵艳华，张秀娟主编. —成都：西南交通大学出版社，2021.2
ISBN 978-7-5643-7872-1

Ⅰ. ①公… Ⅱ. ①赵… ②张… Ⅲ. ①公路路基–边坡–公路养护 Ⅳ. ①U418.5

中国版本图书馆 CIP 数据核字（2020）第 243886 号

Gonglu Bianpo Fanghu Jishu
公路边坡防护技术

主　编　　赵艳华　　张秀娟

责任编辑	韩洪黎
封面设计	原创动力
出版发行	西南交通大学出版社 （四川省成都市金牛区二环路北一段 111 号 西南交通大学创新大厦 21 楼）
邮政编码	610031
发行部电话	028-87600564　028-87600533
网址	http://www.xnjdcbs.com
印刷	成都蜀雅印务有限公司

成品尺寸	185 mm×260 mm
印张	19
字数	475 千
版次	2021 年 2 月第 1 版
印次	2021 年 2 月第 1 次
定价	49.80 元
书号	ISBN 978-7-5643-7872-1

课件咨询电话：028-81435775
图书如有印装质量问题　本社负责退换
版权所有　盗版必究　举报电话：028-87600562

改革开放以来,为适应社会和经济的全面发展,国家加快了城镇化和新农村建设的步伐。在这种发展趋势下,大量的山区公路得以建设,在建设过程中,边坡的问题始终困扰着许多施工单位。"公路边坡防护技术"是针对公路建设、养护、管理的特殊需求设置的一门专业课程。全书共分七个项目,主要介绍了公路尤其山区公路建设中边坡的常见病害及其防护措施,内容覆盖了边坡病害防护与治理及边坡支挡加固技术等相关知识,按其体系可分为基本理论、坡体加固技术、坡面防护技术及治理效果评价四部分。本书结合山区公路建设的地质特点,对相关的边坡防治展开了探讨,同时提出了山区公路边坡的防护功效、技术要求和防护形式,可供未来山区公路建设参考。

"公路边坡防护技术"是土木工程专业的核心专业课程,一些执业资格考试(如建造师考试)也涉及本课程的相关知识。本书内容的设置主要考虑了职业院校学生毕业后可能从事的工作方向,以及工作岗位对学生能力的要求,不求宽而全,但求实用和够用。由于本专业毕业生大部分会从事施工、监理监测工作,所以在内容选取上,主要围绕边坡及病害方面的基本知识、加固和防护措施的施工工艺和注意事项,以及对采取措施的简单评价等方面进行了介绍。

通过本教材的学习,需要达到的目标有:

知识目标:通过本课程的学习,能概括出边坡的工作状态对道路的正常运营和行车安全的影响,掌握边坡相关的基本知识以及边坡病害方面的基础内容;

技能目标:能说出公路边坡常见病害及相应的防治措施;

能力目标:在公路边坡的防护措施选择、施工及设计过程中,能根据不同的边坡状况有针对性地探索和选用不同的支挡加固技术。

本教材由四川交通运输职业学校(四川交通技师学院)赵艳华、张秀娟担任主编,四川交通运输职业学校(四川交通技师学院)黄联联、杨琴、袁月、陈偲、张鑫、郭乙历,四川大学锦城学院耿佳弟参编。具体分工如下：项目一由杨琴、张鑫编写；项目二由黄联联编写；项目三由张秀娟、陈偲、赵艳华编写；项目四由张秀娟、郭乙历编写；项目五由袁月编写；项目六、项目七由赵艳华、耿佳弟编写。

  本书在编写过程中，参考了国内外边坡工程方面的有关规范、论文和著作。全书由四川交通运输职业学校朱博明、西南交通大学赵晓彦担任主审，给本书的编写提出了许多宝贵的建议和思路。

  鉴于编者水平有限，书中不妥之处在所难免，敬请读者批评指正。

编　者
2021 年 3 月

目录

项目一 边坡知识认知 ... 1
- 任务一 边坡的概念及其分类 ... 3
- 任务二 边坡稳定影响因素分析 ... 16

项目二 边坡病害类型及防治措施 ... 26
- 任务一 边坡稳定性分析 ... 27
- 任务二 边坡病害类型 ... 33
- 任务三 边坡变形破坏的防治 ... 45

项目三 边坡坡体加固技术 ... 54
- 任务一 锚杆技术 ... 56
- 任务二 预应力锚固技术 ... 68
- 任务三 抗滑桩 ... 83

项目四 挡土墙工程技术 ... 98
- 任务一 挡土墙土压力计算和施工 ... 102
- 任务二 重力式挡土墙 ... 111
- 任务三 锚杆挡土墙 ... 123
- 任务四 锚定板挡土墙 ... 134

项目五 边坡坡面防护技术 ... 145
- 任务一 柔性防护网 ... 148
- 任务二 植被防护 ... 160
- 任务三 喷浆防护 ... 174
- 任务四 砌石防护 ... 186
- 任务五 土工合成材料防护 ... 195

项目六 边坡排水工程 ... 206
- 任务一 排水系统认知 ... 208
- 任务二 地表排水措施 ... 211

任务三　地下排水措施 ·················· 225

项目七　边坡病害治理措施效果评价 ·················· 243
　　任务一　边坡病害治理工程效果评价标准 ·················· 244
　　任务二　预应力锚索框架工程效果评价方法 ·················· 255
　　任务三　预应力锚索抗滑桩工程效果评价方法 ·················· 267
　　任务四　锚杆框架工程效果评价方法 ·················· 277
　　任务五　抗滑桩工程效果评价方法 ·················· 285
　　任务六　抗滑挡土墙工程效果评价方法 ·················· 288
　　任务七　注浆类加固工程措施效果评价 ·················· 292

参考文献 ·················· 296

项目一
边坡知识认知

◆ 工作导向流程图

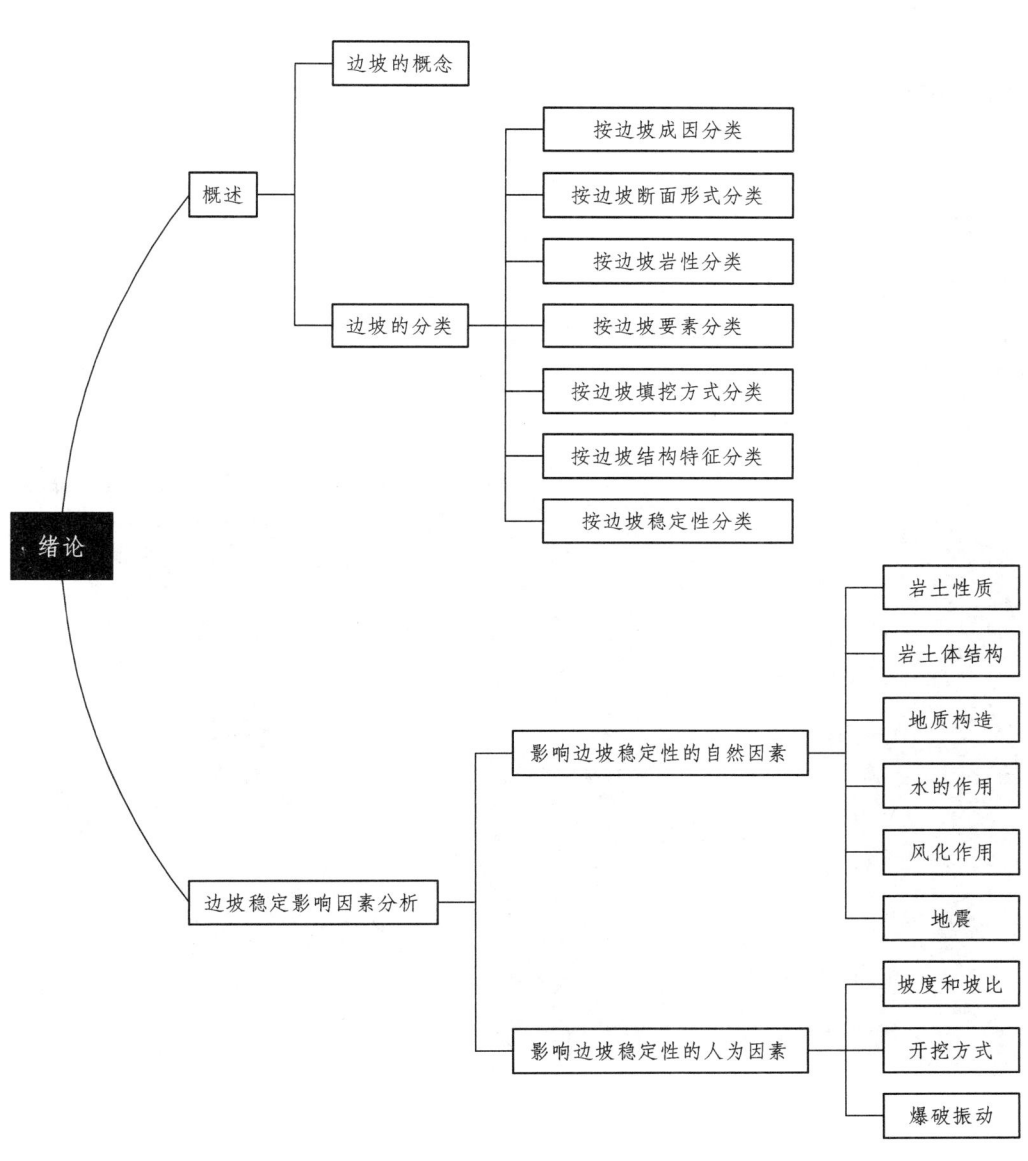

知识目标

（1）能说出边坡和自然斜坡的区别。
（2）能说出边坡的类型。
（3）能说出边坡变形破坏的主要影响因素。
（4）讨论出各类因素对边坡稳定的影响。

技能目标

（1）能根据案例正确识别边坡类型。
（2）能正确分析边坡变形破坏的因素。

课时建议

6学时。

任务背景

早期建成通车的沈大高速公路、深汕高速公路（见图1-0-1、图1-0-2），因路基边坡发生滑塌，造成了较大的经济损失和不良的社会影响。（沈大高速南段180 km路段，后期边坡工程防治费用占整个工程防治费用的80%；深汕高速某滑坡长约2 km，滑坡整治费用超过1亿元。）

图1-0-1 沈大高速某路段

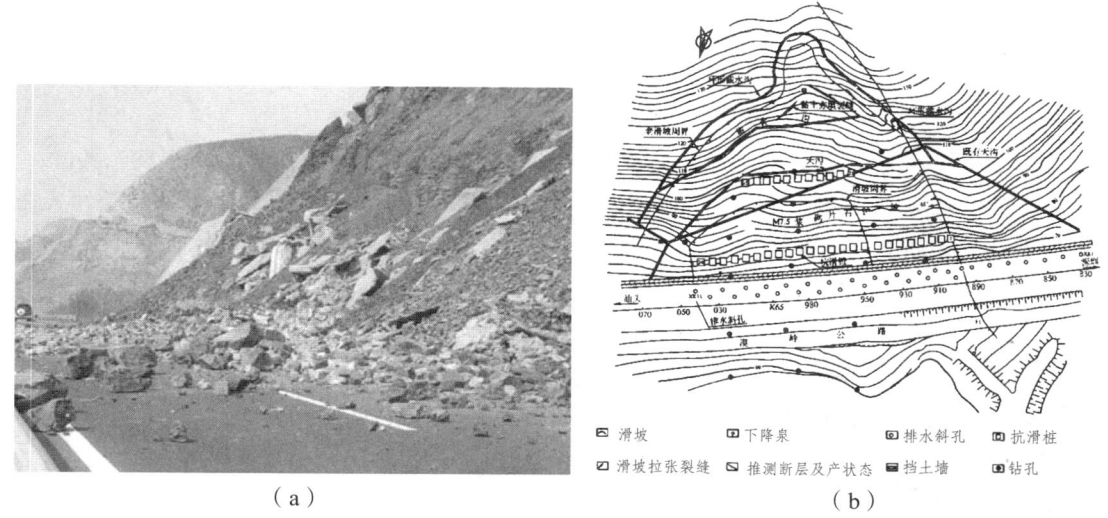

(a) (b)

图 1-0-2 深汕高速某滑坡破坏及整治设计平面图

项目目标

通过本项目的学习，知道边坡的类型，设置不同类型边坡需要考虑的因素，影响边坡稳定性的因素有哪些，并能结合本项目知识、任务背景、工作任务页，吸取前期公路建设的经验教训，高等级公路边坡的综合治理受到重视。

公路边坡主要包括填方边坡和挖方边坡，是公路的重要组成部分。长期以来，公路边坡的综合防护技术一直是公路修筑中的一个常见课题。20 世纪 80 年代中期以前，我国公路建设主要以低等级公路为主，深挖高填施工较少，公路建设投资不大，因而公路边坡稳定性问题相对较少，边坡支挡工程不作为道路建设的主体工程，在公路工程建设中对边坡的防护常常被忽略。进入 20 世纪 90 年代以后，我国大量修建高等级公路，遇到大量的高填深挖路基，边坡稳定问题日渐突出。20 世纪 90 年代初期，边坡防护与加固仍主要沿用低等级公路的边坡工程技术或借鉴铁道部门的经验来实施局部处理，由于在边坡处治时缺乏综合考虑，为工程埋下了隐患。

本项目主要介绍边坡类型以及影响边坡稳定性的因素。

任务一　边坡的概念及其分类

【知识目标】

（1）能说出边坡和自然斜坡的区别。
（2）能说出边坡的类型。

【课时建议】

2 学时。

【任务背景】

金沙江溪落渡水电站坝区高边坡（见图 1-1-1），自然坡高约 400 m，坡度 50°～90°；开挖 100～300 m，坡度 60°～70°；峨眉山玄武岩，厚层状，近水平状，其间为风化或蚀变壳，经构造挤压形成相对软弱挤压带，层间发育较多的陡倾裂隙，高边坡稳定和高边墙稳定成为该级电站的重大岩体工程问题。

图 1-1-1 工程概貌

【任务目标】

通过本任务的学习，总结对边坡的分类。

一、边坡的概念

边坡是指在各种地质或工程作用下形成的具有倾向临空面的地质体（见图 1-1-2）。边坡可以是在一定地质环境中，在各种地质应力作用下形成和演化的自然历史过程的产物（如山坡，海岸，河岸等），也可以是因人类某种工程、经济目的而开挖，多在自然斜坡的基础上形成，其特点是具有较规则的几何形态（如路堑边坡、路堤边坡、露天基坑等）。本项目重点研究因公路建设路基开挖或填筑而形成的边坡，公路边坡各组成部分及要素如图 1-1-3 所示。

临空面

（a） （b）

图 1-1-2　边　坡

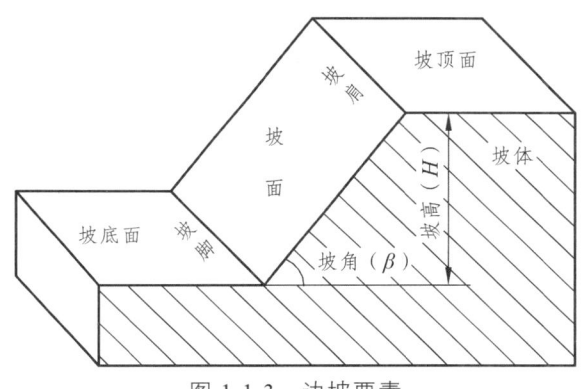

图 1-1-3　边坡要素

二、边坡的分类

边坡的分类方法很多，常见的有按照边坡的成因、岩性、高度、用途、使用年限、结构特征以及破坏模式等进行划分。

1. 按边坡成因分类

边坡按成因可以分为自然边坡（斜坡）和人工边坡。

自然边坡由于其地层岩性、地质构造、地下水分布和风化程度不同，在自然应力作用下形成了不同的形态，如直线型、凸形坡、凹形坡、台阶状山坡等，且其坡高和坡率也千差万别。自然边坡（见图 1-1-4）可分为剥蚀边坡（构造型、丘陵型）、侵蚀边坡（岸蚀边坡、沟蚀边坡）、塌滑边坡。

人工边坡（见图 1-1-5）是将自然地质的一部分改造成为人工构筑物，其特征和稳定性很大程度上取决于自然边坡的地形地貌特征、地质结构和构造特征。人工边坡可分为挖方边坡和填方边坡，如路堤边坡、路堑边坡。

图 1-1-4 自然边坡

图 1-1-5 人工边坡

2. 按边坡断面形式分类

边坡按断面形式可分为直立式边坡、倾斜式边坡和台阶形边坡,如图 1-1-6 所示。由这 3 种形式又可构成复合式边坡,如图 1-1-7 所示。

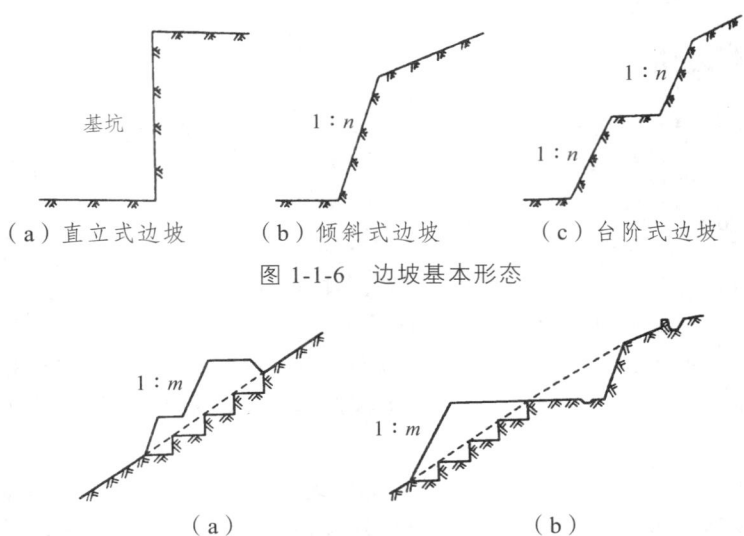

(a) 直立式边坡　　(b) 倾斜式边坡　　(c) 台阶式边坡

图 1-1-6 边坡基本形态

(a)　　　　　　　　(b)

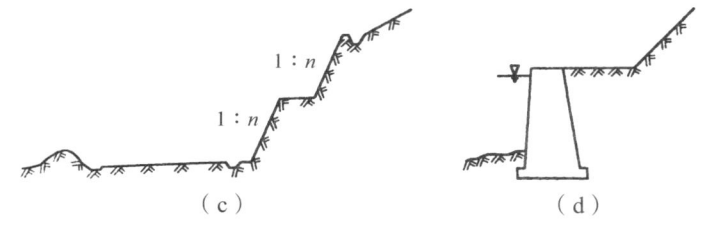

图 1-1-7 复合边坡形态

3. 按边坡岩性分类

边坡按岩性可分为土质边坡、岩质边坡和岩土混合边坡 3 种。

（1）土质边坡：整个边坡均由土体构成（见图 1-1-8），按土体种类又可分为黏性土边坡、黄土边坡、膨胀土边坡、堆积土边坡、填土边坡等。土质边坡由于土体强度较低，保持不了高陡的边坡，一般都在 20 m 以下，只有黄土边坡因其特殊的结构特征，可保持较高较陡的边坡。

图 1-1-8 土质边坡

（2）岩质边坡：整个边坡均由岩体构成（见图 1-1-9），按岩体的强度又可分为硬岩边坡、软岩边坡和风化岩边坡等，按岩体结构分为整体状边坡、块状边坡、层状边坡、碎裂状边坡、散体状边坡。岩质边坡由于地层结构的复杂性，比土质边坡要复杂得多。

（3）岩土混合边坡：整个边坡下部为岩层，上部为土层，即二元结构的边坡。

图 1-1-9 岩质边坡

4. 按边坡要素分类

由于边坡的复杂性，不同部门对高陡边坡的定义有很大差别。

例如：我国《建筑边坡工程技术规范》（GB 50330—2002）适用的边坡高度范围为岩质边坡的高度在 30 m 以下，土质边坡在 15 m 以下。高边坡的界定中，一般认为边坡高度大于 20 m 的土质边坡，或高度大于 30 m 的岩质边坡为高边坡。

又如：在矿山行业，边坡高度在 300 m 以上，坡角在 45°以上的边坡称为高陡边坡；而在交通领域，边坡高度在 30 m 以上，坡角在 30°以上就可称为高陡边坡。目前，公路行业根据成因、岩性、高度、坡长、坡度等要素对边坡的分类大多采用表 1-1-1 的高度量值。

表 1-1-1 按边坡要素对边坡的分类

分类依据	类别	简述
成因	自然边坡	由自然地质作用形成的具有一定坡度的斜坡
	人工边坡	由人为开挖、填筑形成的具有一定坡度的斜坡
岩性	土质边坡	整个边坡均由土体构成
	岩质边坡	整个边坡均由岩体构成
坡高	超高边坡	岩质边坡坡高大于 30 m，土质边坡坡高大于 15 m
	高边坡	岩质边坡坡高 15～30 m，土质边坡坡高 10～15 m
	中等边坡	岩质边坡坡高 8～15 m，土质边坡坡高 5～10 m
	低边坡	岩质边坡坡高小于 8 m，土质边坡坡高小于 5 m
坡长	长边坡	坡长大于 300 m
	中长边坡	坡长 100～300 m
	短边坡	坡长小于 100 m
坡度	缓坡	坡度小于 15°
	中等坡	坡度 15°～30°
	陡坡	坡度 30°～60°
	急坡	坡度 60°～90°

5. 按边坡填挖方式分类

按填挖方式可将路基边坡分为路堤边坡和路堑边坡。

（1）路堤边坡：当路基面高于天然地面时，在天然地面上用土和石填筑起来的路基斜坡，如图 1-1-10 所示。需注意的是：边坡稳定性要好，需设置边沟，必要时还需设置截水沟以利排水。

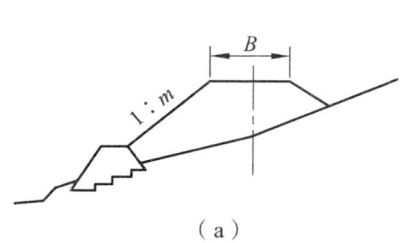

路堤边坡

（a） （b）

图 1-1-10　路堤边坡示意图

（2）路堑边坡：当路基面低于天然地面时，通过开挖天然地面形成的路基斜坡，如图 1-1-11 所示。开挖后破坏了原有的天然平衡状态，其稳定性主要取决于地质、水文以及开挖深度与坡度。

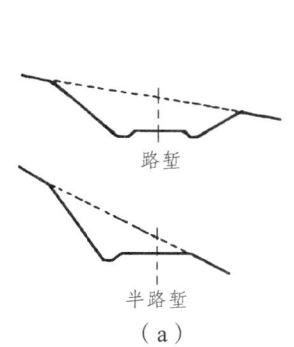

路堑边坡

（a） （b）

图 1-1-11　路堑边坡示意图

6. 按边坡结构特征分类

按边坡结构特征可将边坡分为以下几种：

（1）类均质土边坡：边坡由均质土体构成，如图 1-1-12（a）所示。

（2）近水平层状边坡：由近水平层状岩土体构成的边坡，如图 1-1-12（b）所示。

（3）顺倾层状边坡：由倾向临空面（开挖面）的顺倾岩土层构成的边坡，如图 1-1-12（c）所示。

（4）反倾层状边坡：岩土层面倾向边坡山体内，如图 1-1-12（d）所示。

（5）块状岩体边坡：由厚层块状岩体构成的边坡，如图 1-1-12（e）所示。

（6）碎裂状岩体边坡：边坡由碎裂状岩体构成，或为断层破碎带，或为节理密集带，如图 1-1-12（f）所示。

（7）散体状边坡：边坡由破碎块石、砂构成，如强风化层。

不同坡体结构的岩土形成的边坡，其稳定性是不同的，尤其含有软弱层和不利结构面的坡体，常常出现边坡失稳滑塌。

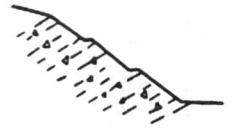
（a）类均质土边坡

（b）近水平层状边坡

（c）顺倾层边坡

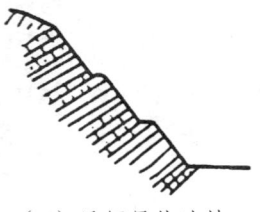
（d）反倾层状边坡

（e）块状岩体边坡

（f）碎裂状岩体边坡

图 1-1-12　不同坡体结构的边坡示意图

7. 按边坡稳定性分类

按边坡的稳定性可将边坡分为稳定性边坡（稳定条件好，不会发生破坏）、不稳定边坡（稳定条件差或已发生局部破坏，必须处理才能稳定）和已失稳边坡（已发生明显的破坏）。

边坡的分类方法有很多，由于所依据的分类原则和标准不同，以及分类目的不同，目前还没有一个公认的统一分类方法。在公路边坡工程中，往往是同时按多个方法进行分类，如岩质高边坡、失稳土质边坡等。

运用本任务所讲内容，结合网络自学，对工作任务进行分析，亦可作为课后作业，检查本任务内容的掌握程度和实际运用能力。

一、填空题

1. 边坡按成因分为＿＿＿＿＿＿、＿＿＿＿＿＿。
2. 根据边坡的断面形式可分为＿＿＿＿＿＿、＿＿＿＿＿＿、＿＿＿＿＿＿。
3. 人工边坡可分为＿＿＿＿＿＿、＿＿＿＿＿＿。
4. 边坡按岩性可分为＿＿＿＿＿＿、＿＿＿＿＿＿、＿＿＿＿＿＿三种。
5. 边坡按稳定性可分为＿＿＿＿＿＿、＿＿＿＿＿＿、＿＿＿＿＿＿。

二、判断题

1. 自然边坡是指在各种地质应力作用下形成的边坡,如山坡、海岸、河岸。(   )
2. 人工边坡是往往是由于人类某种工程、经济目的而填挖形成的边坡。   (   )

任务工作页

【学习目标】

（1）能积极接受工作任务，明确任务，确定小组成员。
（2）能正确说出边坡的分类及成因。
（3）能讨论出边坡的各种特性。
（4）能总结出边坡的岩性特点。

【建议学时】

2学时。

【任务描述与分析】

金沙江溪落渡水电站坝区高边坡（见图1-1-1），自然坡高约400 m，坡度50°～90°；峨眉山玄武岩，厚层状，近水平状，其间为风化或蚀变壳，经构造挤压形成相对软弱挤压带，层间发育较多的陡倾裂隙。

该边坡临河，为岸蚀类高陡岩石边坡，坡面多为直立式。边坡有风化挤压等软弱带并伴有众多裂隙带，因此边坡岩性极其不稳定。

【任务目标】

针对该任务中的边坡，分析其不稳定的影响因素。

【任务实施流程与活动】

一、对边坡基础知识点认识

1. 按坡高、坡度、边坡结构等对边坡进行分类

分类依据	简述

分类依据	简述

分类依据	简述

2. 根据上面的分类标准，确定该边坡的具体类型

二、分析影响该边坡稳定的因素

三、针对该边坡特点列举可采取的加固措施

四、工作总结，经验交流

五、评价反馈

1. 学习自测题

完成教材课后练习题。

2. 学习目标达成度的自我检查

自我检查表

序号	学习目标	达成情况（在相应的选项后打"√"）		
		能	不能	如果不能，是什么原因
1	能遵守上课基本制度			
2	能查阅资料说出分类			
3	能收集归纳相关知识点			
4	能相互协作、配合			
5	能独立完成任务			
6	能积极提出疑问			
7	能用专业术语进行补充			
8	能遵守劳动纪律，以积极的态度接受工作任务			

3. 日常表现性评价（由小组长或者组内成员评价）

（1）工作页填写情况（　　）。

A. 填写完整　　　　　　　　　B. 缺失 0%~20%

C. 缺失 20%~40%　　　　　　 D. 缺失 40%以上

（2）工作页填写正确率（　　）。

A. 80%以上　　　　　　　　　B. 60%以上

C. 60%以下　　　　　　　　　D. 极差

（3）总体表现评价（　　）。

A. 非常优秀　　　　　　　　　B. 比较优秀

C. 需要改进　　　　　　　　　D. 急需改进

（4）是否达到全勤（　　）。

A. 全勤

B. 缺勤（姓名：　　　　　　　　　　　　　　　　　　　　）

C. 缺勤（有请假，姓名：　　　　　　　　　　　　　　　　）

（5）其他建议：

小组长签名：　　　　　　日期：

4. 教师总体评价

（1）小组成员整体表现评价。

① 姓名：　　　非常优秀（　）比较优秀（　）需要改进（　）急需改进（　）
② 姓名：　　　非常优秀（　）比较优秀（　）需要改进（　）急需改进（　）
③ 姓名：　　　非常优秀（　）比较优秀（　）需要改进（　）急需改进（　）
④ 姓名：　　　非常优秀（　）比较优秀（　）需要改进（　）急需改进（　）
⑤ 姓名：　　　非常优秀（　）比较优秀（　）需要改进（　）急需改进（　）
⑥ 姓名：　　　非常优秀（　）比较优秀（　）需要改进（　）急需改进（　）
⑦ 姓名：　　　非常优秀（　）比较优秀（　）需要改进（　）急需改进（　）
⑧ 姓名：　　　非常优秀（　）比较优秀（　）需要改进（　）急需改进（　）

（2）小组整体评价（　　　）。

A. 组长很负责，所有同学都能达成学习目标

B. 小组能完成学习任务，个别同学不能达成学习目标

C. 组内有 3~4 人不能达成学习目标

D. 组内大部分同学不能达成学习目标

教师签名：　　　　　　日期：

任务二　边坡稳定影响因素分析

【知识目标】

（1）能说出边坡变形破坏的主要影响因素。
（2）能说出各类因素对边坡稳定的影响。
（3）能说出各种岩石的岩性特点。

【技能目标】

（1）能对边坡稳定性进行分析。
（2）能根据地形水文情况判断有哪些影响因素。
（3）能根据岩石特性预测它对边坡的影响。

【课时建议】

4 学时。

【任务背景】

四川成都至南充高速公路冯店 K66+00～K66+300 段高边坡，自然坡高 120 余米，坡度 20°～60°。开挖最大高度 85 m，坡度 45°～70°。地层为缓倾角砂岩与泥岩互层为主，节理发育，以陡倾的节理为主，深部裂缝和周围滑坡发育。

试对该段边坡稳定性进行分析。

【任务目标】

通过本任务学习能对边坡稳定性进行分析。

相关理论

边坡变形破坏是在各种地质营力的作用下发生的，影响边坡变形破坏的因素很多，整体上分为自然因素和人为因素。

一、影响边坡稳定性的自然因素

影响边坡稳定性的自然因素包括岩土性质、岩土体结构、地质构造、降雨、风化作用、天然地震及各种外部荷载（如风、雪等）等。

1. 岩土性质

岩土体是在长期的自然历史过程中沉积形成的,其形成年代与类型各不相同,岩土体的物质成分、结构、构造、物理力学性质也各不相同,边坡的稳定性也就有差异。根据成因,岩石可分为岩浆岩(火成岩)、沉积岩(水成岩)和变质岩。

地层岩性1

地层岩性2

(1)岩浆岩。

岩浆岩是由高温熔融的岩浆在地表或地下冷凝所形成的岩石,也称火成岩或喷浆岩。例如:花岗岩(见图1-2-1)、玄武岩(见图1-2-2)。

岩浆岩的岩性特点:岩性好,岩块抗压强度大。

图1-2-1 花岗岩

图1-2-2 玄武岩

(2)沉积岩。

沉积岩是在地表条件下由风化作用、生物作用和火山作用的产物,经水、空气和冰川等外力的搬运、沉积和成岩固结而形成的岩石。沉积岩占地壳体积的7.9%,但在地壳表层分布很广,约占陆地面积的75%,而海底几乎全部为沉积岩所覆盖。例如:页岩(见图1-2-3)、砂岩(见图1-2-4)。

图1-2-3 页岩

图1-2-4 砂岩

沉积岩的岩性特点:一是具有层次,二是许多沉积岩中有"石质化"的古生物的遗体或生存、活动的痕迹,层理面对岩体强度起控制作用。

（3）变质岩。

变质岩由先成的岩浆岩、沉积岩或变质岩，由于其所处地质环境的改变经变质作用而形成的岩石。例如：大理岩（见图 1-2-5）、石英岩（见图 1-2-6）。

变质岩的岩性特点：具有特定的比重、孔隙度、抗压强度和抗拉强度等物理性质。

（a） （b）

图 1-2-5　大理岩

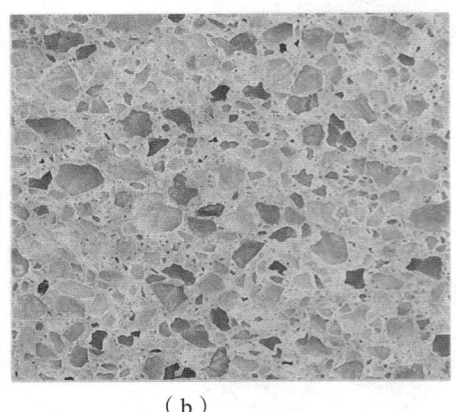

（a） （b）

图 1-2-6　石英岩

一般情况下，由致密坚硬的抗风化能力好的造岩矿物构成的岩质边坡稳定性极好，反之则较差。例如：坚硬完整的块状或厚层状的岩体（如花岗岩、砾岩等）的稳定性较好，可形成数百米的陡坡；岩性单一的边坡稳定性高于岩性复杂的边坡；由岩浆岩组成的边坡其稳定性高于沉积岩组成的边坡；由沉积岩经变质作用形成的变质岩边坡，其强度高于原岩的，可构成较高陡的边坡。

某些区域性土或特殊土，其物质成分和结构的差异将强烈影响边坡的稳定性。例如：在淤泥或淤泥质软土地段，由于软土的塑性流动，边坡稳定性极差，极易变形破坏，难以保持坡形；黄土地区的边坡在干旱时可高达数十米，近于直立仍可保持稳定，而膨胀土边坡有的仅高数米或数十米，坡度小于 10°，仍不能保持稳定。

2. 岩土体结构

岩体结构的类型、结构面的各种性状及坡面的关系是影响岩质边坡稳定的控制性因素。例如，当沉积岩或变质岩中的岩层产状与坡向一致时，易形成贯通破坏的滑动面；水平状岩层边坡的稳定性极好，但若存在陡倾裂隙时，则易引起剥落和坍塌；同向缓倾的岩质边坡稳定性较反向倾斜的差，且最易产生顺层滑坡。因此，岩体中各种不连续面的切割组合，常形成边坡中的不稳定块体，影响边坡稳定。又如，岩层倾角小于 15° 的边坡，除沿软弱夹层可能产生塑性流动外，一般是稳定的；岩层倾角大于 25° 的边坡，通常不稳定。总之，结构面或倾角愈陡，边坡稳定性愈差。

岩体结构

土体的结构特征也是影响边坡稳定的主要因素。一般情况下，含片状矿物（如蒙脱石、伊利石等）多的土质边坡稳定性较差，具蜂窝状或絮凝状结构的土体边坡，其稳定性较差。

3. 地质构造

地质构造对边坡稳定性的影响最为明显。在地质构造复杂、褶皱（见图 1-2-7）强烈、断裂（见图 1-2-8）发育、地震或岩浆活动等新构造运动活跃的地区，边坡稳定性较差。例如，我国西南横断山脉地区、西藏雅鲁藏布江大拐弯河谷深切地区等，斜坡上的崩塌、落石、滑坡及泥石流等极为发育，常出现大型滑坡、崩塌及泥石流等，体积可达数亿立方米。另外，在褶皱核部附近，节理裂隙发育，边坡稳定性也很差；而在断层带附近，岩石破碎，风化严重，同时又受地下水等的影响，边坡的稳定性下降。

地质构造

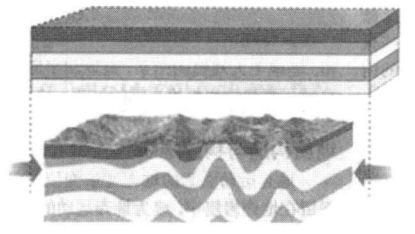 

（a）褶皱形成示意图　　　　（b）褶皱景观

图 1-2-7　褶皱

褶　皱

断　层

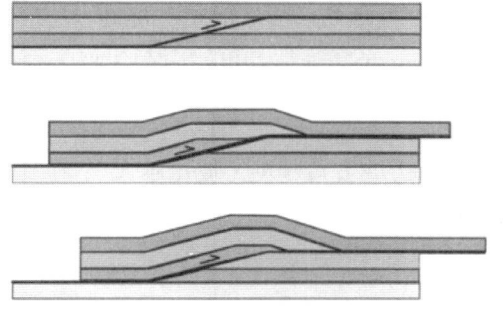

图 1-2-8　地质断裂形成示意图

4. 水的作用

水对边坡稳定性的影响可分为两个方面：一是水对岩土体的软化、侵蚀，降低了岩土体的力学强度；二是水对边坡的冲刷磨蚀，直接破坏边坡。

（1）地下水影响。

地下水是影响边坡稳定的一个重要因素，通常与大气降水、地表径流密切相关。它的作用是在岩体裂隙中产生静水压力和动水压力，减小摩擦力和增加岩体的下滑力。此外，地下水沿岩体结构面长期渗流，对于结构面的泥质物起到软化作用，降低岩体强度。

减少地下水影响的常用措施：用截水沟拦截大气降水的地表径流，用排水沟疏导地表水，在边坡表面打水平钻孔排泄边坡内部的积水等。

（2）大气降水的影响。

对边坡而言，降雨的不利作用主要表现在降低岩体强度、抬高地下水位、加大边坡内孔隙水压力三个方面。

5. 风化作用

风化作用

风化作用使岩土体的裂隙增大增多甚至贯通，透水性增强，抗剪强度降低，不利于边坡稳定。大量调查表明，风化作用越严重，边坡稳定性越差。同一地区，岩土体性质不同，风化程度也不一样。例如，黏土岩比砂岩易风化，故其风化层较厚，坡角较小；具有周期性干湿变化的地区，岩石风化速度快，边坡的稳定性也较差。因此，在研究风化作用对边坡稳定性的影响时，须考虑边坡岩体各种岩石的风化条件及抗风化能力，预测边坡的发展趋势，为防护治理措施提供依据。

6. 地　震

地震使坡体产生振动，导致软弱结构面发展、抗剪强度降低或完全失去强度，边坡的稳定性则随之降低甚至失稳。地震对边坡的破坏程度，取决于地震烈度的大小，且与边坡的岩性、层理、节理裂隙的分布及发育密度、坡面方位和岩土体含水性能有关。

二、影响边坡稳定性的人为因素

影响边坡稳定性的人为因素包括：开挖边坡的几何要素（如坡比、坡高、边坡形状、超挖情况等）、边坡开挖方式和爆破振动等。边坡的不合理开挖、坡顶加载及不合理施工、植被的破坏、地表或地下水动力条件的改变等都有可能引起边坡失稳。

1. 坡度和坡比

人工开挖的边坡高度越大，边坡坡角越陡（坡比越大），在其他相同的条件下，边坡稳定性就越差，边坡破坏的概率就越大。

2. 开挖方式

路堑边坡开挖方式主要有以下几种情况：

（1）对冲积、坡积、洪积层或者是强风化岩层，通常采用施工机具或人工开挖，这种开挖对边坡面的振动破坏最小。

（2）对风化程度较轻微的基岩，通常采用机械设备穿孔和爆破，对边坡会造成一定程度的破坏，其破坏程度主要取决于钻孔孔径大小、装药量的多少以及填充情况、起爆方式等。

3. 爆破振动

爆破使边坡岩土体受到强烈振动而产生裂隙。爆破对岩体的破坏作用主要有：第一，炮孔的升压作用，即爆破生成的气体升压，从而产生很强的膨胀压力；第二，由升压作用在炮孔周围产生的压力冲击波在传播时形成的强大应力等。炸药爆破反应是一个高温、高压、高速的反应，爆破可使气体温度高达 3 000～5 000 ℃，压力可达 4 000～30 000 MPa。

若人工削坡未考虑岩体结构特点，切露了控制边坡稳定的主要软弱结构面，使临空面扩大，坡体失去支撑，会导致边坡变形破坏；若施工程序不当，坡顶开挖进度慢而坡角开挖进度快，加陡边坡或形成倒坡，导致坡角应力集中增大，也易使边坡产生变形破坏。

运用本任务所讲内容，结合网络自学，对工作任务进行分析，亦可作为课后作业，检查本任务内容的掌握程度和实际运用能力。

一、填空题

1. 影响边坡变形破坏的因素，整体上分为_____和_____。
2. 根据成因，岩石可分为_____、_____、_____。
3. 影响边坡变形自然因素包括_____、_____、_____、_____、地质构造、各种外部荷载等。
4. 影响边坡稳定性的人为因素包括_____、_____、_____三种。
5. 边坡的几何要素主要有_____、_____、_____、_____。

二、判断题

1. 边坡的不合理开挖、加载、植被的破坏、地表或地下水动力条件的改变等都有可能引起边坡的失稳。（　　）
2. 沉积岩最显著的特点：一是具有层次，二是许多沉积岩中有古代生物的遗体、活动的痕迹。（　　）
3. 变质岩的岩性特点：具有特定的比重、孔隙度、抗压强度和抗拉强度等特性。（　　）

三、简答题

1. 人类活动如何影响边坡的稳定？
2. 大气降雨对边坡有哪些影响？

任务工作页

【学习目标】

（1）能积极接受工作任务，明确任务，确定小组成员。
（2）能说出边坡变形破坏的主要影响因素。
（3）能说出各类因素对边坡稳定的影响。
（4）能判断影响因素属于自然因素或人为因素。
（5）能对边坡稳定性进行分析。
（6）能根据地形水文情况判断有哪些影响因素。
（7）能根据岩石特性预测它对边坡的影响。

【建议学时】

2学时。

【任务描述与分析】

四川成都至南充高速公路冯店 K66+00～K66+300 段高边坡，自然坡高 120 余米，坡度 20°～60°，开挖最大高度 85 m，坡度 45°～70°。地层为缓倾角砂岩与泥岩互层为主，节理发育，以陡倾的节理为主，深部裂缝和周围滑坡发育。

【任务目标】

能对该段边坡稳定性进行分析。

【任务实施流程与活动】

一、判断任务中边坡的影响因素有哪些

1. 对任务进行阅读、理解，找出任务中影响边坡稳定的因素

2. 对该任务中出现的影响因素进行制表整理

序号	影响因素	依据

二、对该任务中边坡稳定性进行分析

三、工作总结，经验交流

四、评价反馈

1. 学习自测题

完成教材课后练习题。

2. 学习目标达成度的自我检查

自我检查表

序号	学习目标	达成情况（在相应的选项后打"√"）		
		能	不能	如果不能，是什么原因
1	能遵守上课基本制度			
2	能遵守劳动纪律，以积极的态度接受工作任务			
3	能积极查阅资料、主动学习			
4	能相互协作、配合			
5	能100%完成任务			
6	能积极提出疑问			
7	能口述出这次任务的大概内容			
8	能收集归纳相关知识点			
9	安全文明施工			

3. 日常表现性评价（由小组长或者组内成员评价）

（1）工作页填写情况（　　）。

A. 填写完整　　　　　　　　B. 缺失0%~20%

C. 缺失20%~40%　　　　　D. 缺失40%以上

（2）工作页填写正确率（　　）。

A. 80%以上　　　　　　　　B. 60%以上

C. 60%以下　　　　　　　　　D. 极差

（3）总体表现评价（　　　）。

A. 非常优秀　　　　　　　　　B. 比较优秀

C. 需要改进　　　　　　　　　D. 急需改进

（4）是否达到全勤（　　　）。

A. 全勤

B. 缺勤（姓名：　　　　　　　　　　　　　　　　　　　　）

C. 缺勤（有请假，姓名：　　　　　　　　　　　　　　　　）

（5）其他建议：

小组长签名：　　　　日期：

4. 教师总体评价

（1）小组成员整体表现评价。

① 姓名：　　　非常优秀（　）比较优秀（　）需要改进（　）急需改进（　）
② 姓名：　　　非常优秀（　）比较优秀（　）需要改进（　）急需改进（　）
③ 姓名：　　　非常优秀（　）比较优秀（　）需要改进（　）急需改进（　）
④ 姓名：　　　非常优秀（　）比较优秀（　）需要改进（　）急需改进（　）
⑤ 姓名：　　　非常优秀（　）比较优秀（　）需要改进（　）急需改进（　）
⑥ 姓名：　　　非常优秀（　）比较优秀（　）需要改进（　）急需改进（　）
⑦ 姓名：　　　非常优秀（　）比较优秀（　）需要改进（　）急需改进（　）
⑧ 姓名：　　　非常优秀（　）比较优秀（　）需要改进（　）急需改进（　）

（2）小组整体评价（　　　）。

A. 组长很负责，所有同学都能达成学习目标

B. 小组能完成学习任务，个别同学不能达成学习目标

C. 组内有3~4人不能达成学习目标

D. 组内大部分同学不能达成学习目标

教师签名：　　　　日期：

项目二

边坡病害类型及防治措施

◆ **工作导向流程图**

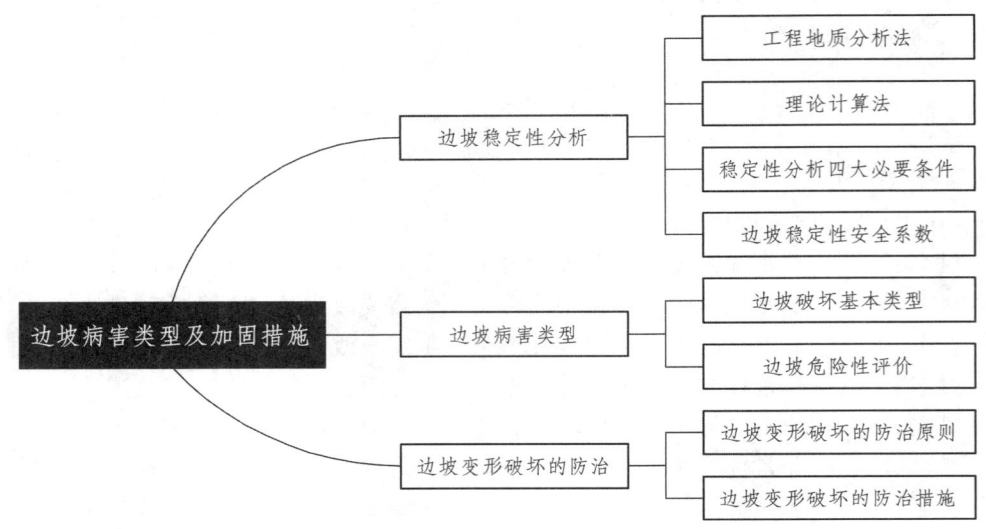

知识目标

（1）能够阐述边坡稳定性分析方法。
（2）能够说出稳定性分析的四大必要条件。
（3）能够判断边坡破坏的基本类型。
（4）能够阐明边坡变形破坏的防治原则和防治措施。

技能目标

（1）能够正确选择边坡稳定性分析方法。
（2）能够识别边坡破坏的基本类型。
（3）能够初步制定边坡变形破坏的防治措施。

建议课时

8学时。

项目目标

通过本项目的学习，知道边坡稳定性分析的基本方法、必要条件和边坡稳定性安全系数，识别边坡破坏的基本类型，知道边坡稳定性评价的基本方法和边坡变形破坏的防治原则，并能结合本项目知识、任务背景、工作任务页等制定相应的边坡变形破坏防治措施。

随着经济的不断发展和城市化进程的不断加快，我国的交通运输行业也得到了迅速发展，交通工具不断提速，公路的建设和施工也在不断进步。而对于公路工程而言，其质量问题是国家和社会关注的重点。边坡工程的稳定性关系着公路整体的承载能力和质量，其作用是十分巨大的。

本项目结合边坡工程的稳定性分析，对边坡病害的类型、产生的原因和相应的防治措施进行了分析和探讨。

任务一　边坡稳定性分析

【学习目标】

（1）能阐明常用的边坡稳定性分析方法。
（2）能叙述出各种分析方法的工程原理。
（3）能识记稳定性分析的四大必要条件。

【建议课时】

2学时。

要设计一个稳定且经济合理的边坡，应以边坡在运营期间不发生危害性的变形和破坏为准则。边坡稳定性分析在于阐明工程地段天然边坡是否可能产生危害或较大的变形与破坏，论证其变形与破坏的形式、发展趋势与规模。边坡工程地质研究的目的是查明边坡的基本工程地质条件，评价和预测其稳定性，并提出相应的防治措施。在边坡工程地质研究中，应对边坡稳定性做专门分析。边坡稳定性分析的方法可归纳为工程地质分析法、理论计算法、模型试验法三种。前面两种方法应用很普遍，不过三者常互为补充，综合应用。

一、工程地质分析法

边坡的变形破坏与其外部形态、内部结构及所处的地质环境是紧密联系的，因此可以通过观察分析三者的发展过程评价其稳定性。分析方法大致如下：

1. 根据地貌形态及构造的变化判断边坡的稳定性

对于一个具有一定外形及结构的边坡,从构造分析入手,综合分析坡体中起控制作用的结构面或软弱面的空间组合情况及相应的形态变化,判断边坡是否稳定,常可节省大量勘探工作。

2. 利用工程地质分析法进行边坡稳定性分析

该方法主要运用的是比拟法,这是工程实践中最常用同时也是最实用的边坡稳定性分析方法。其实质是应用自然历史分析法了解已有边坡的工程地质条件,将其与要研究的边坡工程地质条件做对比,把已有边坡的研究或设计经验应用于条件相似的边坡中。

对比边坡需有原则可循,首先是边坡要具有相似性。相似性主要有两个方面:一是边坡岩土体性质、边坡所处的地质构造环境及岩土体结构的相似性;二是边坡类型的相似性。在此基础上对比边坡成因及影响其稳定性的各种地质因素。这里要注意,边坡岩土性质的相似性其实就是成土、成岩条件的相似性,所以岩土性质的对比不能忽略成土、成岩条件及形成年代等因素的对比。

一般情况下,在工程地质比拟法所要考虑的因素中,岩土性质、地质构造、岩土体结构、水的作用和风化作用是主要的,其他(如坡面方位、地震、气候条件等)是次要的。

二、理论计算法

边坡稳定性分析的理论计算法主要是利用土力学、岩石力学、弹塑性力学、断裂损伤力学等多种力学和数学计算方法,对边坡稳定性做定量评价,这常为工程所必需。实际上,不论用哪种理论定量计算,都需进行基本假定。由于影响边坡稳定性的因素很多,所以定量计算只是一种近似估算。应该指出,理论计算法的可靠性很大程度上取决于计算参数的选择和边界条件的确定,特别是对结构面抗剪强度指标的选择。因此,理论计算法必须以正确的地质分析为基础。

对于构成边坡的岩土体,影响其稳定性的主要因素是结构面,其他地质因素一般通过结构面对稳定性产生影响。自然界的大多数边坡均发育有多组结构面,它们多相互切割,分布复杂,形成复杂的滑动体。边坡稳定性分析的理论计算法有很多,下面仅介绍工程中较简单也较常用的方法。

1. 单一滑动面的稳定性计算

假设边坡中的不稳定滑动体由单一结构面控制(见图 2-1-1),这种情况常见于岩质边坡、均质砂性土坡及成层的非均质砂性土坡中,根据静力平衡原理,潜在滑动面上的岩土体在重力作用下沿着滑动面产生两个分力,即下滑力和垂直于滑动面的压力。在这两个分力的作用下,若滑动体产生滑动或有滑动的趋势,则还受到滑动面抗滑阻力的作用。此时,边坡的稳定性主要由下滑力与抗滑阻力之间的大小关系来确定,其稳定性系数 K 等于抗滑阻力与下滑力之比,如式(2-1-1)所示。

$$K = \frac{F}{P} = \frac{W\cos\alpha\tan\varphi + \dfrac{cH}{\sin\alpha}}{W\sin\alpha} \quad (2\text{-}1\text{-}1)$$

式中　W——条带重量（kN）；

　　　F——条带抗滑阻力（kN）；

　　　P——条带下滑力（kN）；

　　　α——条带与弧段法线的夹角；

　　　φ——岩土体的内摩擦角（即滑动面摩擦角）；

　　　c——岩土体内聚力（即滑动面凝聚力）；

　　　H——滑体厚度（m）。

根据式（2-1-1），若 $K<1$，则边坡不稳定；若 $K=1$，边坡处于临界平衡状态；若 $K>1$，则边坡处于稳定状态。

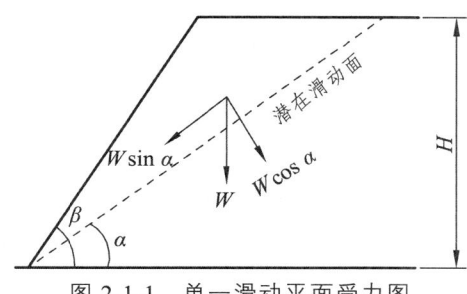

图 2-1-1　单一滑动平面受力图

2. 单一滑动弧面的稳定性计算

若边坡中的不稳定滑动体由单一滑动弧面控制（见图 2-1-2），这种情况常见于土质边坡中，尤其是黏性土坡中，边坡稳定性的定量分析多采用瑞典条分法，又称为费伦纽斯法。其基本假定如下：

（1）假定边坡稳定属于平面应变问题，即可取某一横剖面为代表进行分析计算；

（2）假定滑动面的滑动体为刚体，计算中不考虑单个条带间的相互作用力；

（3）定义安全系数 K 为滑动面上产生的抗滑力总和与下滑力总和之比，如式（2-1-2）所示。

$$K=\frac{\sum F_i}{\sum P_i} \qquad (2\text{-}1\text{-}2)$$

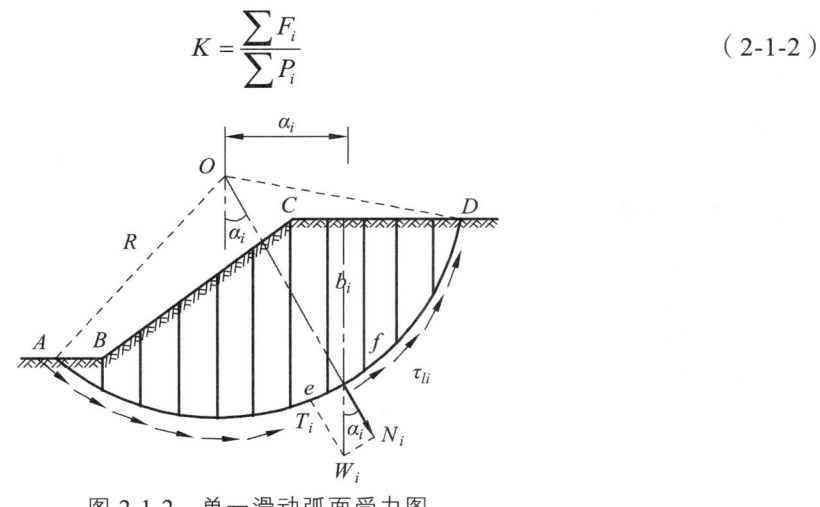

图 2-1-2　单一滑动弧面受力图

在实际情况中,边坡上的潜在滑动面可能存在多个,此时需分别进行试算,K 值最小的滑动面便是边坡中的危险滑动面。

3. 模型试验法

对一些地质条件复杂、边坡受复杂工程荷载作用或非常重要的边坡设计,须运用各种岩土力学理论、技术和方法,进行边坡应力场、变形场、位移场和变形破坏模式等的分析。常用的就是物理模型试验和数值模拟相结合的方法。物理模型试验必须遵循相似定理,将实际边坡作为原型,用模型材料按比例缩小而制作的边坡必须与原型满足几何相似和强度相似。模拟试验按照研究要求可有不同的物理模型试验和运动学模型试验。前者用于定量研究,获取应力场或位移场信息,后者多用于研究岩体的破坏模式。

三、稳定性分析四大必要条件

抗剪强度

稳定性分析必须从质和量两个方面总结其前阶段的所有调查成果,以工程形式将这些成果体现于现场,为评判其利弊得失提供所需的最具体的判断资料。进行稳定性分析前必须知道的四个必要条件如下:

1. 基岩面

基岩面定义为"判断为未曾滑动过,今后也几乎不会滑动的地下层面",换句话说即"判断滑动面只能是与它相贴接或相切而不能穿过它的面"。具体地说,根据用管状应变测定仪等量测的结果,其下无累计位移量,钻孔岩芯呈柱状,加上构成作为地层的连续面、构成地下水的隔水层等情况作出判断的面。实际上,这些条件并不是总能得到充分确认和观察,有时不得不依据其中的若干条件来推定。

2. 滑动面形状

稳定性分析一般以滑坡主轴断面为对象。稳定性分析公式也随滑面形状(同弧形或复合形)的不同而异,因而所得的结果也不同。因此,正确确定滑动面是一项重要工作,但多数情况都存在推定因素。在推定作用于滑动面的孔隙水压力以前,存在必须推定滑动面本身的难题。

3. 黏聚力和内摩擦角

稳定性分析所需的三个土质参数为滑体的重度 γ 和抗剪强度参数黏聚力 c、内摩擦角 φ,其中 c 和 φ 很难确定。

土质参数可由土工试验求得,但存在以下问题:
(1)需求取的土质参数为沿整个滑面的平均值。
(2)不同位置土的强度参数差异很大,不能用某一个位置的土样试验值代表整个滑动面。
(3)试验中不扰动土样是不可能的。
(4)土的强度参数受取样时的扰动影响很大。

4. 地下水

有效应力和相应的强度参数代表了土体真正的应力状态和强度条件,有效应力法无可争辩地成为土坡在各个阶段稳定性分析中最重要和最可靠的分析方法。然而地下水，即孔隙水压力在许多场合下无法事先确定其精确值，因而只能对其作出某些合理的假定或估算，以获得尝试性的解答。于是，现场量测工作将是提供可用来校核预估结果可靠性的唯一手段。

四、边坡稳定性安全系数

边坡稳定性安全系数的确定主要取决于三类因素：一是边坡的稳定概率。由于边顶加载、岩土体遇水强度降低、坡脚切坡等外在因素的影响，都会导致边坡失稳。这种偶然因素对边坡的影响因地质条件的不同而存在差异，一般依据设计者的经验、事故统计数据推定。二是边坡工程的重要性和危害性。越是重要的工程和危害性大的工程所取的安全系数越高，例如土石坝的稳定性安全系数取 1.5，《建筑边坡工程技术规范》（GB 50330—2002）中推荐的边坡安全系数值，一级边坡为 1.30~1.35，二级边坡为 1.25~1.30，三级边坡为 1.20~1.25。可见，边坡稳定性安全系数的确定与边坡工程的重要性密切相关。三是边坡的破坏类型、滑裂面的形状和位置。当前国内各行业采用的边（滑）坡稳定性安全系数及其所采用的计算方法列于表 2-1-1 中。

表 2-1-1 边坡稳定性安全系数及稳定分析方法

部门	工程名称		安全系数	分析方法	备注
建筑	地基边坡		1.20	瑞典法	《建筑地基基础设计规范》（GB 50007—2002）
	自然边坡	甲级建筑物	1.25	不平衡推力法	《建筑地基基础设计规范》（GB 50007—2002）
		乙级建筑物	1.15		
		丙级建筑物	1.05		
公路	路堤边坡		1.35	简化 Bishop 法	《公路路基设计规范》（JTGD 30—2004）
	软基边坡		1.20	Bishop 法、快剪	
			1.40	Bishop 法、有效剪	
铁路	路堤边坡		1.15~1.25		《铁路路基设计规范》（TB 10001—2005）
	铁路边坡	一级边坡	1.25	不平衡推力法	
		二级边坡	1.15		
		三级边坡	1.05		
水利	堤防工程土质边坡	一级	1.30	瑞典法	《堤防工程设计规范》（GB 50286—1998）
		二级	1.25		
		三级	1.20		
		四级	1.15		
		五级	1.10		
	土石坝边坡		1.50	严格条分法与简化 Bishop 法	
港口	土质边坡		1.00~1.20	瑞典法、快剪	《港口工程地基规范》（JTS 147-1—2010）
			1.10~1.30	瑞典法、固快	
			1.30~1.50	Bishop 法、有效剪	

从表 2-1-1 的安全系数情况看，由于工程重要性不同、规范制定者的经验与看法不同，以及所采用的计算方法不同，当前国内各行业以及不同地区所采用的安全系数值是有所差别的。但是它们具有以下共同特点：

（1）除重要工程滑坡外，边坡的安全系数一般高于滑坡的安全系数，这是因为滑坡规模大，治理费用高。

（2）建筑边坡安全系数要高于道路边坡的安全系数。

（3）重要性高和危害性大的边坡安全系数要高于重要性低的二、三级边坡安全系数。

（4）建筑边坡中对不同的边坡稳定分析方法采用不同的安全系数，对瑞典圆弧法采用较低的安全系数。

根据公路不同等级，边坡失稳造成的生命财产危害程度不同。危害程度大的边坡也就是重要性高的边坡，按其重要性可将公路边坡划为以下三级：

一级边坡——高速公路及一级公路路堑边坡；

二级边坡——二级公路路堑边坡；

三级边坡——三、四级公路路堑边坡。

根据公路路基设计规范，边坡稳定性安全系数取值如表 2-1-2 所示。

表 2-1-2 路堑边坡稳定性安全系数取值

公路等级	路堑边坡稳定性安全系数		公路等级	路堑边坡稳定性安全系数	
高速公路、一级公路	正常工况	1.20～1.30	二级、三级及以下公路	正常工况	1.15～1.25
	非正常工况Ⅰ	1.10～1.20		非正常工况Ⅰ	1.05～1.15
	非正常工况Ⅱ	1.05～1.10		非正常工况Ⅱ	1.02～1.05

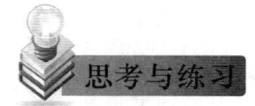

思考与练习

一、填空题

1. 常用的边坡稳定性分析方法有_____、_____、_____。

2. 稳定性分析的必要条件是_____、_____、_____、_____。

3. 确定边坡稳定性安全系数的主要因素有_____、_____、_____、_____。

4. 除重要工程滑坡外，边坡的安全系数一般_____滑坡的安全系数，这是因为滑坡规模大，治理费用高。

5. _____是工程实践中最常用同时也是最实用的边坡稳定性分析方法。

二、简答题

1. 简述工程地质分析法。
2. 简述理论计算法。

3. 简述模型试验法。
4. 简述瑞典条分法的基本假定。
5. 简述各类安全系数的共同点。

任务二　边坡病害类型

【学习目标】

（1）能够识别边坡破坏的基本类型。
（2）能够阐述边坡危险性评价方法。
（3）能够区别深层破坏和浅层破坏。
（4）能够说明边坡危险性和风险性的区别。

【建议课时】

4 学时。

【任务描述】

某公路 K37+250～K37+550 段通过地段为潜在滑坡，路基以半填半挖的形式通过，路线中线的最大挖深为 16 m，右侧最大边坡高近 30 m。路线设计按普通边坡进行坡面防护，边坡开挖后，适逢当地雨季，遇强降雨引起边坡失稳，诱发潜在滑坡滑动变形。下滑体宽140 m，长 80 m，上窄下宽，滑体下滑后在后缘形成高 8 m 的后壁，前缘向外推移挤出近 20 m，将路基掩埋。滑坡体具两层滑带，浅层滑带最大埋深 18 m，深层滑带最大埋深 24 m，浅层滑坡体已复活变形，深层处于稳定状态。

【任务目标】

能简述边坡的病害类型。

一、边坡病害的基本类型

在边坡形成过程中，由于应力状态的变化，坡体将不同程度地发生局部或整体的变形与破坏，以达到新的平衡。边坡变形与破坏的发生条件与影响因素比较复杂，但主要取决于坡体本身所具有的应力特征和坡体抵抗变形与破坏的能力。

边坡变形与破坏是边坡发展演变的两大形式。前者以坡体中未出现贯通的破坏面为特征，仅出现变形和局部破裂；后者则是已在坡体中形成贯通的破坏面，并由此以一定的速度发生位移为标志。变形与破坏是一个发展的连续过程，其间存在量与质的转化关系。因此，在研究边坡破坏的过程中，应重视边坡变形研究。这对于分析现有条件下坡体的稳定状况，预测斜坡破坏的可能形式都有重要意义。

1. 边坡变形的基本类型

边坡变形实际上在其形成过程中即已发生，表现为在坡体局部，特别是坡面附近出现一定程度的破裂与错动。尽管如此，坡体整体并未产生活动破坏，一般表现为卸荷回弹（或松动）和蠕动。

（1）卸荷回弹。

由于自然或人为作用，边坡内储存的弹性应变能得到释放从而产生卸荷回弹。

① 河谷裂隙。

河谷强烈侵蚀下切，陡峻的河谷岸坡积存的应力得到释放，产生卸荷裂隙。路堑边坡的开挖与之类似，不仅可以使原有的卸荷裂隙进一步发展，还会产生新的卸荷裂隙。这些裂隙常与河谷坡面或路堑边坡坡面平行，如图 2-2-1 所示。

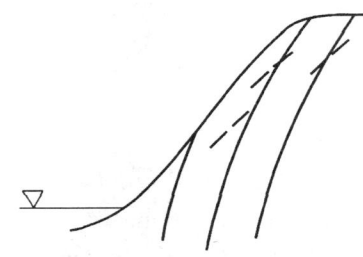

图 2-2-1　河谷卸荷裂隙

② 边坡裂隙。

边坡上覆岩土体被侵蚀或挖除，深部的岩石因卸荷回弹产生拉应力，形成平行于地面的卸荷裂隙。这种情况常见于花岗岩出露地区，尤其是在采石场里。

边坡卸荷带的深度除与坡体本身的结构特征有关外，主要受坡形和坡体原始应力状态的影响。显然，坡度愈高愈陡、地应力愈强，边坡卸荷裂隙便愈发育，卸荷带深度也愈大。

（2）蠕动。

边坡的蠕动是在坡体应力（以自重应力为主）的长期作用下，产生的一种缓慢而连续的调整性变形。这种变形包含某些局部破裂，并可能产生一些新的表生破裂面。这类变形多发生与软弱岩体（如页岩、千枚岩、片岩等）或软硬岩层相间的岩体（如砂岩页岩互层、页岩灰岩互层等）中。蠕动可大致分为表层蠕动和深层蠕动。

① 表层蠕动。

边坡浅部的岩土体在重力的长期作用下，向临空方向缓慢变形发展，形成剪切变形带，其剪切位移由坡面向坡体内部逐渐减小直至消失，此即为表层蠕动。在破碎的岩质边坡及疏松的土质边坡中，表层蠕动甚为典型。在坡体剪应力还不能形成贯通的滑动面之前，会先形成渐变带，产生缓慢的塑性变形，如图 2-2-2、图 2-2-3 所示。

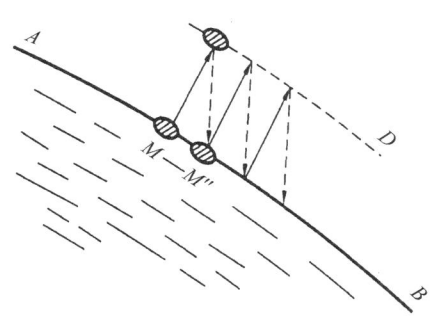
图 2-2-2 疏松土质边坡的表层蠕动

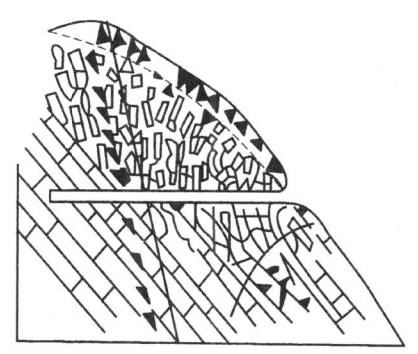
图 2-2-3 破碎岩质边坡的表层蠕动

② 深层蠕动。

深层蠕动主要发育于边坡下部或坡体内部，按其形成机制可分为软弱基底蠕动和坡体蠕动两类。

坡体蠕动指坡体沿缓倾软弱结构面向临空方向缓慢移动变形，常见于坡体卸荷裂隙发育并有缓倾结构面的边坡中，如图 2-2-4 所示。

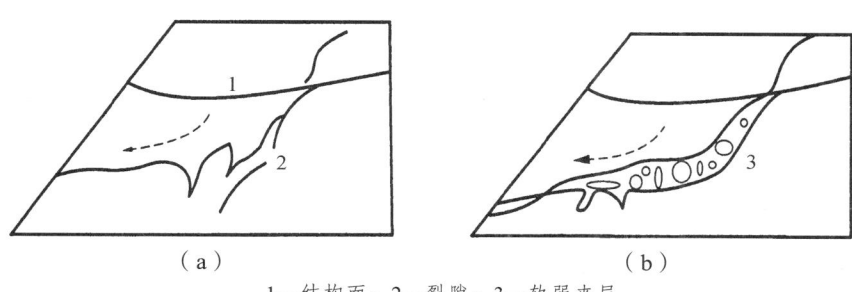

1—结构面；2—裂隙；3—软弱夹层。

图 2-2-4 坡体蠕动

2. 边坡破坏的基本类型

当边坡中出现了连续贯通的破坏面后，被分割的坡体便以一定的速度滑移或崩落，脱离母体，形成破坏。边坡产生破坏出现失稳不仅会毁坏坡面植被，还会因严重的工程事故而造成巨大的经济损失和人身危险。根据滑动面的深浅可分为深层破坏和浅层破坏两大类。

（1）深层破坏。

公路岩质边坡和土质边坡的失稳形式各不相同，表 2-2-1 是岩质边坡破坏类型。深层破坏一般是在坡面 2 m 以下深处沿滑移面产生的剪切滑移破坏，平面破坏、楔形破坏和曲面破坏是深层失稳破坏，滑移面是平面、楔形面和曲面，这种破坏因滑下的土石方量大，有时可达数万方，造成的危害极大。

公路土质边坡深层破坏一般是圆弧滑动模式。

表 2-2-1　岩质边坡破坏类型

破坏模式	示意简图	特征	
平面破坏		主要结构面的走向、倾向与坡面基本一致，结构面的倾角大于其摩擦角且小于坡角，产生顺层滑坡形式的破坏	一个滑动平面和一个块体
			一个滑动平面和一条张裂隙
			若干滑动平面和横节理
			一个主要滑动平面和主动、被动两个滑动块体
楔形破坏		两组结构面的交线倾向坡面，交线的倾角小于坡角且大于其摩擦角	
圆弧滑动		节理裂隙很发育的破碎岩体发生旋转破坏	
倾倒破坏		岩体被陡倾结构面分割成一系列岩柱，当为软岩时，岩柱产生向坡面弯曲，当为硬岩时，岩柱可再被正交节理切割成岩块，向坡面倾倒	

常见的深层破坏形式如滑坡。

滑坡是路基山坡土体或岩体长期受地下水、地表水活动的影响使其结构逐渐失去支撑力，在自重的作用下，整体沿着一定软弱面向下滑动的现象。

滑　坡

滑坡按其引起滑动的力学特性，可分为牵引式滑坡和推移式滑坡。牵引式滑坡是下部先滑动，使上部失去支撑而滑动变形，一般速度慢，可延续相当长的时间，横向张性裂隙发育，表面多呈阶梯状或陡坎状；推移式滑坡是上部岩石挤压下部岩土体产生变形，滑动速度较快，滑体表面波状起伏，多见于有堆积分布的斜坡地段。在公路建设中，因设计施工不当，改变了原有斜坡的平衡状态，则将引发工程新滑坡或工程复活古滑坡，如图 2-2-5、图 2-2-6 所示。

图 2-2-5　某矿上东侧一复活的古滑坡

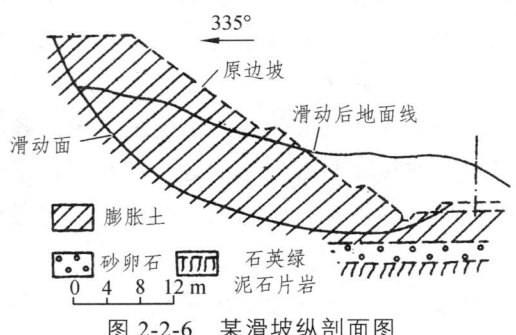

图 2-2-6　某滑坡纵剖面图

（2）浅层破坏。

公路边坡浅层破坏，一般发生在坡面的表层或坡面下不足 2 m 的范围内。虽然滑下的土石方量小，但它严重破坏了坡面植被，对于这种破坏也应有足够的认识。边坡的浅层破坏形式如图 2-2-7 所示。

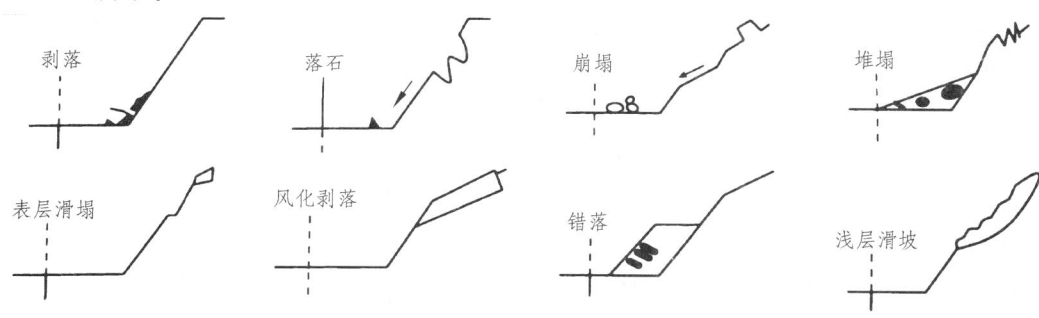

图 2-2-7　边坡浅层破坏形式

① 崩塌。

所谓崩塌是指整体岩土块脱离母体突然从较陡的斜坡上崩落下来，并顺斜坡猛烈翻滚、跳跃，最后落在坡脚（见图 2-2-8、图 2-2-9）。岩土类型、地质构造、地形地貌 3 个条件是形成崩塌的基本条件，除此之外，地震、融雪降雨、地表冲刷浸泡和不合理的人类活动等外界因素也会诱发崩塌。在形成崩塌的基本条件具备后，诱发因素就显得尤为重要了。诱发因素作用的时间和强度都与崩塌有关。能够诱发崩塌的外界因素很多，其中人类工程经济活动是诱发崩塌的一个重要原因。

　　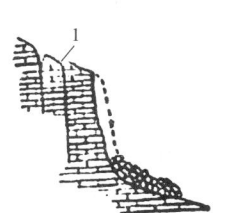

（a）倾倒破坏　　　（b）软硬互层坡体的局部崩塌坠落　　（c）三峡月亮洞崩塌

1—砂岩；2—页岩。

图 2-2-8　崩塌示意图

（a）　　　　　　　　　　　　（b）

图 2-2-9　崩塌

崩塌具有突发性、危险性较大的特点。

崩塌与滑坡的区别是崩塌发生急促，破坏体散开，并有倾倒、翻滚现象，而滑坡一般总是沿着固定滑动面整体地缓慢地向下滑动。

② 剥落。

剥落是指边坡岩体在长期风化作用下，表层岩体破坏成岩屑或小块岩石不断向坡下滚落，最后堆积在坡脚，边坡整体基本稳定的现象（见图 2-2-10）。在这种坡面上植被，如果方法不当，风化的坡面会造成植被的破坏。

产生剥落的主要原因是自然界各种物理化学风化作用使岩体结构破坏。对于软硬相间的岩石边坡，由于软弱岩层较坚硬岩层易风化，软弱岩层首先风化剥落，使坚硬岩层逐渐突出，受各种地质作用影响可能发生崩塌。

（a） （b）

图 2-2-10　剥落

崩塌和剥落均属于边坡破坏的浅层破坏，滑坡为深层破坏，多伴有崩塌、泥石流等。深层破坏因滑下的土石方量大，有时可达数万方，造成的危害极大。

③ 错落。

错落是斜坡岩体在重力作用下，沿软弱面整体快速下错的现象。其整个错动带为折线形，后壁坡度较陡，下部坡度较缓；它的特征是垂直位移量大于水平位移量。错落体比较完整，大体上保持了原来的结构和产状。一般是由于地下水及降雨减弱下部垫层强度、顶部加载、工程削方等原因造成。

对该类边坡应先找出错落体并予以加固。

④ 落石。

落石是发生在块状结构、碎裂状结构或土石混的边坡中，其原因可能是坡面受雨水冲刷或风化作用，浅层岩石局部松动后，在重力作用下从坡面落下所造成的破坏，如图 2-2-11 所示。

对这种坡面应先清除或加固危岩。

⑤ 堆塌。

对于碎裂状结构、散体结构的岩坡，易风化的坡面，黏砂性的土坡等，在地表水顺坡流下时，会带走坡面松散、软弱的土颗粒，在坡面形成条沟状，出现坡面沟蚀，有的地方被淘空后，出现局部滑塌，滑塌和沟蚀冲积物将堆积在坡脚，形成堆塌破坏。另外，对于节理发育或软质、风化的岩体，由于边坡的开挖过陡，在坡顶或边坡外缘产生拉张裂缝，并逐次向山侧发展而发生堆塌。堆塌体多呈半锥体形，堆塌直至稳定的安息角为止。在这些边坡上即使做了植被防护，如果方法不当，也会发生坡面沟蚀，从而破坏已做好的植被。

图 2-2-11　落石

⑥ 表层滑塌。

坡体表面若分布有软弱岩体或者一些破碎的硬质岩，在大气风化作用及水的侵蚀作用下，就有可能造成这些表层破碎的岩土体沿局部软弱面滑动坍塌，称为表层滑塌。

⑦ 风化剥落。

风化剥落发生在容易风化的岩土坡面，例如泥岩、砂岩、红层岩坡或土质边坡，这些边坡坡面开挖后，在雨水、日照等自然营力作用下，将发生严重的风化。坡体风化后在坡面形成一定厚度的松散层，在重力和雨水作用下，该松散层将顺坡滑落造成风化剥落破坏，如图 2-2-12 所示。

对这种坡面必须清除风化层或者将风化层稳定于坡面。

图 2-2-12　风化剥落

⑧ 坡面浅层滑坡。

坡体浅层若分布有较软弱的岩土体或者破碎的硬质岩石，则在自然营力的影响下，易造成这些浅层岩土体在重力作用下沿其下一定的软弱面或带作整体的以水平位移为主的向下滑动现象，此即坡面浅层滑坡。滑面埋深不大，滑体厚度较小，一般在 2 m 以内。浅层滑坡将对坡面植被造成较大范围的破坏。

二、边坡危险性评价

对公路路堑或路堤边坡,应评价其危险性(危害性),并确定边坡经防护处理后的风险,以便选择处理方案和方法。有些边坡破坏严重,加固极为困难,则路线应该避开。大多数情况下,对边坡进行危险性和风险性评价后,可使边坡灾害消除或减小。

1. 危险性

危险性是指边坡发生破坏的可能性或破坏概率的大小及可能产生的破坏等级。破坏等级指破坏规模、破坏时的运动速度和影响范围,它取决于地质、地形和气候条件等有关因素。破坏可能性一般与气候、地震活动、边坡坡度变化以及其他瞬态因素有关,通常可划分为不可能、可能、一定发生几种情况。危险性一般按破坏等级和发生可能性划分为 5 个档次,见表 2-2-2。

表 2-2-2　危险性等级

等级	Ⅰ级	Ⅱ级	Ⅲ级	Ⅳ级	Ⅴ级
危险性评价	无危险性	低危险性	中等危险性	高危险性	极高危险性

高速公路边坡工程设计阶段,应避免极高危险性边坡的出现,或者采取其他措施,如隧道、明洞等。同时,还应控制高危险性概率的出现,制定处理这类边坡的特殊措施。在施工中,应严格控制高危险性边坡的工程质量、施工方法、施工工艺和施工组织管理,重点加以严格管理。对于中等危险性和部分低危险性边坡,应根据实际情况,采取适当的支挡防护和坡面冲刷防护措施。对于无危险性边坡,可只采取坡面防冲刷措施,如骨架护坡、种草等。

2. 风险性

由于路基和路堑边坡稳定受到各种因素影响,边坡的稳定性计算以及所采取的防护措施存在一定的预估性。风险性是指已存在某一等级危险性切方边坡,采取防护措施处理后边坡所承担的风险值。按工程类型和破坏造成的后果常划分为 4 个档次,见表 2-2-3。

表 2-2-3　风险性等级

等级	Ⅰ级	Ⅱ级	Ⅲ级	Ⅳ级
风险性评价	无风险	低风险	中等风险	高风险

高风险性边坡将对公路的使用产生严重的危害,因此公路规划设计过程中必须避免出现高风险值边坡。由于造价等原因,在特殊情况下,经过论证比较后,容许出现极少量的中等风险值,但必须加强观测和预测,加强防范。一般情况下,高速公路的边坡风险值应该定在无风险和低风险档次。边坡的风险值与危险性成正比,与工程造价成反比。

工程应用

运用本任务所讲内容，结合网络自学，对工作任务进行分析，亦可作为课后作业，检查本任务内容的掌握程度和实际运用能力。

思考与练习

一、填空题

1. 边坡变形的基本形式有_____和_____。
2. 边坡浅层破坏包括_____、_____、_____、_____、_____、_____、_____、_____。
3. 滑坡按其引起滑动的_____，可分为牵引式滑坡和推移式滑坡。
4. 深层破坏一般是在坡面_____以下深处沿滑移面产生的剪切滑移破坏，浅层破坏一般发生在坡面的表层或坡面下不足_____的范围内。
5. 崩塌具有_____、_____的特点。

二、简答题

1. 简述崩塌与滑坡的区别。
2. 简述堆坍的形成过程。
3. 简述错落的特征以及处理方法。
4. 简述边坡危险性概念及其分类等级。
5. 简述边坡风险性概念及其分类等级。

任务工作页

【学习目标】

（1）能积极接受工作任务，明确任务，确定小组成员。
（2）能判断边坡的破坏类型。
（3）能简要阐述边坡病害产生的原因。

【建议学时】

2学时。

【任务描述与分析】

某公路K37+250～K37+550段通过地段为潜在滑坡，路基以半填半挖的形式通过，路线中线的最大挖深为16 m，右侧最大边坡高近30 m。路线设计按普通边坡进行坡面防护，边坡开挖后，适逢当地雨季，遇强降雨引起边坡失稳，诱发潜在滑坡滑动变形。下滑体宽140 m，长80 m，上窄下宽，滑体下滑后在后缘形成高8 m的后壁，前缘向外推移挤出近20 m，将路基掩埋。滑坡体具两层滑带，浅层滑带最大埋深18 m，深层滑带最大埋深24 m，浅层滑坡体已复活变形，深层处于稳定状态。

【任务目标】

判断边坡病害的类型，分析产生病害的原因，列举其他病害。

【任务实施流程与活动】

一、对任务进行阅读、理解，找出任务中影响边坡的因素

二、对该任务中出现的影响因素进行制表整理

序号	影响因素	依据

三、判断该滑坡属于哪种边坡破坏

四、分析崩塌和滑坡的区别

五、试列举其他可能发生的边坡病害

六、工作总结，经验交流

七、评价反馈

1. 学习自测题

完成教材课后练习题。

2. 学习目标达成度的自我检查

自我检查表

序号	学习目标	达成情况（在相应的选项后打"√"）		
		能	不能	如果不能，是什么原因
1	能遵守上课基本制度			
2	能遵守劳动纪律，以积极的态度接受工作任务			
3	能积极查阅资料、主动学习			
4	能相互协作、配合			
5	能100%完成任务			
6	能积极提出疑问			
7	能口述出这次任务的大概内容			
8	能收集归纳相关知识点			

3. 日常表现性评价（由小组长或者组内成员评价）

（1）工作页填写情况（　　）。

A. 填写完整　　　　　　　　B. 缺失 0%～20%

C. 缺失 20%～40%　　　　　D. 缺失 40%以上

（2）工作页填写正确率（　　）。

A. 80%以上　　　　　　　　B. 60%以上

C. 60%以下　　　　　　　　D. 极差

（3）总体表现评价（　　）。

A. 非常优秀　　　　　　　　B. 比较优秀

C. 需要改进　　　　　　　　D. 急需改进

（4）是否达到全勤（　　）。

A. 全勤

B. 缺勤（姓名：　　　　　　　　　　　　　　　　　　　　）

C. 缺勤（有请假，姓名：　　　　　　　　　　　　　　　　）

（5）其他建议：

　　　　　　　　　　　　　　　　　　小组长签名：　　　　　日期：

4. 教师总体评价

（1）小组成员整体表现评价。

① 姓名：　　　非常优秀（　）比较优秀（　）需要改进（　）急需改进（　）

② 姓名：　　　非常优秀（　）比较优秀（　）需要改进（　）急需改进（　）

③ 姓名：　　　非常优秀（　）比较优秀（　）需要改进（　）急需改进（　）

④ 姓名：　　　非常优秀（　）比较优秀（　）需要改进（　）急需改进（　）

⑤ 姓名：　　　非常优秀（　）比较优秀（　）需要改进（　）急需改进（　）

⑥ 姓名：　　　非常优秀（　）比较优秀（　）需要改进（　）急需改进（　）

⑦ 姓名：　　　非常优秀（　）比较优秀（　）需要改进（　）急需改进（　）

⑧ 姓名：　　　非常优秀（　）比较优秀（　）需要改进（　）急需改进（　）

（2）小组整体评价（　　）。

A. 组长很负责，所有同学都能达成学习目标

B. 小组能完成学习任务，个别同学不能达成学习目标

C. 组内有 3～4 人不能达成学习目标

D. 组内大部分同学不能达成学习目标

　　　　　　　　　　　　　　　　　　教师签名：　　　　　日期：

任务三　边坡变形破坏的防治

【学习目标】

（1）能叙述边坡变形破坏的防治原则。
（2）能大致制定相应的边坡变形破坏的防治措施。

【课时建议】

2 学时。

【任务描述】

某城乡高速通道全长 21 km，从山林地区穿行，与该地区的一条河流并行，公路整体边坡呈岩质，部分路段为土质边坡。受公路自身承载力等因素的影响，边坡工程出现了风化、滑坡等病害，严重影响了公路的行车安全。为了解决病害的威胁，经过实地勘察和分析探讨，在土质边坡路段采用植物防护的形式，在边坡表面种植了优良的草种，同时在其与河流的相邻侧种植了亲水性的树木，对其边坡进行防护；在岩质边坡路段，采用人工防护的形式，构建了相应的防治设施，从而提高了边坡工程的强度和稳定性，降低了水流对其基础的影响。经过为期 3 个月的持续观察，发现边坡并没有出现其他病害，已有的病害也没有再次发生，可以说获得了巨大的成功。

【任务目标】

了解边坡变形破坏的防治措施。

边坡在人类工程活动中所占的比例很大，当自然条件或其他工程建设使边坡处于不稳定状态时，边坡的变形破坏可能会威胁到人们的生命财产安全时，必须对边坡进行防治处理。

一、边坡变形破坏的防治原则

边坡防治原则应以防为主，综合治理，根据工程的重要性制订具体的整治方案。

1. 以防为主

以防为主要尽量做到防患于未然，包括以下 3 个方面的内容：
（1）正确选择建筑场地，合理地制订边坡的布置和开挖方案。

对于那些稳定性差、治理难度高、耗资大的边坡地段（如大型滑坡区、崩塌区或可能再次活动的上述区域等），应以绕避为宜。对那些存在潜在威胁的边坡地区，建立监测预警系统，及时采取防治或绕避措施。对于边坡变形破坏的应力集中部位，不宜轻易开挖。

（2）查明影响边坡稳定性的主导因素。

查清可能导致边坡稳定性下降的因素，事前采取必要的措施消除或改变这些因素，并尽量将不利因素变为有利因素，以保持甚至提高边坡的稳定性。

（3）防止边坡地质灾害链锁效应产生。

崩塌、滑坡及泥石流等边坡深层破坏一旦堵塞江河，可能形成堰塞湖或堰塞坝，不仅会淹没上游地区，其溃决后还可能引发洪水等次生灾害，形成一系列的地质灾害链。因此，防止地质灾害链的产生也是防护工程中的重要任务。

2. 综合治理

综合治理要针对边坡的具体情况，及时采取必要的各种增强稳定性的措施，同时还要考虑环境影响。

3. 考虑工程的重要性

考虑工程重要性是制订整治方案必须遵循的经济原则。对于那些威胁到重大永久性工程安全的边坡变形和破坏，应采取全面严密的治理措施；对于一般性工程或临时性工程，则可采取简易的防治措施。

二、边坡变形破坏的防治措施

1. 控制使边坡稳定性降低的各种影响因素

（1）防治风化。

为防止水和空气进入岩体内部，可在坡面用水泥灰浆或沥青抹面、喷浆或修筑一层浆砌片石护墙，要注意排水（见图2-3-1）。对于黏土边坡，可在坡面种植草皮，使坡面保持一定的湿度，减少地表水下渗。

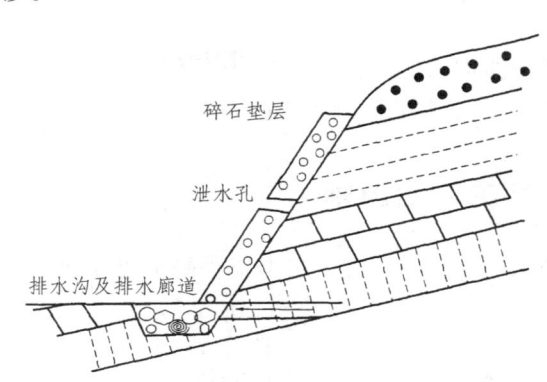

图 2-3-1 抹面护墙及排水设施

（2）排水工程。

排水包括地表排水和地下排水。地表排水可首先考虑拦截或引导地表水，这对消除渗透变形作用，降低孔隙水压力和动水压力都极为有效。一般在坡顶修筑截水沟、槽和排水暗沟截流，利用排水沟、渠及时将地表水引走，减少其停滞下渗的机会，如图2-3-2所示。这里须注意，沟槽、沟渠应不漏水，否则反而会向坡体内部输水。此外，还应整平夯实地面，用灰浆或黏土填塞裂隙或修筑反滤层（隔渗层），特别要尽快填塞那些延伸至滑动面的深裂隙。

地下排水主要根据边坡岩土体的结构特征和水文地质条件加以选择具体的措施。通常在坡体外围或坡体内修筑盲沟或支撑盲沟群，以截断或排除地下水流。对于深层破坏，地下水埋深大于10~15 m，可考虑采用水平坑道。近年来，平孔排水应用较多，多用改装后的普通钻机，以较小倾角（10°~15°）的水平钻孔，钻入含水带排除地下水。

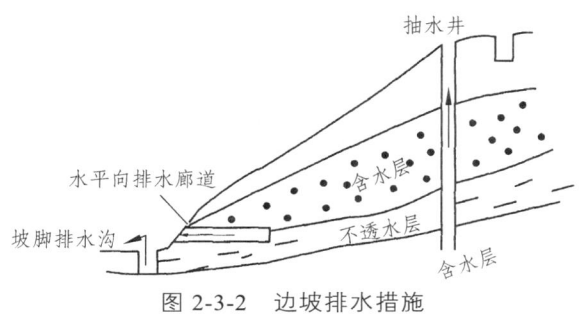

图2-3-2 边坡排水措施

2. 消减下滑力和提高抗滑力

（1）刷方减载。

边坡上的危岩或局部不稳定岩块，一般可清除。该方法使坡高降低，坡角减小，可有效地降低坡角的应力，是保持边坡稳定的最简单有效的方法。应注意根据坡高和滑动面的形状进行分析，正确设计刷方断面，遵循"砍头压脚"的原则，如图2-3-3所示。

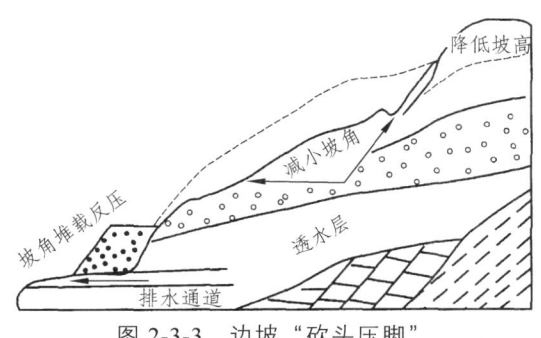

图2-3-3 边坡"砍头压脚"

（2）支挡工程。

若边坡上的危岩清除困难或无法清除时，可采用支挡措施加固。支挡工程要把基础设置于滑动面以下的稳固层中，应预留沉降缝、伸缩缝和泄水孔。挡土墙是目前整治中小型边坡滑动应用最广泛的措施之一。根据边坡滑动性质、类型和挡土墙的受力特点、材料和结构的不同，挡土墙可分为重力式抗滑挡土墙、锚杆式抗滑挡土墙、加筋土抗滑挡土墙、板桩式抗滑挡土墙等。近年来，抗滑桩在边坡治理中也得到普遍应用。它是通过桩身将上部承受的坡体推力传递给桩下部的侧向土体或岩体，依靠桩下部的侧向阻力来承担边坡的下推力，从而使边坡保持平衡或稳定的工程结构，如图 2-3-4 所示。该种方法具有施工方便、工期不限、对滑动体破坏少等优点。抗滑桩截面形式有圆形和方形，目前边坡治理工程中常用的是钢筋混凝土桩或钢管钻孔桩（向孔内设置型钢后，灌入混凝土），施工方法有打入、机械成孔和人工成孔等，结构形式有单桩、排桩、群桩、锚桩和预应力锚索桩等。在平面上，抗滑桩可按梅花形或方格形布设桩位，间距一般为 3 ~ 5 m，深入滑动面以下。需要注意，抗滑桩不适于松散土及软土地基。

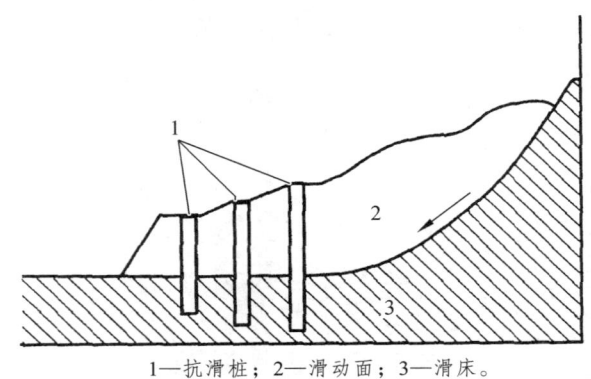

1—抗滑桩；2—滑动面；3—滑床。

图 2-3-4　抗滑桩

（3）锚固工程。

锚固技术是一种把受拉杆件（常用钢筋或预应力钢筋、铜缆等）埋入地层中，加大结构面的法向应力，以提高边坡自身的强度和稳定能力的工程技术。其基本原理是利用锚杆（索）周围的岩土的抗剪强度来承受结构物的拉力，以保持地层开挖面自身的稳定，如图 2-3-5 所示。采用锚杆加固边坡，能提供足够的抗滑力，并能提高潜在滑移面上的抗剪强度，有效阻止坡体位移，这是一般支挡结构所不具备的力学作用。由于这种技术大大减轻了结构物的自重、且能节约工程材料，因此具有显著的社会效益和经济效益。对于岩质边坡，这是一项非常有效的治理措施。

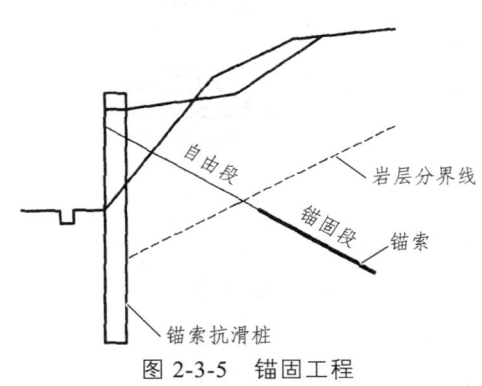

图 2-3-5　锚固工程

3. 改善滑动带岩土体的性质

（1）固结灌浆。

固结灌浆技术是用液压或气压把能凝固的浆液注入岩体裂隙或孔隙中，改变岩体的物理力学性质，以增强岩石或结构面的强度，提高抗滑力，对岩质边坡治理非常适用。可灌浆用的材料有硅酸盐水泥、有机合成化学材料等。灌浆孔须钻至滑动面以下 3~5 m，但要避免将地下水封存于滑动体中。

目前，灌浆技术虽在解决各类工程问题中应用较多，但须注意选择合适的灌浆压力及控制浆液扩散路径等，否则会严重影响灌浆效果，甚至适得其反。

（2）其他方法。

对于土质边坡，可采用电化学加固法和冻结法。前者主要在土中打入一定量的金属电极，通电后利用电流将水排出，使土体固结，增加强度；后者用于临时性边坡。另外，也可采用焙烧法，在坡角形成一个经焙烧加热后冷凝坚硬的似砖土体，起到地下挡土墙的作用，但仅适用于黏土类边坡。

运用本任务所讲内容，结合网络自学，对工作任务进行分析，亦可作为课后作业，检查本任务内容的掌握程度和实际运用能力。

一、填空题

1. 考虑工程重要性是制订整治方案必须遵循的_____。
2. 对于黏土质边坡，可在坡面_____，使坡面保持一定的湿度，减少_____。
3. 沟槽、沟渠应_____，否则反而会向坡体内部输水。
4. 支挡工程要把基础设置于滑动面以下的稳固层中，应设置_____、_____和_____。
5. 在改善滑动带土体的性质时，对于土质边坡，可采用_____和_____。

二、判断题

1. 对于那些稳定性差，治理难度高，耗资大的边坡地段（如大型滑坡区、崩塌区或可能再次活动的上述区域等），应以加固为宜。　　　　　　　　　　　　　　　　（　　）

2. 支挡工程是保持边坡稳定的最简单有效的方法。（　　）

3. 锚固工程大大减轻了结构物的自重、且能节约工程材料，因此具有显著的社会效益和经济效益。（　　）

4. 复合法是确定性分析的发展方向，可以将不同方法的优点结合起来，因此应该大力发展复合法。（　　）

5. 固结灌浆技术是用液压或气压把能凝固的浆液注入岩体裂隙或孔隙中，改变岩体的物理力学性质，增强岩石或结构面强度，提高抗滑力，对土质边坡治理非常适用。（　　）

三、简答题

1. 影响边坡变形破坏的因素有哪些？
2. 简述边坡应力特征与边坡变形破坏的关系。
3. 边坡的防治应遵循什么样的原则？

任务工作页

【学习目标】

（1）能积极接受工作任务，明确任务，确定小组成员。
（2）能根据边坡的病害形式提出相对应的防治措施。
（3）能叙述防治措施的大致内容。
（4）能对边坡的建设提出可行的建议。
（5）能够阐述边坡防治的原则。

【建议学时】

2学时。

【任务描述与分析】

某公路 K20+350～K21+450 段的边坡状况如下：

地质概况：公路沿线由于地质运动的影响，构造复杂，岩层产状倾角为 80°，走向从与路基平行到垂直，还有断层。

该地区的岩石多为层理、节理发育的泥岩，由于多次受地震的影响，岩石破碎，风化严重。地下水发育，多为地表雨水的渗入。

边坡特点及破坏形态：

① 边坡高而多。

② 挖方边坡岩土体破碎易滑。

③ 地下水条件：由于边坡岩体节理裂隙发育，不仅降雨容易渗透下去，而且地下含水量丰富，地下水沿节理裂隙流动。往往一些软弱夹层浸水后形成泥化夹层，成为边坡失稳的直接诱发因素。

【任务目标】

能针对该边坡出现的问题，制定相对应的防治措施。

【任务实施流程与活动】

一、分析并列举出该任务中出现的影响因素

二、针对这些影响因素，说说你的治理方法

三、针对该边坡制定边坡变形破坏的防治措施

四、针对该边坡的日常管理和养护，提出合理的建议

五、评价反馈

1. 学习自测题

完成教材课后练习题。

2. 学习目标达成度的自我检查

自我检查表

序号	学习目标	达成情况（在相应的选项后打"√"）		
		能	不能	如果不能，是什么原因
1	能遵守上课基本制度			
2	能遵守劳动纪律，以积极的态度接受工作任务			
3	能积极查阅资料、主动学习			
4	能相互协作、配合			
5	能100%完成任务			
6	能积极提出疑问			
7	能口述出这次任务的大概内容			
8	能收集归纳相关知识点			

3. 日常表现性评价（由小组长或者组内成员评价）

（1）工作页填写情况（　　）。

  A. 填写完整　　　　　　　　B. 缺失 0%~20%

  C. 缺失 20%~40%　　　　　D. 缺失 40%以上

（2）工作页填写正确率（　　）。
A. 80%以上　　　　　　　　　　B. 60%以上
C. 60%以下　　　　　　　　　　D. 极差
（3）总体表现评价（　　）。
A. 非常优秀　　　　　　　　　　B. 比较优秀
C. 需要改进　　　　　　　　　　D. 急需改进
（4）是否达到全勤（　　）。
A. 全勤
B. 缺勤（姓名：　　　　　　　　　　　　　　　）
C. 缺勤（有请假，姓名：　　　　　　　　　　　）
（5）其他建议：

　　　　　　　　　　　　　　　小组长签名：　　　　　日期：

4. 教师总体评价
（1）小组成员整体表现评价。
① 姓名：　　　非常优秀（　）比较优秀（　）需要改进（　）急需改进（　）
② 姓名：　　　非常优秀（　）比较优秀（　）需要改进（　）急需改进（　）
③ 姓名：　　　非常优秀（　）比较优秀（　）需要改进（　）急需改进（　）
④ 姓名：　　　非常优秀（　）比较优秀（　）需要改进（　）急需改进（　）
⑤ 姓名：　　　非常优秀（　）比较优秀（　）需要改进（　）急需改进（　）
⑥ 姓名：　　　非常优秀（　）比较优秀（　）需要改进（　）急需改进（　）
⑦ 姓名：　　　非常优秀（　）比较优秀（　）需要改进（　）急需改进（　）
⑧ 姓名：　　　非常优秀（　）比较优秀（　）需要改进（　）急需改进（　）
（2）小组整体评价（　　）。
A. 组长很负责，所有同学都能达成学习目标
B. 小组能完成学习任务，个别同学不能达成学习目标
C. 组内有3~4人不能达成学习目标
D. 组内大部分同学不能达成学习目标

　　　　　　　　　　　　　　　教师签名：　　　　　日期：

项目三 边坡坡体加固技术

◆ 工作导向流程图

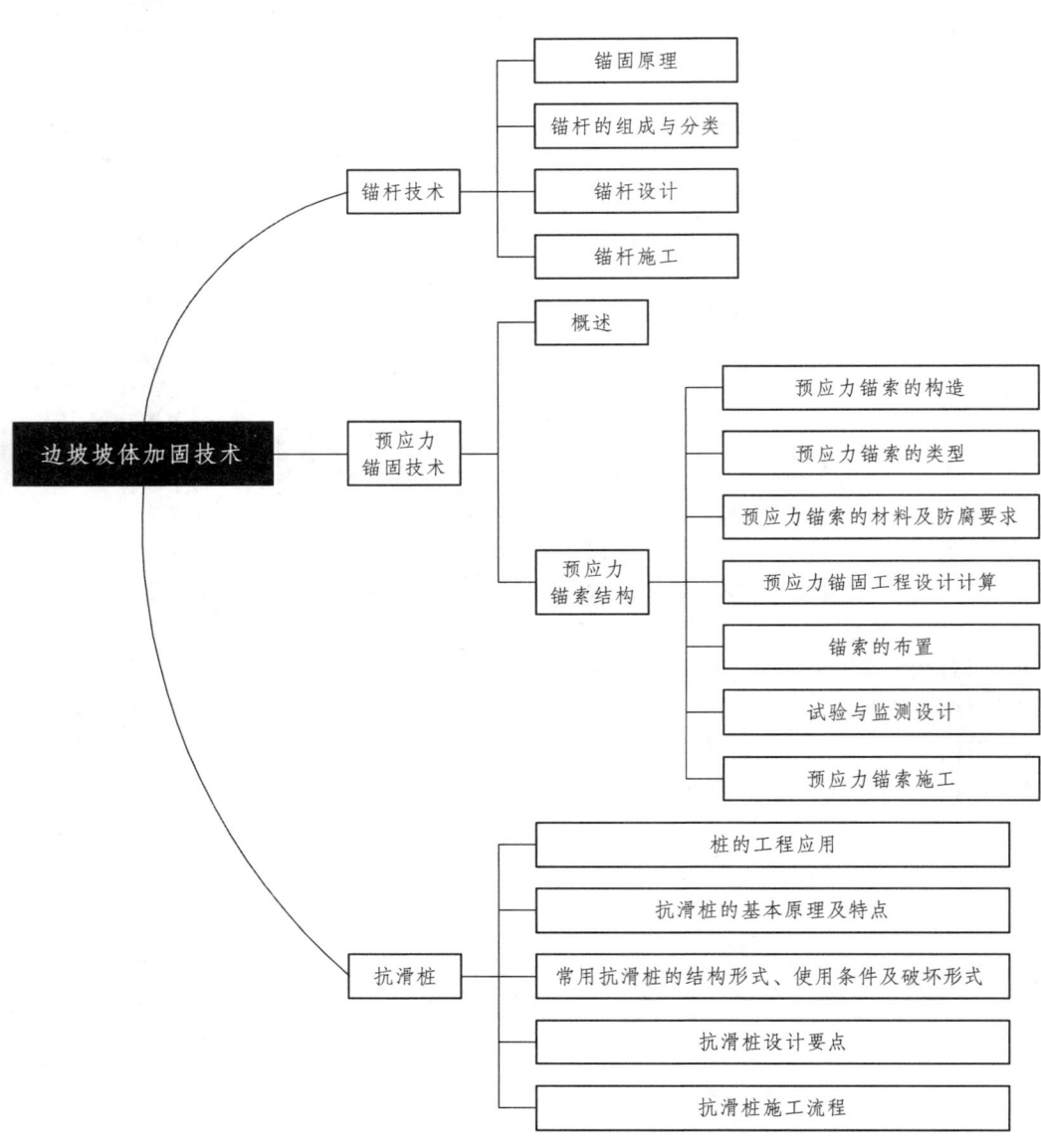

边坡加固工程包括新开挖边坡和因安全标准提高的预防性加固工程，也包括对已经变形破坏的边坡进行的病害整治性加固工程，两者的作用机理和设计依据是一样的。

边坡加固工程的对象是边坡岩土体，其目的是防止边坡变形破坏危及公路工程和交通安全。明确边坡岩土体本身的稳定程度、变形破坏形式、作用特点以及各类加固技术应用，是边坡加固的基本问题。本项目重点介绍边坡加固工程中的锚杆技术、预应力锚固技术以及抗滑桩的应用。

知识目标

（1）能够说出锚杆的主要组成部分及各部分特点。
（2）能口述出锚杆施工流程与注意事项。
（3）能说出预应力锚固技术在工程应用中起到的作用。

技能目标

（1）会利用锚固技术解决斜孔、塌孔、渗水等施工难题。
（2）会进行锚杆、抗滑桩的施工。

课时建议

12学时。

任务背景

现有一个人工高边坡，坡高50 m，没有顺坡向的结构面存在，组成边坡的岩性为厚层灰岩，边坡存在局部滑动的可能，请对该处边坡进行处置。

项目目标

通过本项目的学习，知道边坡坡体加固是将被加固的岩土体或者建筑结构体与相对稳定的岩土体"锚"在一起，以达到限制被加固土体有害变形的发展，保护边坡的稳定。了解常见的锚固技术有哪些，并能结合本项目知识、任务背景、工作任务页，在施工过程中对边坡的不稳定情况进行分析和处理。

根据边坡工程地质条件，首先确定坡体结构及不同的边坡变形破坏模式，在此基础上，进行稳定性分析与计算，根据计算结果确定边坡加固工程规模及类型，针对不同的边坡变形破坏模式，分别采用不同的加固工程措施。

本项目主要介绍针对边坡不稳定所采用的锚杆技术、预应力锚固技术、抗滑桩施工技术。

任务一 锚杆技术

【学习目标】

(1) 能描述出锚杆技术锚固原理。
(2) 能说出锚杆的主要组成部分及其特点。
(3) 能大致讨论出锚杆的施工过程及各个步骤的注意事项。

【课时建议】

4学时。

【任务描述】

某高速公路 K32+580~K33+420 路堑边坡由三种岩性的岩层组成,边坡内夹有褐色泥质粉砂岩的层理面,它与边坡面互为反倾向,这是影响边坡稳定的最主要结构弱面。现在已经确定采用锚杆进行防护,试述其施工流程。

相关理论

一、锚固原理

锚杆技术是一种把锚杆(索)(以下统称锚杆)群埋入一定深度的地层中,以提高岩土自身的强度和自稳能力的一门工程技术。该技术将锚杆插入预先钻凿的孔眼并固定其底端,再根据设计考虑是否施加预应力,最后将外露于地面的一端用锚头固定,以承受结构物的上托力、抗拔力或挡土墙的土压力、水压力,如图 3-1-1 所示。

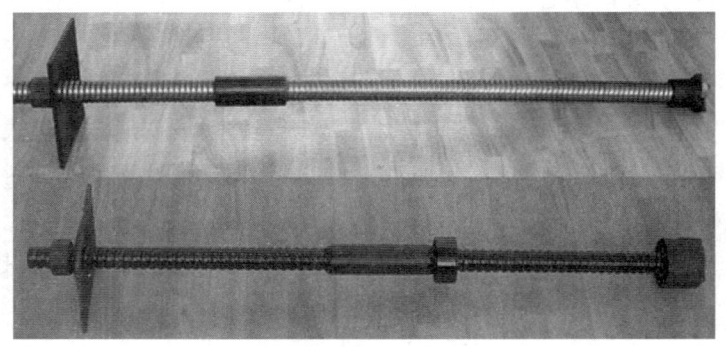

图 3-1-1 锚杆

岩土锚固的作用主要有两种，一是利用地层承受结构物拉应力，为工程结构建立有效的支撑；二是对地层施加预应力或加筋，以加固岩土体的不稳定部位。由于这种技术大大减轻了结构物的自重、节约工程材料并确保工程的安全和稳定，具有显著的社会效益和经济效益，因而在工程中得到了极为广泛的应用。自 20 世纪 80 年代以来，国内外在公路边坡防治中开始大量地采用锚固技术。

锚杆技术的基本原理是利用锚杆周围地层岩土的抗剪强度来传递结构物的拉力以保持地层开挖面的自身稳定。与仅仅依靠自身重力或强度而使结构物保持稳定的传统方法相比较，锚杆技术具有施工安全、节省材料、对整体工程扰动小等优点，应用较为广泛，常用于加固其他支挡结构无法落地生根的边坡，但是由于其工作条件的复杂性，设计和施工难度相对较大。

二、锚杆的组成与分类

1. 锚杆的组成

锚杆（见图 3-1-1）是一种将拉力传递至稳定岩层或土层的锚固系，主要由锚头、自由段和锚固段组成（见图 3-1-2）。

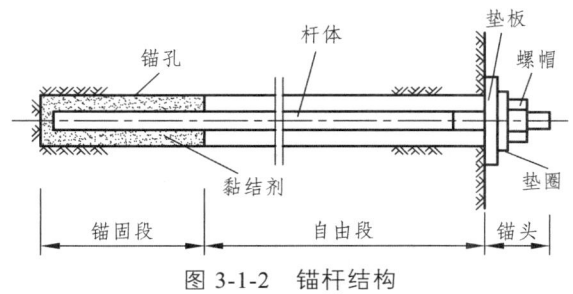

图 3-1-2　锚杆结构

（1）锚头。

锚杆外端用于锚固或锁定锚杆拉力的部件，由垫墩、垫板、锚具、保护帽和外端锚筋组成。

（2）锚固段。

锚杆端将拉力传递给稳定地层的部分，锚固深度和长度应按照实际情况计算获取，要求能够承受最大设计拉力。

（3）自由段。

将锚头拉力传递至锚固段的中间区段，由锚拉筋、防腐构造和注浆体组成。

（4）锚杆配件。

为了保证锚杆受力合理、施工方便而设置的部件，如定位支架、导向帽、架线环、束线环、注浆塞等（见图 3-1-3）。

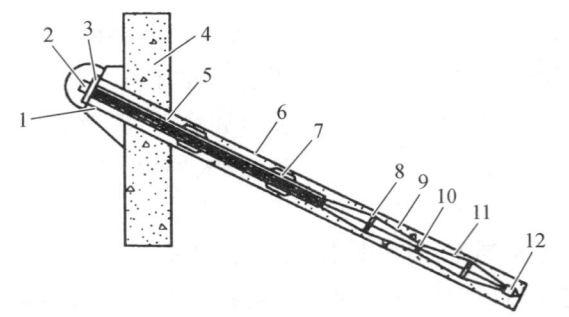

1—台座；2—锚具；3—承压板；4—支挡结构；5—二次注浆；
6—钻孔；7—对中支架；8—隔离架；9—钢绞线；
10—架线环；11—注浆体；12—导向帽。

图 3-1-3　锚杆配件

2. 锚杆的分类

锚杆的分类方式很多，通常有如下分类方式：

（1）按应用对象分类，可分为土层锚杆和岩石锚杆。

（2）按是否施加预应力分类，可分为预应力锚杆和非预应力锚杆。

非预应力锚杆是指锚杆锚固后不施加外力，锚杆处于被动受载状态，通常采用 HRB335 级、HRB400 级螺纹钢筋（见图 3-1-4）。

在肋板式锚杆挡土墙、锚板护坡等结构中通常采用非预应力锚杆。

预应力锚杆是指锚杆锚固后施加一定的外力，使锚杆处于主动受载状态。由于其锚固深度深、提供的锚固力大，因此在锚固工程中占有重要地位，图 3-1-3 是典型的预应力锚杆结构。预应力锚杆设计与施工均比非预应力锚杆复杂，一般采用精轧螺纹钢筋$\phi25 \sim \phi32$或钢绞线（见图 3-1-5）。

图 3-1-4　螺纹钢

图 3-1-5　钢绞线

预应力锚杆与非预应力锚杆的结构构造以及基本原理都存在差异，两者在地层中的力系截然不同（见图 3-1-6）。目前，在公路边坡加固及滑坡处治中广泛采用预应力锚索加固技术。

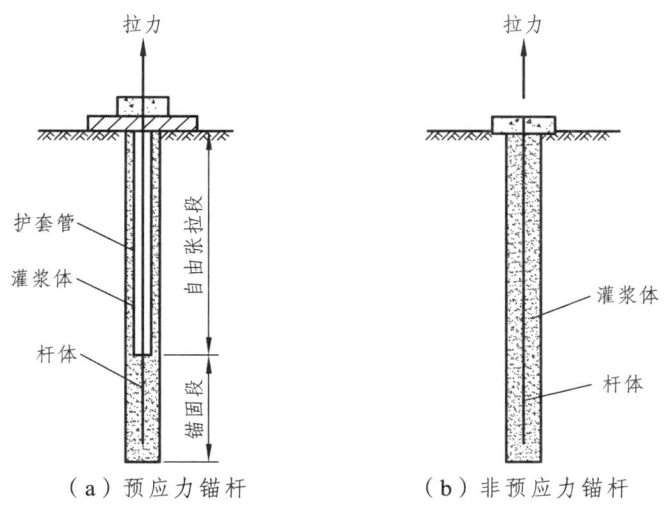

图 3-1-6 预应力锚杆与非预应力锚杆结构构造的比较

（3）按锚固形态分类，可分为圆柱形锚杆、端部扩大形锚杆和连续球体形锚杆。

（4）按锚固机理分类，可分为有粘结型锚杆、摩擦型锚杆、端头锚固型锚杆和混合型锚杆。

目前，在边坡加固工程中，广泛采用的是一种较短的粘结型锚杆，它是通过在边坡中埋入短而密的粘结型锚杆，使锚杆与坡体形成复合体系，增强边坡的稳定性，这种锚杆一般适用于土质地层和松散的岩石地层。

三、锚杆的设计

1. 锚杆设计的一般要求

（1）在边坡加固设计前，应了解边坡的破坏形式、位置、岩土作用及其方式，充分地调查边坡的地质条件并进行工程地质勘察，进行有关的物理力学性能实验，取得工程范围内岩土性状、抗剪强度等物理性质和物理状态指标，以及地下水、地震等资料。

（2）结合被加固边坡的具体情况（例如：此层类型、工程特征）和各类锚杆的受力特性，选择合理的锚杆形式。

（3）设计锚杆应考虑其耐久性，锚杆的使用寿命应不小于边坡或被服务构筑物的正常使用年限。一般使用期限在两年以内（或 5 年，按规范要求）的工程锚杆应按临时锚杆设计，使用期限在两年以上的锚杆应按永久性锚杆进行设计。

（4）设计的锚固力必须达到要求。

（5）其他注意事项。

2. 锚杆设计流程

由于我国各部门之间的规范尚不统一，不同行业间的规范略有差异，实际工程中还需要根据不同行业部门，严格依据规范进行设计。锚杆设计的一般流程如图 3-1-7 所示。

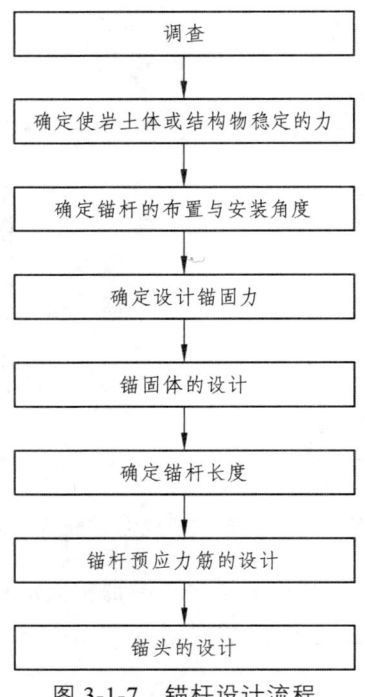

图 3-1-7　锚杆设计流程

其中，调查的主要内容包括：工程地质勘测、岩土体力学性能试验等。

锚固体的设计主要包括：锚固体的形式、安全系数、锚固体直径、锚固地层的力学性质等。

四、锚杆施工

施工质量的好坏直接影响着锚杆的承载能力和边坡的稳定，因此施工前应认真研究设计图纸、复核设计图纸提供的地质参数等，若与实际地质情况不符，应及时报告相关业主、设计、监理等单位以作设计处理，并根据工程地理地质条件选择合适的施工方法，认真组织施工。施工过程中应严格按照设计图纸和相关施工规范要求，保证施工质量，安全顺利完成锚杆施工并投入使用。

锚杆施工包括五个环节，即：施工准备、钻孔、锚杆制作与安装、注浆和锚杆的张拉与锁定。

锚杆施工 1

1. 施工准备

施工准备包括施工前的调查和施工组织设计两部分内容。

（1）施工前的调查。

施工前的调查主要是为顺利组织施工提供可靠的前期数据，内容包括：

相关文件的调查：设计图纸及相关规范、工程施工涉及的地方相关法令法规、相关施工许可文件等。

施工场地的调查：施工场地平整情况、用水用电条件、工程材料来源、施工对周边交通的影响（对新建的公路可不考虑）、施工噪声、排污等。

其他调查：施工便道、气象、民族文化底蕴等。

（2）施工组织设计。

在对上述资料进行调查并掌握详细资料后，应由相关施工技术负责人组织相关人员编写施工组织设计，确定施工方法、施工材料、施工机械、施工程序、质量管理、进度计划、成本计划和安全管理等事项。

2. 钻　孔

在施工准备阶段的工作完成后，接下来进入锚杆施工的第一步——按照施工图纸钻孔。钻孔是锚固工程中控制工期且费用最高的作业，因而是影响锚固工程经济效益的主要因素。

要使后续杆件能安放并顺利地完成注浆作业，需要在钻孔时满足设计要求的孔径、长度和倾角，采用适宜的钻孔方法确保精度。一般要求如下：

（1）在钻机安放前，按照施工设计图采用经纬仪进行测量放线，确定孔位以及倾角，并作出标记。

（2）确定孔位后，根据实际地层及钻孔方向选取适当的钻孔机具，并确定机座水平定位和立轴倾角（及锚孔倾角），钻机立轴的倾角与钻孔的倾角应尽量吻合，其允许的误差只能是岩心管倾角略大于立轴倾角，不允许有反向的偏差出现。开孔后尽量保持良好的钻进导向。在钻进过程中根据实际地层变化情况，随时调整钻进参数，以防造成孔斜，如图3-1-8所示。

图 3-1-8　钻孔过程施工图（一）

（3）在钻孔过程中注意岩芯的拾取，并尽量提高岩芯的拾取率，以求不断地准确地划分地层、确定不稳定岩土体厚度，判断断裂破碎带、滑移面、软弱结构面的位置和厚度，从而验证设计所依据的地勘资料，必要时通过相关单位修改设计，如图3-1-9所示。

图 3-1-9 钻孔过程施工图（二）

（4）锚孔钻进深度应超过设计长度 0.5~1 m，同时锚孔锚固段必须进入中风化或更坚硬的岩层，深度一般不得小于 5 m。

3. 锚杆制作与安装

锚杆的制作在通常情况下可以与钻孔同步进行，从而提高整个锚杆施工的进度。

普通棒式锚杆的制作相对简单，一般首先按设计要求的长度切割钢筋，并在外露端加工成螺纹一边安放螺母，然后在杆体上每隔 2~3 m 安放隔离件以使杆体在孔中居中，最后对杆体按要求进行防腐处理，如图 3-1-10 所示。

（a） （b）

图 3-1-10 普通棒式锚杆成品

对于各式锚杆制作与安装过程要求如下：

（1）严格按照设计进行钢筋（钢绞线）选材；

（2）严格按照设计长度下料；

（3）锚杆的组装需要在严格管理下由熟练人员在工地进行；

（4）锚杆放入钻孔前，应检查孔道是否阻塞，查看孔道是否清理干净，并检查锚索体的质量、确保锚杆组装满足设计要求。

4. 注 浆

注浆质量的好坏直接影响锚杆的承载能力，因此锚固注浆是锚杆施工中的一个重要环节。锚孔一般采用水泥砂浆或水泥浆灌注，浆液的拌和成分、质量和灌注方式在很大程度上决定了锚杆的黏结强度和防腐效果。因此，在锚杆注浆施工中应严格把握注浆材料的质量、浆液性能、注浆工艺和注浆质量。注浆系统如图 3-1-11 所示。

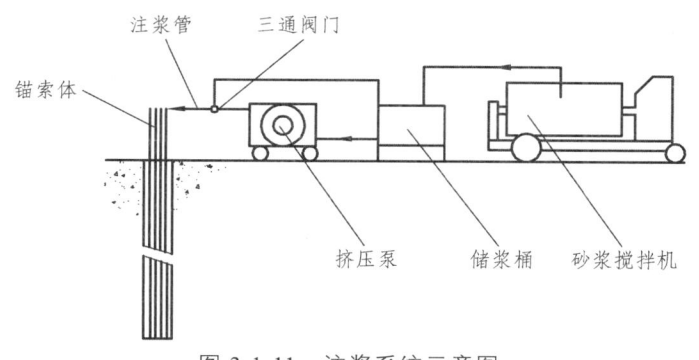

图 3-1-11 注浆系统示意图

（1）按设计及相关规范规定选择水泥浆体材料（如水泥标号选择、砂的含泥量控制及外加剂的品种与用量等）；

（2）浆体要求在 28 天凝期后其抗压强度达到设计标号强度；

（3）注浆作业应连续紧凑、中途不得中断，严禁将导管拔出浆液面，以免出现断杆事故；

（4）若有二次注浆，需要控制好注浆。

5. 锚杆的张拉与锁定

对于预应力锚杆，锚杆张拉目的就是通过张拉设备使锚杆杆体自由段产生弹性变形，从而对锚固结构施加所需求的预应力值。在张拉过程中应注重张拉设备选择、标定、安装、张拉荷载分级、锁定荷载以及量测精度等方面的质量控制，一般要求如下：

（1）张拉设备要根据锚杆体的材料和锁定力的大小进行选择；

（2）张拉前对张拉设备进行标定；

（3）安装锚具前，必须对锚具进行逐个严格检查；

（4）张拉前，必须待锚固段、承压台（或梁）等构件的混凝土强度达到设计强度后方能进行张拉，同时必须把承压支撑构件的面整平，将台座、锚具安装好，并保证和锚索轴线方向垂直，误差在允许的范围内；

（5）张拉应按一定程序和设计张拉速度进行。

对于非预应力锚杆，则略过锚杆张拉，在注浆完成并达到设计强度后，直接进入锚杆的锁定施工。

运用本任务所讲内容，结合网络自学，对工作任务进行分析，亦可作为课后作业，检查本任务内容的掌握程度和实际运用能力。

一、填空题

1. 锚杆是一种将拉力传递至稳定岩层或土层的锚固系,主要由_____、_____和_____、_____组成。

2. 锚杆施工包括五个环节:_____、_____、_____、_____和_____。

3. _____是锚固工程中控制工期且费用最高的作业,因而是影响锚固工程经济效益的主要因素。

4. _____直接影响锚杆的承载能力,因此锚固注浆是锚杆施工中的一个重要环节。

二、简答题

1. 简述锚杆技术的锚固原理。
2. 简述锚杆各主要组成部分的特点。
3. 简述锚杆施工的主要步骤及各步骤的注意事项。

任务工作页

【学习目标】

（1）能积极接受工作任务，明确任务，确定小组成员。
（2）能说出锚固的原理。
（3）能讨论说出锚杆施工的主要环节。
（4）能总结出施工注意要点。
（5）能按照安全文明操作规程，做好安全防护措施。

【建议学时】

2学时。

【任务描述与分析】

某高速公路K32+580~K33+420路堑边坡由三种岩性的岩层组成，边坡内夹有褐色泥质粉砂岩的层理面，它与边坡面互为反倾向，这是影响边坡稳定的最主要结构弱面。现在已经确定采用锚杆进行防护。

【任务目标】

能对任务中确定的锚杆防护进行施工流程的安排。

【任务实施流程与活动】

一、任务分析

1. 对任务进行阅读、理解，找出任务中边坡的不稳定因素

2. 列出锚杆施工需要的机械设备

序号	设备机具名称	数量

二、确定施工方法以及施工要求

三、简述施工流程及施工要点

四、简述安全文明施工措施

五、工作总结，经验交流

六、评价反馈

1. 学习自测题

完成教材课后练习题。

2. 学习目标达成度的自我检查

自我检查表

序号	学习目标	达成情况（在相应的选项后打"√"）		
		能	不能	如果不能，是什么原因
1	能遵守上课基本制度			
2	能遵守劳动纪律，以积极的态度接受工作任务			
3	能积极查阅资料、主动学习			
4	能相互协作、配合			
5	能100%完成任务			
6	能积极提出疑问			
7	能口述出这次任务的大概内容			
8	能收集归纳相关知识点			
9	安全文明施工			

3. 日常表现性评价（由小组长或者组内成员评价）

（1）工作页填写情况（　　　）。

　　A. 填写完整　　　　　　　　　B. 缺失 0%~20%

　　C. 缺失 20%~40%　　　　　　 D. 缺失 40%以上

（2）工作页填写正确率（　　　）。

　　A. 80%以上　　　　　　　　　B. 60%以上

　　C. 60%以下　　　　　　　　　D. 极差

（3）总体表现评价（　　　）。

　　A. 非常优秀　　　　　　　　　B. 比较优秀

　　C. 需要改进　　　　　　　　　D. 急需改进

（4）是否达到全勤（　　　）。

　　A. 全勤

　　B. 缺勤（姓名：　　　　　　　　　　　　　　　　　　　　）

　　C. 缺勤（有请假，姓名：　　　　　　　　　　　　　　　　）

（5）其他建议：

小组长签名：　　　　　日期：

4. 教师总体评价

（1）小组成员整体表现评价。

　　① 姓名：　　　非常优秀（　）比较优秀（　）需要改进（　）急需改进（　）

　　② 姓名：　　　非常优秀（　）比较优秀（　）需要改进（　）急需改进（　）

　　③ 姓名：　　　非常优秀（　）比较优秀（　）需要改进（　）急需改进（　）

　　④ 姓名：　　　非常优秀（　）比较优秀（　）需要改进（　）急需改进（　）

　　⑤ 姓名：　　　非常优秀（　）比较优秀（　）需要改进（　）急需改进（　）

　　⑥ 姓名：　　　非常优秀（　）比较优秀（　）需要改进（　）急需改进（　）

　　⑦ 姓名：　　　非常优秀（　）比较优秀（　）需要改进（　）急需改进（　）

　　⑧ 姓名：　　　非常优秀（　）比较优秀（　）需要改进（　）急需改进（　）

（2）小组整体评价（　　　）。

　　A. 组长很负责，所有同学都能达成学习目标

　　B. 小组能完成学习任务，个别同学不能达成学习目标

　　C. 组内有 3~4 人不能达成学习目标

　　D. 组内大部分同学不能达成学习目标

教师签名：　　　　　日期：

任务二　预应力锚固技术

【学习目标】

（1）能大致描述预应力锚固技术的发展历程。
（2）能说出预应力锚索的构造及各部分受力特性。
（3）能够正确处理锚固施工过程中的塌孔、渗水等现象。

【课时建议】

4 学时。

【任务描述】

在岩土工程中使用锚固结构，可以取得显著的经济效果，并确保施工安全和工程稳定，因而世界各国都在大力发展岩土锚固技术。图 3-2-1 所示为岩土边坡加固工程（如 310 工程进水口山体加固工程）。

图 3-2-1　预应力锚索加固边坡

可以预料，这种锚固技术将以其独特的效应、简便的工艺、广泛的用途及经济的造价，在岩土工程领域中不断得到发展。

一、概　述

预应力锚固是预应力混凝土技术在岩土工程领域的延伸与发展，回顾预应力锚固技术的发展历史，大致经过以下两个过程：

1. 早期有黏结无保护预应力锚索

在加固边坡工程中,初期应用锚索自由段张拉前不灌浆用油脂保护,由于其防锈可靠性差,几乎所有的工程最后都通过灌浆段封死。因而,此类锚索变为有黏结无保护型,主要存在抗腐蚀性差、锚固变形适应能力差以及锚索质量难以保证等缺陷。

2. 目前无黏结双层保护锚索

目前的预应力锚索采用把自由段部分的索体涂上黄油,套上塑料管,自由段和锚固段同时灌浆,同时内锚固段还用波纹套管保护,以达到全程防水的效果。其具有防腐蚀能力强、整个锚索体可随着岩体变形从而调整内力的优点,且打上仰孔和保证注浆密实的问题也相应获得解决。

我国的二滩水电站、黄河小浪底水利枢纽、三峡永久船闸边坡等工程,大量采用了预应力锚固技术,均取得了良好的加固效果。

二、预应力锚索结构

1. 预应力锚索的构造

预应力锚索主要由锚固段、自由段和锚头三部分组成(见图3-2-2)。

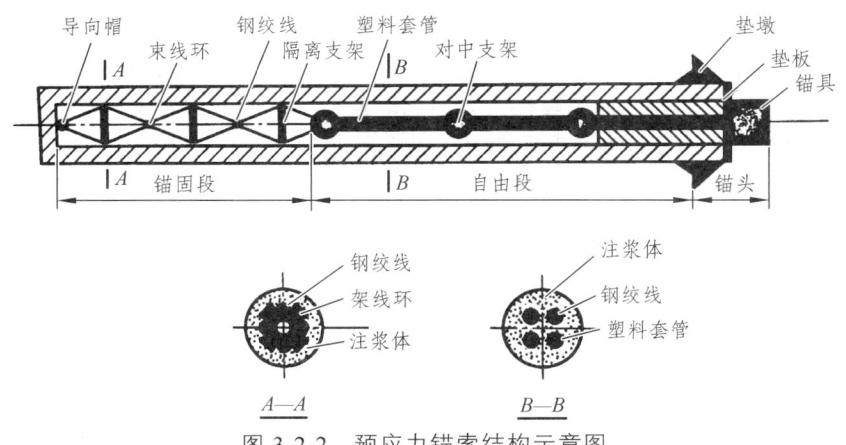

图 3-2-2 预应力锚索结构示意图

2. 预应力锚索的类型

目前在高边坡加固工程中使用的锚索类型繁多,按不同的分类方法可将锚索划分为不同的类型。

(1) 按外锚头的结构形式可分为墩头锚、锥型锚、JM锚、XM锚、QM锚、精轧螺纹锚具、螺纹端杆锚等。

(2) 按锚索体种类主要分为钢绞线束锚索、精轧螺纹钢筋锚索、高强钢丝束锚索。

(3) 按锚固结构受力状态分为拉力型锚索、压力型锚索和荷载分散型锚索,如图 3-2-3 所示。

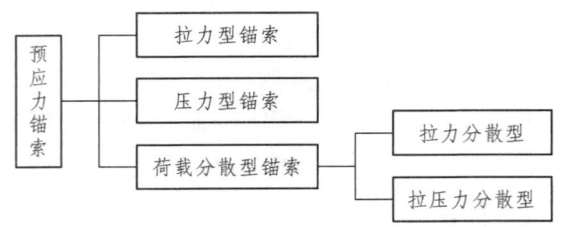

图 3-2-3　预应力锚索的种类

从国内外锚固工程技术发展现状来看,外锚头部位的材料强度以及定点厂家生产的夹片、垫板等材料的技术参数一般都能满足锚固技术的要求,并已在国内大型重点工程中得到广泛应用。因此外锚头技术参数研究已基本成熟,目前的研究重点放在锚固段受力状态上,下面将重点讲解按锚固段受力状态分类中最常用的两种类型。

(1) 拉力型锚索(见图 3-2-4)。

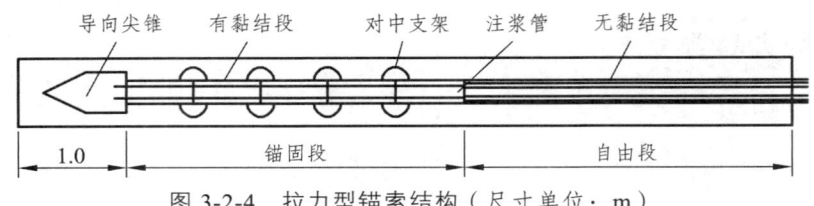

图 3-2-4　拉力型锚索结构(尺寸单位: m)

拉力型锚索的内锚固段是采用纯水泥浆或水泥砂浆将锚索体固结在被锚固体的稳定部位,主要依靠锚固段提供足够的拉力。该类型锚固段受力机制不尽合理(在锚索张拉时,临近张拉段处的界面呈现最大的黏结摩阻力,在锚固段附近岩土体中产生拉应力,且应力集中,使锚固段产生较大的拉应力,浆体容易拉裂,影响抗拔力),但由于其构造简单、施工方便、施工技术相对成熟、造价相对较低,故拉力型锚索仍是现阶段最为常用的锚索形式。

(2) 压力分散型锚索(见图 3-2-5)

压力分散型锚索的索体采用无黏结钢绞线,其结构形式是在不同长度的无黏结钢绞线末端套以承压板和挤压套,当锚索体被浆体固结后,以一定的荷载张拉对应于承载体的钢绞线时,设在不同深度部位的数个承载体将压应力通过浆体传递给被加固体,这样对在内锚固段范围内的被加固体提供被分散的锚固力,避免了应力集中,因而即使在复杂地基中其也可提供较大而可靠的锚固力。

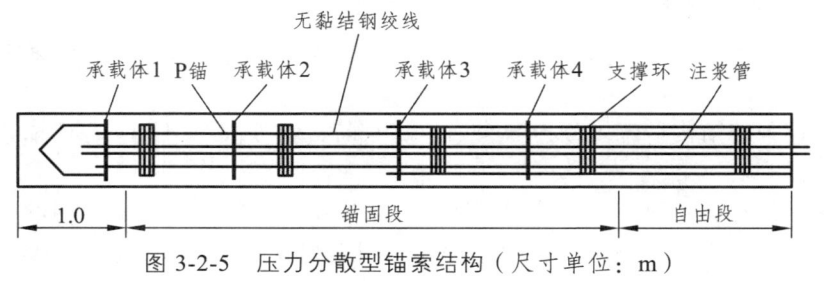

图 3-2-5　压力分散型锚索结构(尺寸单位: m)

拉力型锚索与压力分散型锚索比较如表 3-2-1 所示。

表 3-2-1　拉力型锚索与压力分散型锚索比较

对比项	普通拉力型锚索	压力分散型锚索
岩土-水泥浆体的黏结摩阻应力分布状况	沿锚固体长度分布不均匀、应力集中严重，易发生渐进性破坏	沿锚固体长度分布均匀
岩土-水泥浆体的黏结摩阻应力值	总拉力大，黏结摩阻应力值大	总拉力可分散成几个较小的压力，黏结摩阻应力值显著减小
黏结摩阻强度	注浆体受拉不会引起水泥浆横向扩张而增大黏结摩阻强度	注浆体受压引起水泥浆体横向扩张而增大黏结摩阻强度，对注浆体抗压强度要求相对较高
锚索承载力	锚固长度超过一定值后，承载力增长极其微弱	锚索承载力随锚固长度增长而增加
耐久性	注浆体受拉，易开裂，防腐蚀性较差	注浆体受压，不易开裂，防腐性能较好
施工工艺	结构及施工工艺简单，造价较低	施工工艺相对较复杂

三、预应力锚索的材料及防腐要求

1. 锚索材料

（1）索体。

预应力锚索主要采用钢绞线（见图 3-2-6）和高强度钢丝两种，一般采用高强度低松弛钢绞线制作。钢绞线必须符合《预应力混凝土用钢绞线》（GB/T 5224—2003），对有机械损伤、严重锈蚀、电烧伤等造成强度降低的锚索材料，在施工中不得采用。

（a）　　　　　　　　　　　　（b）

图 3-2-6　常见的钢绞线

（2）锚具。

锚具的选用应符合《预应力筋用锚具、夹具和连接器应用技术规程》（JGJ 85—2010）的规定。锚具的形式和规格应根据锚索体材料的类型、锚固力大小、锚索受力条件和锚固使用要求选取。目前国内常用的钢绞线锚具主要有 OVM、JM、XM、XYM、QM 等系列产品（见图 3-2-7、图 3-2-8）。

图 3-2-7 常见锚具

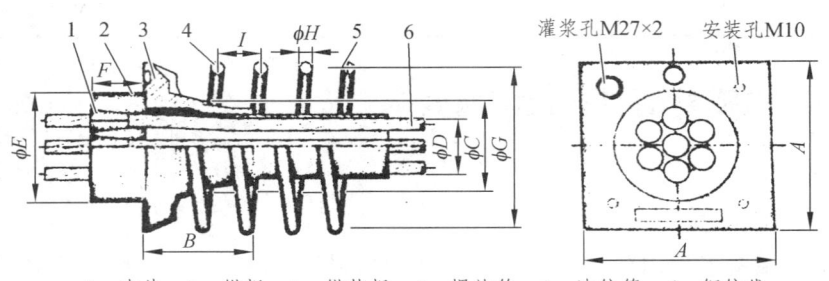

1—夹片；2—锚板；3—锚垫板；4—螺旋筋；5—波纹管；6—钢绞线。

图 3-2-8 OVM M15-7 锚具示意图

（3）张拉千斤顶。

预应力锚索的锚固力是靠张拉千斤顶来提供的，所以张拉设备（尤其是大吨位的张拉千斤顶）的研究和选择是预应力锚固技术的关键。例如，在大吨位 6 000 kN 级张拉千斤顶的研制过程中，为了满足锚索张拉设备的标准化和系列化的需要，还研制了 180 kN、1 000 kN、3 000 kN 级的系列张拉设备。因此，YKD 型锚索张拉设备包括了 YKD-180、YKD-1000、YKD-3000 和 YKD-6000 四种型号（见图 3-2-9、图 3-2-10）。

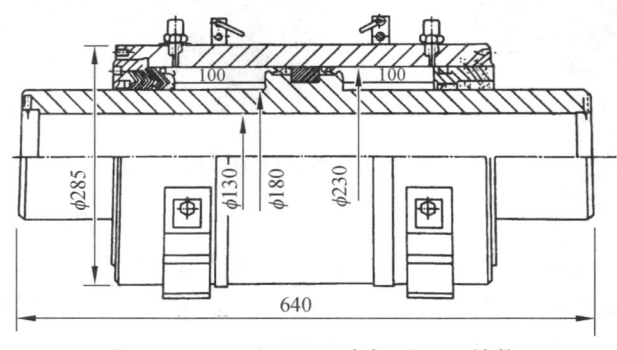

图 3-2-9 YKD-1000 张拉千斤顶结构

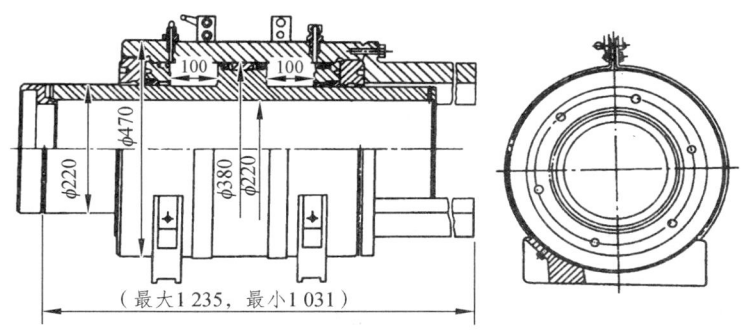

图 3-2-10　YKD-3000 张拉千斤顶结构

（4）注浆材料。

预应力锚索内锚固段所采用的胶结材料，应具有高强、早强、微膨胀、可灌性好、对钢材不产生锈蚀和应力腐蚀的优良性能。目前，工程中常用水泥质注浆材料主要为纯水泥浆或水泥砂浆。外加剂主要有早强剂、缓凝剂、膨胀剂及减水剂等。通过反复的试验，找到满足预应力锚固施工要求的浆体，尤其对永久性锚索，外加剂中不得含有有害性腐蚀性元素并控制好外加剂的使用量。

2. 防腐要求

（1）锚索腐蚀的特点。

有关调查表明，锚索使用期限在 2 年内和 2 年以上发生腐蚀断裂的各占一半（见图 3-2-11）。锚索破坏的主要原因有：灌浆不足导致的锚固段腐蚀问题、包裹层破坏或地层活动导致的自由段破坏问题以及工作期间保护剂不完全等导致的锚头问题。

图 3-2-11　锈蚀的钢绞线

鉴于边坡加固中锚索所在的特定介质环境和高应力特点，地层对锚索的腐蚀是从锚索体表面开始，首先腐蚀金属表面的纯化层，继而腐蚀锚索体本身。腐蚀锚索体的速度取决于注浆体的质量、渗透性、注浆体是否开裂、裂缝宽度、锚索的工作环境和锚索的应力状态；对处于高应力状态的锚索和腐蚀性地层中的锚索，都会加快腐蚀。

（2）锚索的防腐。

目前，锚索防腐的主要方法有水泥质注浆体防护、物理隔离防护和改善锚固体结构三种形式。

锚索防腐的总体原则是：防腐方法不能影响锚杆各部分功能；防腐方法的确定必须使防腐材料在施工期间免受损伤；对锚固力较低的锚索，当处于非侵蚀性和低渗透性的地层中时，可仅使用水泥质注浆体进行防护，对锚固力较高的永久性锚索，不管什么地层，均要进行物理隔离防护。

四、预应力锚固工程设计计算

预应力锚固设计的主要任务有两项：一项是对单根杆件材料承载能力的设计计算，另一项是对整体加固方案的布置及总锚固力的设计计算。

1. 锚固力的设计计算

目前，整体加固设计计算方法主要是工程类比法，并结合经验来确定锚固参数。岩土体的整体加固设计主要包括预张作用力吨位、锚固角度、锚固间距和杆体长度。

对于滑坡加固，进行预应力锚索设计时，通过边坡的稳定性分析计算滑坡的下滑力进而确定锚固力，其计算公式如下：

$$P_t = \frac{F}{[\sin(\alpha+\beta)\cdot\tan\varphi+\cos(\alpha+\beta)]} \quad (3\text{-}2\text{-}1)$$

式中　F——滑坡下滑力（设计荷载）（kN）；

　　　P_t——设计锚固力（kN）；

　　　α——锚索与滑动面相交处滑动面倾角；

　　　β——锚索与水平面的夹角，以下倾为宜，不宜大于45°，一般为15°~30°；

　　　φ——滑动面内摩擦角。

设计锚固力 P_t 应小于容许锚固力。设计锚固力就是单根锚杆（索）承担的作用力，其大小取决于锚杆（索）抗拉强度和锚固结构的性能，一般不超过 1 000 kN。

2. 锚固体的设计计算

单根锚杆承载能力的计算包括单根锚杆材料的根数和锚固长度的确定。目前，广泛采用的是假设剪应力沿内锚固体全长均匀分布，从而建立计算公式进行计算。

（1）单根锚杆（索）的材料根数（n）的确定。

单根锚杆（索）的材料根数（n），根据设计锚固力和材料抗拉强度确定。

$$n = \frac{K\cdot P_t}{f_{pdk}\cdot A_0} \quad (3\text{-}2\text{-}2)$$

式中　K——安全系数，见表3-2-2；

　　　P_t——设计锚固力（kN）；

　　　f_{ptk}——锚固材料（钢绞线、钢丝或钢筋）的抗拉强度标准值（kPa）；

　　　A_0——单根材料的截面面积（m²）。

在实际工程中，锚索钢绞线的设计荷载一般采用锚索钢绞线极限荷载的 50%~60%，即有一定的安全储备，正常情况下钢绞线不易拉断破坏。对于高速公路或一级汽车专用公路，锚索钢绞线的设计荷载可采用其材料极限破坏荷载的50%，二级公路可采用55%，三级公路可采用60%。

（2）砂浆锚固段长度（L_m）的确定。

砂浆锚固段长度（L_m），根据砂浆与钢筋的黏结力和砂浆体与孔壁摩擦力确定，取其中的最大值。

按杆体材料从注浆体中拔出时的条件：

$$L_m = \frac{K \cdot P_t}{n \cdot \pi \cdot d \cdot \zeta_2 \cdot q_s} \quad (3\text{-}2\text{-}3)$$

按杆体材料与注浆体沿孔壁滑移条件：

$$L_m = \frac{K \cdot P_t}{\pi \cdot D \cdot \zeta_1 \cdot q_r} \quad (3\text{-}2\text{-}4)$$

式中　L_m——内锚固体设计长度（m）；

　　　P_t——设计锚固力（kN）；

　　　K——安全系数，见表3-2-2；

　　　n——杆体的材料根数；

　　　d——杆体材料直径（mm）；

　　　D——孔道直径（mm）；

　　　ζ_1——锚固体与地层黏结工作条件系数，对永久性锚杆取1.0，对临时性锚杆取1.33；

　　　ζ_2——锚杆体与砂浆黏结工作条件系数，对永久性锚杆取0.6，对临时性锚杆取0.72；

　　　q_r——砂浆体与地层间的黏结强度设计值（kPa），可取0.8倍标准值；

　　　q_s——砂浆体与钢绞线或钢筋间的黏结强度设计值（kPa），可取0.8倍标准值。

对于注浆拉力型锚索，锚索锚固长度一般为4～10 m，且要求锚固段位于良好的地层中。锚索锚固破坏是从靠近自由段处开始的，灌浆材料与地基之间的黏结力逐渐被剪切破坏，当锚固段长度超过8～10 m时，再增加锚固段长度，其锚固力增加很小，几乎不可能提高锚固效果，因此并非锚固段越长越好。但锚固段太短时，由于实际施工期间锚固地基的局部强度低，使锚固危险性增大，设计中一般采用4～10 m。当锚固段计算长度超过10 m时，常采用加大孔径或减小锚索间距或增加孔数等来调整。

表3-2-2　锚固设计安全系数

类型	钢绞线		注浆体与锚孔壁界面		注浆体与钢绞线	
	普通地层	高腐蚀地层	普通地层	高腐蚀地层	普通地层	高腐蚀地层
临时锚固	1.5	1.7	1.5	2.0	1.5	2.0
永久锚固	1.7	2.0	2.5	3.0	2.5	3.0

五、锚索的布置

1. 锚索间距的确定

锚索间距以设计锚固力能对地基提供最大的张拉力为标准。锚索间距一般为 3~6 m，最小不小于 1.5 m。

2. 锚固角

以单位长度锚索提供抗滑增量最大时的锚索下倾角为最优角，也可按以下经验公式计算最优锚固角 β。

$$\beta = \alpha \pm (45° + \varphi/2) \quad (3\text{-}2\text{-}5)$$

式中　　α——滑动面倾角；

　　　　β——内摩擦角。

从施工工艺考虑，β 一般取 15°~30°。

3. 锚索长度

锚索总长度为锚固段长度、自由段长度和张拉段长度的总和。锚索自由段长度受稳定地层界面控制，在设计中应考虑自由段伸入滑动面或潜在滑动面的长度不小于 1 m，自由段长度不得小于 3~5 m。张拉段长度应根据张拉机具确定，锚索外露部分长度宜为 1.5 m 左右。

六、试验与监测设计

1. 预应力锚固试验

为验证预应力锚索设计、施工工艺、指导安全施工，在锚固工程施工初期，应进行锚索锚固试验。锚固试验的数量可按工作锚索的 3% 控制，有特殊要求时，可适当增加。

预应力锚固试验按性质可分为破坏性试验和非破坏性试验；按试验目的可分为验证试验、验收试验和特殊试验。设计中，验证试验、验收试验和特殊试验均应采用。

2. 原位监测设计

根据工程重要性和实际条件，对预应力锚索工作状况和锚固效果进行施工期和使用期的原位监测。通过监测可对工程安全作出定量评价，进行施工安全预报，验证设计的合理性，促进设计水平的提高。监测内容包括锚索工作状况和被锚固对象的加固效果。具体监测内容和项目见表 3-2-3。

表 3-2-3　预应力锚索工程原位监测内容

预应力锚索工作阶段		监测内容	监测项目
施工阶段	锚索	锚索的工作状态 锚索的施工质量	锚索张拉力、伸长值 预应力损失
	锚固对象	加固效果	被锚固体的位移和变形
使用阶段	锚索	锚索的工作状态	预应力值变化
	锚固对象	锚固工程的安全状况	被锚固体的位移和变形

七、预应力锚索施工

锚杆施工 2

合理的锚索施工工艺,对锚固力的形成与分布、锚固力的保持起到十分重要的作用,几乎每个施工环节都会不同程度地影响锚固效果。锚索施工主要包括锚索制作、钻孔、锚索安装、张拉、封孔注浆等环节,其工艺及流程如图 3-2-12 所示。其中,对锚固效果起控制作用的是钻孔、注浆、张拉和锁定等工艺。评价锚固效果需要进行施工监测和长期观测。

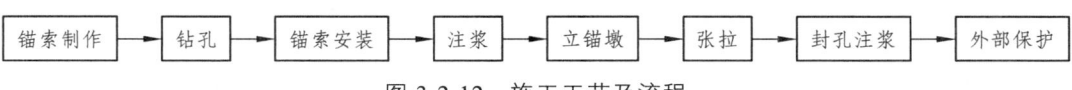

图 3-2-12 施工工艺及流程

钻孔包括:放样定位及施工平台的搭设、压风设备及送风管路的安装、钻孔及清孔。

锚索安装包括:锚索下料、编索、锚索安装。

注浆包括:锚固段注浆、自由段注浆。

张拉包括:第一次分级张拉、第二次分级张拉、拉拔试验。

先张法施工

预应力锚索的施工工艺及流程与上一任务中锚杆的施工类同,因此该部分重点强调几类施工过程中常遇到的情况。

预应力锚杆施工

1. 钻孔过程中的斜孔问题

符合设计要求的钻孔,孔斜误差小、准直度高,不仅可以顺利下锚,还可以减少预应力损失,提供可靠的锚固力。在钻孔过程中应注意采用防斜和纠偏措施,保证造孔精度。

防斜主要措施:

(1)选择精度高的钻机、钻具;

(2)钻机安装平稳牢固,立轴垂直对准孔口中心;

(3)精心埋设孔口导向管,孔口管垂直偏差小于 1%;

(4)执行低转速、小砂量、小压力和适水量钻进规程。

纠偏主要措施:

(1)立轴跟踪纠偏。适当移动钻机的立轴,改变钻具轴线方向,达到纠偏目的。

(2)回填纠偏。在钻孔中回填水泥砂浆或混凝土,当达到一定强度后,校正立轴方向,用加长粗钻具重钻。

(3)中心导向纠偏。在钻孔各种预埋中心导向管或定向纠偏楔,强制钻头在复钻时保持正确位置,矫正孔向。

2. 渗水的处理

在钻孔过程中或钻孔结束后吹孔时,从孔中吹出的都是一些小石粒和灰色或黄色团粒而无粉尘,说明孔内有渗水,岩粉多贴附于孔壁。

若钻孔深度已达到设计要求,则注入清水,以高压风吹净,直至吹出清水;若此时孔深还不够，虽冲击器工作，仍有进尺，也必须立即停钻，拔出钻具，洗孔后再继续钻进，如此循环，直至结束。

有时孔内渗水量大，有积水，吹出的是泥浆和碎石，这种情况岩粉不会糊住孔壁，只要冲击器工作，就可继续钻。

如果渗水量太大，以至淹没了冲击器，冲击器会自动停止工作，应拔出钻具进行压力注浆。

3. 塌孔、卡钻的处理

当钻孔穿越强风化岩层或岩体破碎带时，往往容易发生塌孔。

塌孔的主要标志：从孔中吹出黄色岩粉，夹杂一些原状的（非钻头碎的、非新鲜的、无光泽的）石块。这时，不管钻进深度如何，都要立即停止钻进，拔出钻具，进行固壁注浆，注浆压力采用 0.4 MPa，浆液为水泥砂浆和水玻璃的混合液，24 h 后重新钻孔。

若遇雨季，常常顺着岩体破碎带向孔内渗流泥浆，固壁注浆前，必须用泥水和风把泥浆洗出（塌入钻孔的石块不易清除），否则不仅固壁效果差，还容易造成假象。

4. 预应力锚索的下料

锚索在钻孔的同时于现场进行制作，保证钻孔完毕并经检测合格后方能及时安装锚索。内锚固段采用波纹形状，张拉段采用直线形状。

锚索杆体材料的下料长度为锚索的设计长度、锚头高度、千斤顶长度、工具锚和工作锚的厚度以及张拉操作余量的总和。

钢绞线下料采用砂轮切割机切割，严禁采用氧气和电焊切割。

5. 锚索安装前的检查

锚索安装前，应核对锚索编号是否与孔号一致，确认无误后，再以高压风清孔一次，即可着手安装锚索。

安装下倾锚索相对比较简单，没有更多的技术问题。而安装水平和上倾锚杆锚索时，要注意检查以下几点：

（1）检查定位止浆环和限浆环的位置，若有损坏，按技术要求更换；

（2）检查排气管的位置和畅通情况；

（3）锚索送入孔内，当定位止浆环到达孔口时，停止推送，安装注浆管和单向阀门；

（4）锚索到位后，再检查一遍排气管是否畅通，若不畅通，拔出锚索，排除故障后重新送索。

运用本任务所讲内容，结合网络自学，对工作任务进行分析，亦可作为课后作业，检查本任务内容的掌握程度和实际运用能力。

思考与练习

一、填空题

1. 预应力锚索的材料主要由_____、_____和_____、_____组成。
2. 预应力锚索按锚固结构受力状态分为_____、_____、和_____。
3. 锚索杆体材料的下料长度为_____、_____、_____、_____以及_____的总和。

二、计算题

已知某一永久性预应力锚索边坡加固工程中,通过边坡稳定性分析等确定边坡设计锚固力大小为 680 kN。已知锚索采用 d=12.7 钢绞线(截面面积 98.7 mm^2),其抗拉强度标准值 f_{ptk}=1 860 MPa,试计算每孔锚索钢绞线的根数。

三、简述题

1. 简述预应力锚固技术的发展。
2. 简述预应力锚索防腐设计及其原理。
3. 简述在锚固施工过程中,如何处置斜孔、渗水、塌孔等问题。

任务工作页

【学习目标】

（1）能积极接受工作任务，明确任务，确定小组成员。
（2）能说出预应力锚索中预应力结构的形式有哪些。
（3）能正确选择其结构形式。
（4）能说出预应力锚固设计的主要任务。
（5）能讨论总结出施工工艺及流程。
（6）能说出施工注意事项。
（7）能按照安全文明操作规程，做好安全防护措施。

【建议学时】

2学时。

【任务描述与分析】

在岩土工程中使用锚固结构，可以取得显著的经济效果，并确保施工安全和工程稳定，因而世界各国都在大力发展岩土锚固技术。

可以预料，这种锚固技术将以其独特的效应、简便的工艺、广泛的用途及经济的造价，在岩土工程领域中不断地得到发展。

【任务目标】

能对任务中出现的加固措施进行施工。

【任务实施流程与活动】

一、施工准备

1. 对任务进行阅读、理解，写出任务中出现的加固措施的组成部分

2. 预应力锚固技术与锚固技术的异同

3. 预应力锚固技术都有哪些形式，本任务你觉得应该采用哪种形式

4. 施工机具有哪些，有何要求

二、施工工艺及要求

三、锚固施工过程中可能会遇到哪些问题，处理措施有哪些

四、工作总结，经验交流

五、评价反馈

1. 学习自测题

完成教材课后练习题。

2. 学习目标达成度的自我检查

自我检查表

序号	学习目标	达成情况（在相应的选项后打"√"）		
		能	不能	如果不能，是什么原因
1	能遵守上课基本制度			
2	能遵守劳动纪律，以积极的态度接受工作任务			
3	能积极查阅资料、主动学习			
4	能相互协作、配合			
5	能100%完成任务			
6	能积极提出疑问			
7	能口述出这次任务的大概内容			
8	能收集归纳相关知识点			
9	安全文明施工			

3. 日常表现性评价（由小组长或者组内成员评价）

（1）工作页填写情况（　　　）。

A. 填写完整　　　　　　　　　B. 缺失 0%～20%

C. 缺失 20%～40%　　　　　　D. 缺失 40%以上

（2）工作页填写正确率（　　　）。

A. 80%以上　　　　　　　　　B. 60%以上

C. 60%以下　　　　　　　　　D. 极差

（3）总体表现评价（　　　）。

A. 非常优秀　　　　　　　　　B. 比较优秀

C. 需要改进　　　　　　　　　D. 急需改进

（4）是否达到全勤（　　　）。

A. 全勤

B. 缺勤（姓名：　　　　　　　　　　　　　　　　　　　　　　　　）

C. 缺勤（有请假，姓名：　　　　　　　　　　　　　　　　　　　）

（5）其他建议：

小组长签名：　　　　　日期：

4. 教师总体评价

（1）小组成员整体表现评价。

① 姓名：　　　非常优秀（　）比较优秀（　）需要改进（　）急需改进（　）

② 姓名：　　　非常优秀（　）比较优秀（　）需要改进（　）急需改进（　）

③ 姓名：　　　非常优秀（　）比较优秀（　）需要改进（　）急需改进（　）

④ 姓名：　　　非常优秀（　）比较优秀（　）需要改进（　）急需改进（　）

⑤ 姓名：　　　非常优秀（　）比较优秀（　）需要改进（　）急需改进（　）

⑥ 姓名：　　　非常优秀（　）比较优秀（　）需要改进（　）急需改进（　）

⑦ 姓名：　　　非常优秀（　）比较优秀（　）需要改进（　）急需改进（　）

⑧ 姓名：　　　非常优秀（　）比较优秀（　）需要改进（　）急需改进（　）

（2）小组整体评价（　　　）。

A. 组长很负责，所有同学都能达成学习目标

B. 小组能完成学习任务，个别同学不能达成学习目标

C. 组内有 3～4 人不能达成学习目标

D. 组内大部分同学不能达成学习目标

教师签名：　　　　　日期：

任务三 抗滑桩

【学习目标】

（1）能说出抗滑桩与普通基础桩的异同。
（2）了解常用抗滑桩的类型。
（3）能归纳出抗滑桩施工过程中的各项管理措施及内容。
（4）能进行抗滑桩的施工。
（5）能说出常见的抗滑桩破坏形式。

【课时建议】

4 学时。

【任务描述】

某滑坡地段位于云南某公路左侧斜坡上，加固设计方案：抗滑桩布置在距路堑顶 11 m 处，单排布置，沿路线方向桩间距为 6 m。桩截面尺寸为：1.5 m×1.5 m，桩长 8 m；1.5 m×1.75 m，桩长 11 m；1.5 m×2.0 m，桩长 13 m；桩身采用 C25 混凝土。松散层内的护壁采用 C20 混凝土，壁厚一般为 0.2 m，试对抗滑桩加固方案进行施工。

【任务目标】

能对抗滑桩施工的相关内容进行分析总结。

一、桩的工程应用

桩是深入土层或岩层的柱状构件。在公路工程中，除了大量的桥梁基础桩外，还有道路路基及边坡等不良地质处理中的各类桩。大量的工程实践表明，在大型滑坡体治理中，抗滑桩能迅速、安全、经济地解决一些边坡坡体防护中比较困难的问题，被喻为治理滑坡的"重型武器"，它适用于除流塑性滑坡外的各类滑坡，尤其是在高速公路边坡防护中得到广泛应用。

1. 桩的材料

从早期的木桩（见图 3-3-1），到近代的钢桩（见图 3-3-2）和目前广泛采用的钢筋混凝土桩（见图 3-3-3），桩的使用一直在不断地发展。

(a)   (b)

图 3-3-1 木桩

(a)   (b)

图 3-3-2 钢桩

(a)   (b)

图 3-3-3 钢筋混凝土桩

2. 桩的断面形式

桩的断面形式主要有圆形、管形和矩形。

3. 桩的施工方法

桩的施工方法主要有打入（见图 3-3-4）、机械成孔和人工成孔等方法。

4. 桩的结构形式

抗滑桩的结构形式主要有单桩、排桩、群桩等。

图 3-3-4　打桩机锤击预制钢筋混凝土方桩施工

二、抗滑桩的基本原理及特点

抗滑桩又称为锚固桩，其基本原理是依靠桩与桩周岩（土）体的相互嵌制作用把桩后侧土压力或滑坡推力传递到稳定地层中，利用稳定地层的锚固作用和被动抗力，使坡体或者滑坡得到稳定。

从结构受力上，抗滑桩主要承担水平荷载。从桩的材料和施工工艺上，抗滑桩与一般用于基础的桩并无显著区别，目前我国采用的抗滑桩大多为人工挖孔就地灌注的钢筋混凝土桩。

抗滑桩的优点主要表现在以下几个方面：

（1）抗滑能力强，圬工数量少，在滑坡推力大、滑动带深的情况下，能够克服抗滑挡土墙难以克服的困难；

（2）桩位灵活，可以设在滑坡体中最有利于抗滑的部位，可单独使用，也可与其他构筑物配合使用；

（3）可以沿桩长根据弯矩大小合理地布置钢筋（优于管形桩、打入桩）；

（4）施工方便、设备简单，采用混凝土或少筋混凝土护壁，安全、可靠；

（5）间隔开挖孔桩，不易恶化滑坡状态，有利于抢修工程；

（6）通过开挖桩孔，可直接揭露和校核地质情况，修正原设计方案；

（7）施工影响范围小，对外界干扰小。

三、常用抗滑桩的结构形式、适用条件及破坏形式

1. 使用抗滑桩的基本条件

（1）坡体内部有明显的滑动面；

（2）滑动面以上为非塑流性的地层，能够被桩所稳定；

（3）滑动面以下为较为完整的稳定岩土层，能够提供足够的锚固力。

由于抗滑桩嵌固于稳定岩土层中，在岩土作用下承受着巨大的弯矩，需增大抗弯刚度以适应较大的临空高度，但这样就会不经济甚至不可能实现，所以抗滑桩桩顶一般不高出坡脚 10 m，桩顶以上坡度不大于 45°，否则需要另外增加工程措施。

2. 抗滑桩常用的结构形式

在滑坡体治理或边坡加固技术中，抗滑桩往往与桩间挡土构筑物（如挡土墙、挡土板、片石垛等）形成复合支挡结构（见图 3-3-5 至图 3-3-7）。这种复合支挡结构中，抗滑桩主要承受桩后侧向土压力或滑坡推力，而桩间挡土构筑物主要起加固路堑（堤）边坡的作用。

图 3-3-5 抗滑桩与桩间挡土构筑物组成的复合支挡结构（一）

图 3-3-6 抗滑桩与桩间挡土构筑物组成的复合支挡结构（二）

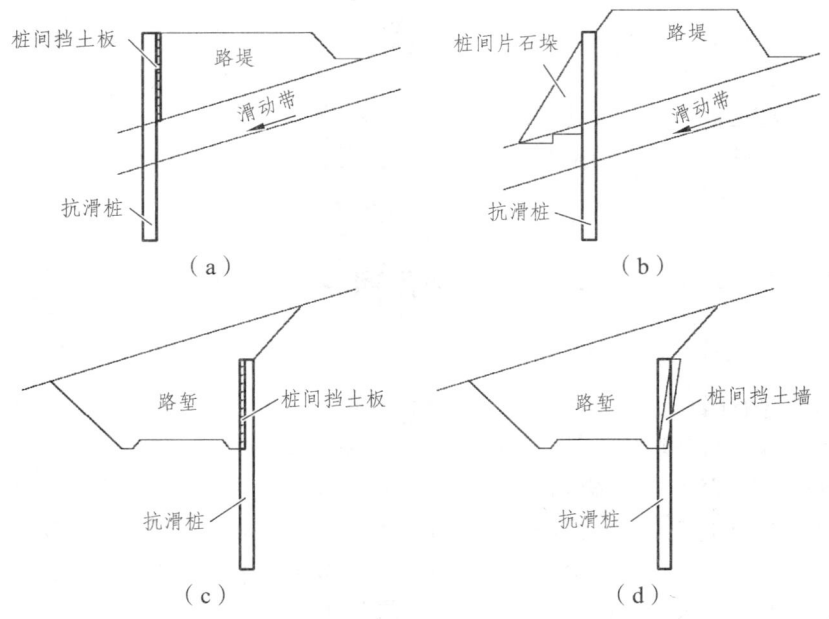

图 3-3-7 抗滑桩与桩间挡土构筑物组成的复合支挡结构示意图

目前常用的抗滑桩结构形式有两类：

一类是普通抗滑桩，即桩上没有其他任何辅助支护形式，与桩间的挡土板构成普通桩板墙。

另一类是锚索抗滑桩（见图 3-3-8），即在抗滑桩上设置锚索（多为预应力锚索）与抗滑桩组成整体结构，形成锚索桩板墙，共同支护滑坡体。随着锚索技术的发展，在滑坡防治和边坡加固中开始大量地采用锚索抗滑桩。

3. 抗滑桩的破坏形式

（1）抗滑桩埋深不足，锚固不够，桩被推倒；
（2）抗滑桩抗剪能力不够，桩身在滑动面处被剪断；
（3）抗滑桩抗弯能力不够，在最大弯矩处被拉断；
（4）抗滑桩桩间距过大，滑体土从桩间挤出；
（5）抗滑桩的变形超过允许范围。

图 3-3-8　锚索抗滑桩

四、抗滑桩设计要点

抗滑桩设计时，应满足以下要求：

（1）抗滑桩实施后，整个坡体要有足够的稳定性；
（2）桩有足够的长度和嵌固深度，能将滑坡推力传递到滑动面以下的稳定地层中，使坡体的稳定系数提高到规定的要求，且保证滑体不会越过桩顶；
（3）桩间距合理，岩土体不会从桩间挤出；
（4）桩身要有足够的稳定性，嵌固段的侧壁应力在容许值之内；
（5）桩身要有足够的强度，钢筋配置合理，能够满足截面应力要求。

五、抗滑桩施工流程

抗滑桩施工的一般程序如图 3-3-9 所示。

1. 施工工艺选择

在公路边坡加固工程中，现场灌注混凝土是最常用的施工方式。灌注桩是相对于预制桩而言的，灌注桩是在桩位处成孔，然后放入钢筋骨架，再浇筑混凝土而成的桩。灌注桩按成孔方法不同，有人工成孔和机械成孔两类。

（1）人工成（挖）孔桩（见图3-3-10），即用人力挖土、现场浇筑的钢筋混凝土桩。

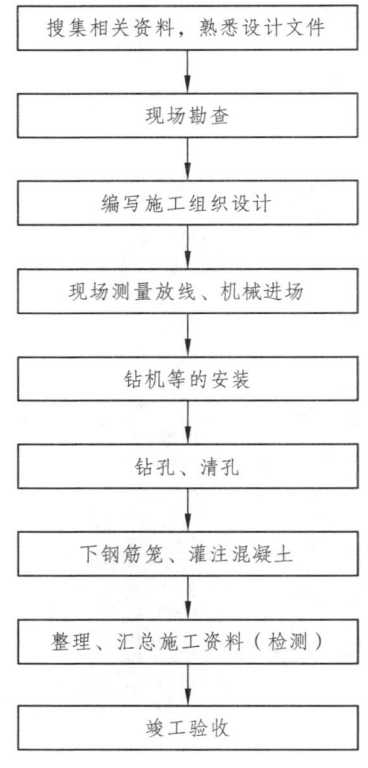

图 3-3-9 灌注桩施工程序

图 3-3-10 人工挖孔施工

人工挖孔桩一般直径较粗，最细的也在 0.8 m 以上。人工挖孔桩施工方便、速度较快、不需要大型机械设备，挖孔桩要比木桩、混凝土打入桩抗震能力强，造价比冲锥冲孔、冲击锥冲孔、冲击钻机冲孔、回旋钻机钻孔、沉井基础等节省。从而在公路、民用建筑中得到广泛应用。但挖孔桩井下作业条件差、环境恶劣、劳动强度大，安全和质量显得尤为重要。

（2）机械成孔桩，目前应用较为普遍的主要有螺旋钻机成孔法、潜水钻机成孔法、冲击钻机成孔法、回旋钻机钻孔法等。

成孔工艺的选择没有固定的模式，具体应根据施工场地的地质情况、设计桩径和桩长、工期质量要求，并结合各类机具设备的供应情况和各类成孔工艺的适用范围和优缺点，正确灵活的选择，最终取得质量和成本的双赢模式。

2. 施工质量控制

施工时必须坚持质量第一的原则，推行全面质量管理。抗滑桩是一项质量要求很高的工程，施工质量的好坏直接关系到工程加固的成败，而灌注桩的过程又是抗滑桩施工过程中的关键工序，因此灌注桩控制在此显得尤为重要。灌注桩施工质量控制要点主要有：

（1）孔位的确定。

在现场地面设十字形控制网、基准点，随时复核校核。

（2）成孔。

成孔设备就位后，必须平正、稳固，确保在施工中不发生倾斜、移动和松动。要求现场施工和管理人员充分了解、熟悉成孔工艺和施工方法，有事故预防措施和事故处理方案，同时规范施工现场管理。

（3）钢筋笼制作。

采用卡板成型法或支架成型法（见图 3-3-11）。加强箍筋，直径当加大或适当加密，加强筋与主筋定位后，在接点处点焊固定；对直径较大的桩（2 m 以上），加强筋可考虑用角钢或扁钢，以增大钢筋笼的刚度，或在钢筋笼内设临时支撑梁。在钢筋笼主筋外侧设钢筋定位器，以控制主筋的保护层厚和钢筋笼的中心偏差。钢筋笼沉放时，要对准孔位，扶稳，缓慢放入孔中，避免碰撞孔壁，到位后立即固定。

钢筋笼

（4）混凝土灌注。

混凝土的配合比严格按混凝土施工规范要求进行，严格控制其坍落度。一般采用直长导管法（孔内水下灌注）或串筒法（孔内无水灌注）连续灌注，成孔质量合格后尽快灌注。灌注充盈系数，一般土质控制在 1.1，软土控制在 1.2 ~ 1.3。直径大于 1 m 的桩应每根桩留有一组试件，且每个台班不得少于一组试件。灌注时适当超过桩顶设计高程。当桩的尺寸较大而又是人工成孔时，可考虑采用人工入孔振捣混凝土，以提高桩的浇筑质量，如图 3-3-12 所示。

（a）

（b）

图 3-3-11 钢筋笼制作

（a） （b）

图 3-3-12 混凝土灌注

（5）检测。

桩施工后，为检查桩的质量，应进行必要的检测（见图 3-3-13）。对桩内混凝土可采用超声检测、振动检测、钻孔取芯检测、电动激振器检测、水电效应检测等。

 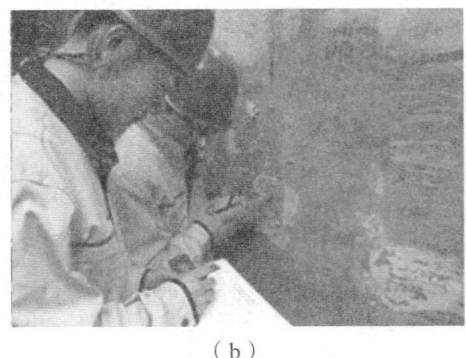

（a） （b）

图 3-3-13 桩基检测

在条件允许的情况下或大型滑坡体处置工程中，应考虑进行试桩检测。试桩分为鉴定性试桩和破坏性试桩。

鉴定性试桩的荷载为设计荷载的 1.2~1.5 倍，可在一般的桩上进行。

破坏性试桩的荷载可分级加载，直到破坏，应在专供试验用的桩上进行。

3. 施工安全控制

（1）强化施工安全管理。

① 工程施工单位（项目经理部）负责人必须全面负责工程施工的安全生产工作，明确自己为安全生产的第一责任人，负责建立起安全管理组织，实行安全生产责任制，确定领导干部、管理人员和职工的岗位安全职责，组织制定和实施符合现场生产的安全措施和规章制度。要认真贯彻"安全第一，预防为主"的方针，贯彻执行国家和当地行业主管部门的安全规章制度。

② 施工单位必须成立安全生产领导小组，配备专（兼）职安全员，协助领导贯彻安全规章制度，组织开展安全活动，坚持作业现场安全生产的检查和指导，解决安全生产中的问题，劝阻违章指挥，制止违章操作。

③ 施工单位必须建立安全检查和安全教育制度，按规定坚持进行安全生产检查及安全教育和培训。

④ 班组要坚持交接班制度，班组长在班前应布置工作任务，交代安全注意事项，班后要进行总结，对违章行为要提出批评，作业人员在交接班时，对自己使用的机械设备、工具应进行详细的检查，发现不安全因素，要及时处理、报告。

⑤ 现场作业人员必须接受安全管理、安全教育以及安全技能培训，特殊工种，如电工、电焊工、起重工、爆破工及机动车驾驶员等，要经过严格的培训考核，必须持证上岗作业。

⑥ 作业人员在工作中应严格遵守劳动纪律和安全守则，不打闹，不擅离工作岗位，上班前不喝酒，要穿戴好劳动保护用品，身着工作服，头戴安全帽，不许穿拖鞋。

⑦ 施工现场要悬挂清晰醒目的安全责任制牌、安全纪律（或安全管理规定）标语牌，危险部位还应悬挂安全警示牌（见图3-3-14）。

图 3-3-14　施工现场安全标示

⑧ 作业人员在多人配合作业时要听从指挥。有权拒绝接受违章冒险指挥，有权力和义务及时反映和处理危险情况，进行事故抢救。

⑨ 发生事故要按规定逐级报告，组织调查处理，查明事故原因，认真采取措施，防止类似事故发生。

（2）认真做好桩基工地安全布置。

① 进入工地前必须对施工现场进行踏勘，弄清场内高压线、地下管道、通信电缆等构筑物；工地应具备"三通一平"的施工条件，施工现场应有排污坑、污水池等设施，做到文明生产。

② 施工现场应设置安全标志，危险部位应设安全警示牌；工地内供电线路应架空或挖沟埋设，电气线路的绝缘状况应符合安全要求；夜间生产要有足够的照明。

（3）加强桩基施工设备的安全与防护。

① 钻架与平台安装要平稳、周正、牢固，零部件要齐全；明齿轮、皮带传动以及裸露的旋转轴头均应配齐防护栏杆或防护罩，如图3-3-15所示。

② 基台木轨道铺设要稳固、长度合适；平台板铺设要防滑、牢固；塔梯、工作台、栏杆安装必须牢固可靠；钻架上部要有便于高处作业的工作台；水上钻探台要坚固牢靠，不受水流的影响。

图 3-3-15 安全防护

③ 钻架架顶与供电高压线的距离符合安全规定或满足安全要求;配电箱要安装漏电保护器等安全设施,箱柜外有防雨措施,电器设备外壳装有保护接地或接零;电气开关要完好无损,熔断器、保险丝等按规定使用,不准超过额定标准或以铜丝、铁丝代替。

④ 工地内的危险部位应配齐相应的安全防护设施和足够的防火设施。

⑤ 起重用钢丝绳及绳卡必须安全可靠。

(4)严格桩基施工安全操作。

① 每班应对平台、钻架、提引系统、机械设备等各部位的螺栓进行检查。

② 钻架与平台移位时,塔架与平台上不得有人和未捆绑的浮物;使用 SPJ-300 型拖车钻、车装钻机移位时,应先放塔、后移位;移动平台、安拆钻架时应有人统一指挥。

③ 高空作业时,所有工具物品要放入工具袋,防止物品落下;塔上、塔下不得同时作业,不得抛掷工具和物品。

④ 钻机方向轴转动时,人员不得跨越或站立在转盘上;取下钻头时,井口人员必须站在钻具倾倒范围之外;摘挂提引器,必须停止立轴回转,并有人看管开关。

⑤ 机器运转时,不得进行部件拆卸和修理作业,也不得进行擦洗;不准戴手套摘挂皮带或打蜡;不得用铁器拨皮带;不准手拉、抚摸、脚蹬正在运行的钢丝绳。

⑥ 下钢筋笼前,要清除孔口周围障碍物;下钢筋笼时禁止人爬到钢筋笼上加重;吊钢筋笼或导管时必须使用直径大于 10 mm 的钢丝绳,超过规定磨损度的钢丝绳应更换。

⑦ 不得在乙炔瓶和氧气瓶周围用火、抽烟和乱扔烟头;在工地进行钢筋笼焊接时,要严格执行电、气焊安全操作规程。

⑧ 翻斗车只能在工地使用,不许在公路上行驶,不许当作交通工具使用,不得载人。

运用本任务所讲内容,结合网络自学,对工作任务进行分析,亦可作为课后作业,检查本任务内容的掌握程度和实际运用能力。

一、填空题

1. 桩按施工方法分类，可分为：_____、_____和_____等方法。
2. 常用抗滑桩的结构形式有两类，分别是_____和_____。
3. 抗滑桩施工过程中施工质量控制的要点主要有_____、_____、_____、_____和_____。

二、简答题

1. 简述抗滑桩的基本原理。
2. 简述抗滑桩的主要破坏形式。
3. 简述在抗滑桩的施工流程及施工过程中对质量和安全的控制。

任务工作页

【学习目标】

（1）能积极接受工作任务，明确任务，确定小组成员。
（2）能说出常见的抗滑桩的结构形式。
（3）能讨论出施工程序。
（4）能总结出施工注意要点。
（5）能按照安全文明操作规程，做好安全防护措施。

【建议学时】

2学时。

【任务描述与分析】

某滑坡地段位于云南某公路左侧斜坡上，加固设计方案：抗滑桩布置在距路堑顶11 m处，单排布置，沿路线方向桩间距为6 m。桩截面尺寸：1.5 m×1.5 m，桩长8 m；1.5 m×1.75 m，桩长11 m；1.5 m×2.0 m，桩长13 m；桩身采用C25混凝土。松散层内的护壁采用C20混凝土，壁厚一般为0.2 m。

【任务目标】

能对任务中的加固方案进行施工。

【任务实施流程与活动】

一、施工机具准备

1. 对任务进行阅读、理解，找出任务中出现的滑坡段加固措施

2. 对该任务进行施工，需要的机具设备有哪些

序号	设备机具名称	数量

二、试归纳总结抗滑桩的形式

三、如果抗滑桩产生破坏，你认为会有哪些破坏

四、施工注意要点

五、施工流程

六、安全文明施工控制注意要点

七、工作总结，经验交流

八、评价反馈

1. 学习自测题

完成教材课后练习题。

2. 学习目标达成度的自我检查

自我检查表

序号	学习目标	达成情况（在相应的选项后打"√"）		
		能	不能	如果不能，是什么原因
1	能遵守上课基本制度			
2	能遵守劳动纪律，以积极的态度接受工作任务			
3	能积极查阅资料、主动学习			
4	能相互协作、配合			
5	能100%完成任务			
6	能积极提出疑问			
7	能口述出这次任务的大概内容			
8	能收集归纳相关知识点			
9	安全文明施工			

3. 日常表现性评价（由小组长或者组内成员评价）

（1）工作页填写情况（　　　）。

  A. 填写完整　　　　　　　　B. 缺失0%~20%

  C. 缺失20%~40%　　　　　　D. 缺失40%以上

（2）工作页填写正确率（　　　）。

  A. 80%以上　　　　　　　　B. 60%以上

  C. 60%以下　　　　　　　　D. 极差

（3）总体表现评价（　　　）。

  A. 非常优秀　　　　　　　　B. 比较优秀

  C. 需要改进　　　　　　　　D. 急需改进

（4）是否达到全勤（　　　）。

  A. 全勤

  B. 缺勤（姓名：　　　　　　　　　　　　　　　　　）

  C. 缺勤（有请假，姓名：　　　　　　　　　　　　　）

（5）其他建议：

小组长签名：　　　　　　日期：

4. 教师总体评价

（1）小组成员整体表现评价。

① 姓名：　　　　非常优秀（　）比较优秀（　）需要改进（　）急需改进（　）
② 姓名：　　　　非常优秀（　）比较优秀（　）需要改进（　）急需改进（　）
③ 姓名：　　　　非常优秀（　）比较优秀（　）需要改进（　）急需改进（　）
④ 姓名：　　　　非常优秀（　）比较优秀（　）需要改进（　）急需改进（　）
⑤ 姓名：　　　　非常优秀（　）比较优秀（　）需要改进（　）急需改进（　）
⑥ 姓名：　　　　非常优秀（　）比较优秀（　）需要改进（　）急需改进（　）
⑦ 姓名：　　　　非常优秀（　）比较优秀（　）需要改进（　）急需改进（　）
⑧ 姓名：　　　　非常优秀（　）比较优秀（　）需要改进（　）急需改进（　）

（2）小组整体评价（　　　）。

A. 组长很负责，所有同学都能达成学习目标

B. 小组能完成学习任务，个别同学不能达成学习目标

C. 组内有 3~4 人不能达成学习目标

D. 组内大部分同学不能达成学习目标

　　　　　　　　　　　　　　　　　　教师签名：　　　　　日期：

项目四 挡土墙工程技术

◆ 工作导向流程图

知识目标

（1）能说出土压力对挡土墙的影响。
（2）能说出挡土墙在边坡工程中的应用情况。
（3）能说出各式挡土墙的结构、类型及特点。
（4）能说出各式挡土墙之间的区别。

技能目标

（1）在挡墙施工时能对材料进行合理的选择。
（2）能正确说出挡土墙的施工工艺。
（3）会识读挡土墙的平、纵、横布置图等相关图纸。
（4）能够运用所学知识在具体工程中对挡土墙进行结构设计。

课时建议

12 学时。

任务背景

某高速扩建工程采用两边拓宽的施工方案，拓宽后路基宽度由 25 m 变为 42 m。由于征地范围内有大量房屋，用地和拆迁困难，造价高，故公路沿线设置有挡土墙。为保证结构的安全，需要对挡土墙进行计算和设计。

项目目标

通过本项目的学习，了解挡土墙的应用原理，掌握各式挡土墙的类型及特点，能够运用所学的知识在具体工程中选择合适的挡土墙并进行结构设计和施工。

本项目主要介绍各式挡土墙设计与施工技术要点。

相关理论

挡土墙 1

挡土墙 2

扶壁式挡土墙

挡土墙是用来支撑路基填土或山坡土体，能够抵抗侧向土压力，防止墙后土体坍塌和增加其稳定性的建筑物，是目前边坡支护和处置中小型滑坡中应用最为广泛且较为有效的措施之一。根据分类方式不同，挡土墙也分为多种不同的结构类型。

从结构形式上分，有重力式挡土墙、锚杆式挡土墙、加筋土挡土墙、桩板式挡土墙、竖向预应力锚杆式挡土墙等，如表 4-0-1 所示。

表 4-0-1　挡土墙的结构类型、特点及适用范围

类型	结构示意图	特点及适用范围
重力式		主要依靠墙身自重保持稳定，它取材容易、形式简单、施工简便、适用范围广泛。多用浆砌片（块）石，墙高较低（≤6 m）时也可用干砌，在缺乏石料地区可用混凝土浇筑。其断面尺寸较大，墙身较重，对地基承载力的要求较高
衡重式		上下墙背有衡重台，利用衡重台上填土重力和墙身自重共同作用维持其稳定。其断面尺寸较重力式挡土墙小，且因墙面陡直、下墙墙背斜仰，可降低墙高和减少基础开挖量，但地基承载力要求较高。多用在地面横坡陡峻的路肩墙，也可做路堤墙或路堑墙。由于衡重台以上有较大的容纳空间，上墙墙背加缓，可作为拦截崩坠石之用
悬臂式		钢筋混凝土结构由立壁、墙趾板和墙踵板三个悬臂部分组成，墙身及稳定主要依靠墙踵板上的填土重力来保证。断面尺寸较小，但墙较高时，立壁下部的弯矩大，钢筋与混凝土用量大，经济性差。多用作墙高小于等于 6 m 的路肩墙，适用于缺乏石料的地区和承载能力较低的地基
扶壁式		钢筋混凝土结构由墙面板、墙趾板、墙踵板和扶壁（扶肋）组成，即沿悬臂式挡土墙墙长，每隔一定距离增设扶肋，把墙面板和墙踵板连接起来。适用于缺乏石料的地区和地基承载力较低的地段。当墙高较高（>6 m）时较悬臂式挡土墙经济
加筋土式		由墙面板、拉筋和填土三部分组成，借助于拉筋与填土间的摩擦作用，把土的侧压力传递给拉筋，从而稳定土体。既是柔性结构，可承受地基较大的变形，又是重力式结构，可承受荷载的冲击、振动作用。施工简便、外形美观、占地面积少，而且对地基适应性强。适用于缺乏石料的地区和大型填方工程

续表

类型	结构示意图	特点及适用范围
锚杆式	挡土板、肋柱、锚杆	由锚杆和钢筋混凝土墙面组成。锚杆一端锚固在稳定的地层中，另一端与墙面连接，依靠锚杆与地层之间的锚固力（即锚杆抗拔力）承受土压力，维持挡土墙的平衡。土石方和圬工量都较少，施工安全，较为经济。适用于墙高较大，缺乏石料的地区或挖基困难的地段，具有锚固条件的路堑墙，对地基承载力要求不高
锚定板式	肋柱、拉杆、锚定板、挡土板	由锚定板、拉杆、钢筋混凝土墙面和填土组成。锚定板埋置于墙后稳定土层内，利用锚定板产生的抗拔力抵抗侧向土压力，维持挡土墙的稳定。基底应力小，圬工数量少，不受地基承载力的限制，构件轻便，可预制拼装、机械化施工。适用于缺乏石料的路堤墙和路肩墙，墙高时可分级修建

从采用的材料上分，有浆砌条石（块石）挡土墙、混凝土挡土墙、钢筋混凝土式挡土墙、加筋土挡土墙等。

在公路工程中根据挡土墙在路基横断面上的位置，常分为路肩墙、路堤墙、路堑墙及山坡墙等类型。

（1）当墙顶置于路肩时，称为路肩式挡土墙[简称路肩墙，见图4-0-1（a）]。

（2）若挡土墙支撑路堤边坡，墙顶以上尚有一定的填土高度，则称为路堤式挡土墙[简称路堤墙，见图4-0-1（b）]。路肩墙和路堤墙设在高填路堤或陡坡路堤的下方，可以收缩路堤坡脚，减少填方数量，减少拆迁和占地面积，防治路基边坡或基底滑动，保证路堤稳定。

（3）如果挡土墙用于稳定路堑边坡，称为路堑式挡土墙[简称路堑墙，见图4-0-1（c）]。路堑墙设置在堑坡底部，主要用于支撑开挖后不能自行稳定的边坡，可降低挖方边坡的高度，减少挖方数量，防止陡坡路堤下滑，避免山体坍滑。

（4）设置在山坡上的，用以支挡山坡上可能坍滑的覆盖层或破碎岩层，并兼有拦石功能的抗滑挡土墙，称为山坡墙。

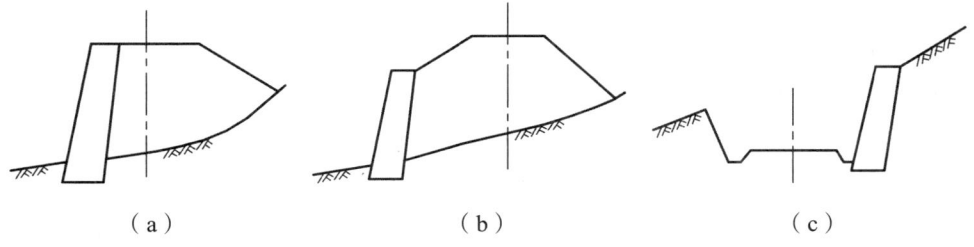

图4-0-1 设置在不同位置的挡土墙

在挡土墙类型选择时，应根据具体的滑坡性质、类型、场地地质情况、当地的材料供应情况等条件，并结合施工单位的施工技术水平等进行综合分析，确定最合适的方案。本项目重点介绍重力式挡土墙、锚杆式挡土墙和锚定板挡土墙在边坡工程中比较常用的支护技术。

任务一 挡土墙土压力计算和施工

【知识目标】

（1）能说出土压力的种类。
（2）能说出土压力对挡土墙的影响。
（3）在挡墙施工时能对材料进行合理的选择。
（4）能正确地说出挡土墙施工的工艺。

【课时建议】

2学时。

【任务描述】

某高速扩建工程采用两边拓宽的施工方案，拓宽后路基宽度由25 m变为42 m。由于征地范围内有大量房屋，用地和拆迁困难，造价高，故在K5+056～K5+600右幅拟设置重力式挡土墙。为保证结构的安全，需要对挡土墙进行稳定性验算、基底应力及合力偏心距验算、墙身截面强度验算等，其中挡土墙土压力计算是一项很重要的内容。

在本次任务中，重点学习挡土墙土压力计算和材料的选择。

【任务目标】

通过学习能说出如何做好挡土墙材料的选择和挡墙的施工工艺。

一、土压力的种类

各种形式的挡土墙，都以支撑土体使其保持稳定为目的，所以这类构造物的主要荷载是土体的侧向压力，简称土压力。包括土压力的大小、方向与分布等要素。土压力不仅与墙身的几何尺寸、墙背的粗糙度以及填土的物理力学性质、填土顶面形状和顶部的外荷载有关，而且还与墙和地基的刚度以及填土的施工方法有关。

根据支挡结构的位移方向和位移量等因素，可将土压力分为主动土压力、静止土压力和被动土压力三种形态。

1. 主动土压力

如果挡土墙在土压力作用下向前（离开土体）产生微小的移动或转动，如图4-1-1（a）所示，从而使墙对土体的侧向应力（它与土压力大小相等、方向相反）逐渐减小，土体便出现向下滑动的趋势。这时土中逐渐增大的抗剪力抵抗着这一滑动的产生。当墙的侧向应力减小到某一数值,且土的抗剪强度充分发挥时,土压力减到最小值,土体便处于极限平衡状态,即主动极限平衡状态,与此相应的土压力称为主动土压力,以符号 E_a 表示。达到主动极限平衡状态时的移动或转动位移量是较小的。

2. 被动土压力

如果挡土墙在外力作用下,移动或转动方向是推挤土体,如图 4-1-1(b)所示,从而逐渐增大墙对土体的侧向应力,这时土体便出现向上滑动的趋势,而土中逐渐增大的抗剪力阻止着这一滑动的产生。当墙对土体的侧向应力增大到某一数值,使土的抗剪强度充分发挥时,土压力增大到最大值,土体便处于另一极限平衡状态,即被动极限平衡状态,与此相应的土压力称为被动土压力,以符号 E_p 表示。达到被动极限平衡状态时墙的移动或转动位移量,比产生主动土压力所需的位移量要大得多。

3. 静止土压力

如果挡土墙的刚度很大,在土压力作用下,墙体不发生变形和任何位移,如图 4-1-1(c)所示。墙背后土体处于弹性平衡状态,此时墙背所受的土压力称为静止土压力,并以 E_0 表示。实际上使挡土墙保持静止的条件是:墙身尺寸足够大、墙身与基础牢固地联结在一起、地基不产生不均匀沉降等。

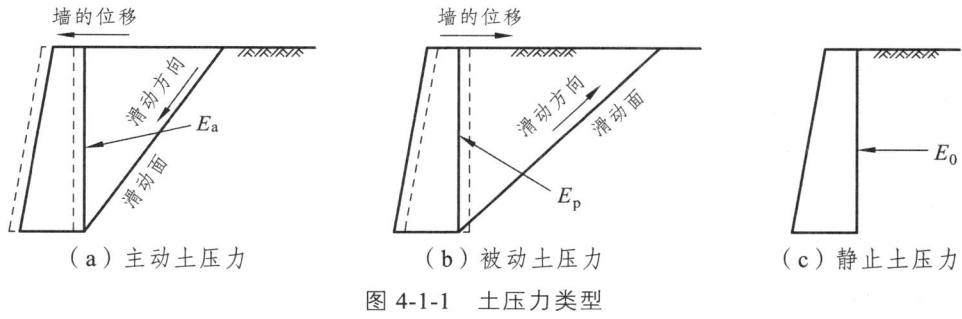

(a)主动土压力　　　　(b)被动土压力　　　　(c)静止土压力

图 4-1-1　土压力类型

由于土的应力应变不同,土压力的大小和方向也是变化的。被动土压力和主动土压力是土压力的最大与最小的极限值;而静止土压力介于其间,即 $E_p > E_0 > E_a$。通常情况下,以主动土压力作为挡土墙的设计荷载。

二、挡土墙的验算

挡土墙是用来承受土体侧压力的构造物,它必须具有足够的强度和稳定性。挡土墙可能的破坏形式有滑移、倾覆、不均匀沉陷和墙身断裂等。因此挡土墙的设计应保证:

① 在自重和外荷载作用下不发生全墙的滑动和倾覆;
② 保证墙身截面有足够的强度;
③ 基底应力小于地基承载能力;
④ 偏心距不超过容许值。

这就要求在拟定墙身断面形式及尺寸后,对上述各个方面进行验算。

挡土墙验算的方法有两种：一是采用总安全系数的容许应力法；二是采用分项安全系数的极限状态法。

1. 作用在挡土墙上的力系

作用在挡土墙上的力系，根据荷载性质分为永久荷载、可变荷载和偶然荷载。

永久荷载是长期作用在挡土墙上的荷载（见图 4-1-2）。它包括：由填土自重产生的土压力 E_a、墙身自重 G、填土（包括基础襟边以上的土）自重、墙顶上的有效荷载 W_0、墙背与第二破裂面之间的有效荷载 W_r 以及预加应力。

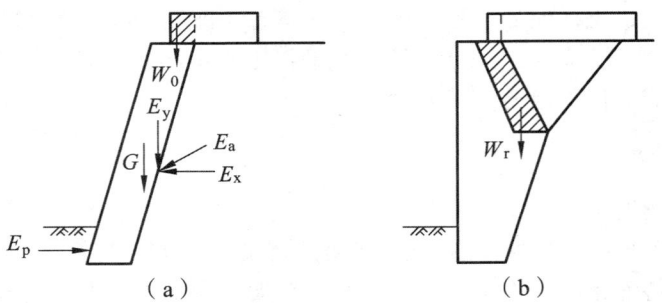

图 4-1-2　作用于挡土墙上的永久荷载

可变荷载主要有：车辆荷载引起的土压力、常水位（设计水位）时的浮力和静水压力、水位退落时的动水压力、波浪冲击力、冻胀压力和冰压力以及温度变化的影响力。

偶然荷载是指暂时的或属于灾难性的荷载，其发生概率极小，包括：地震力、施工荷载和临时荷载、水流漂浮物的撞击力等。

2. 容许应力验算法

（1）稳定性验算。

挡土墙的稳定性包括抗滑稳定性和抗倾覆稳定性两个方面。

（2）基底应力及合力偏心距验算。

为了保证挡土墙的基底应力不超过地基的容许承载力，应进行基底应力验算。为了使挡土墙墙型结构合理和避免发生显著的不均匀沉陷，还应控制作用于挡土墙基底的合力偏心距。

（3）墙身截面验算。

通常选取一、两个墙身截面进行验算，验算截面可选在基础顶面、1/2 墙高处、上下墙交界处等，如图 4-1-3 所示。墙身截面强度验算包括法向应力和剪应力验算。

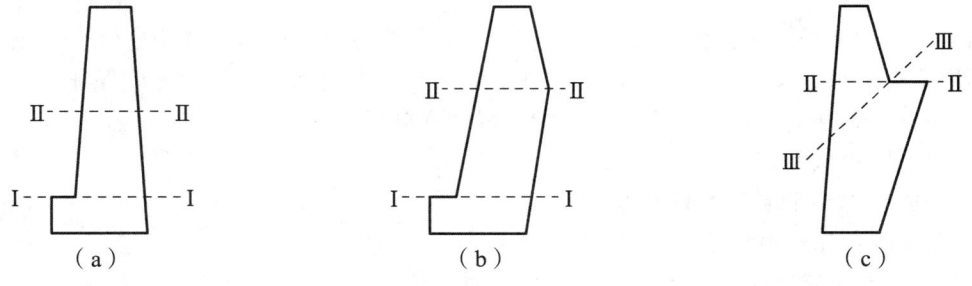

图 4-1-3　墙身验算截面选择

3. 极限状态验算法

极限状态法是根据结构在荷载作用下的工作特征，在容许应力法基础上发展形成的一种设计方法。

众所周知，结构在荷载作用下可分为两个工作阶段，当荷载较小时，结构物处于弹性工作阶段；当荷载增加到一定程度时，则位于最不利截面处的部分材料处于塑性工作阶段，而结构的其他部分仍处于弹性工作阶段，这一阶段称为弹塑性工作阶段，这个阶段往往要持续到结构失去承载能力为止。

容许应力法视结构材料为理想的弹性体，在荷载作用下产生的应力和变形不超过规定的容许值。极限状态法则不再采用匀质弹性体的假定，而是承认结构在临近破坏时处于弹塑性工作阶段，以结构物的各种荷载组合情况下均不得达到其极限状态为出发点，同时相应地给以足够的安全储备。

两种设计理论虽然出发点不同，但总的目的却都是为了保证结构物的安全以及正常使用。

三、挡土墙施工

1. 墙身材料的选择

墙身材料的选择应与挡土墙的结构形式相适应。

对重力式挡土墙，墙身材料一般采用条石、块石、块石混凝土或素混凝土。条石或块石应质地坚硬，未风化或风化程度弱，强度较高，一般应选择 M30 号以上的条石或块石；采用混凝土时，混凝土强度等级一般不应低于 C15。

对锚杆式挡土墙、桩板式挡土墙、竖向预应力锚杆式挡土墙等形式的挡土墙，其墙身材料最好采用混凝土或钢筋混凝土，混凝土强度等级不宜低于 C20。

对于预应力锚杆的锚固区域，混凝土等级不宜低于 C30，锚固区域的大小应通过计算合理确定，防止施加预应力时锚固区域被压坏。

对于加筋土挡土墙，其墙身材料一般采用级配良好的砂卵石或级配良好的碎石土作为加筋体部分的填料，筋带最好采用钢塑复合带，加筋挡土墙的面板宜采用钢筋混凝土面板。

2. 墙背填料的选择

为了设计上经济合理，保证挡土墙正常使用，墙后填料的选择是一项重要的工作。

由土压力理论可知，填料的内摩擦角越大，主动土压力就越小；而填料的容重越大，主动土压力就越大。因此墙后应选择重量小、内摩擦角大的材料，如砂类土、碎（砾）石一类的材料。这类材料透水性好、抗剪强度大且稳定、易排水，能显著减少主动土压力。

黏性土的压实性和透水性都较差，具有吸水膨胀性和冻胀性，产生侧向膨胀压力，从而影响挡土墙的稳定，一般不宜采用。当条件受限必须采用时，应适当地掺加碎石、砾石和粗砂等。

严禁使用腐殖土、生活垃圾、盐渍土、淤泥及硅藻土等作为填料，填料中不得含有有机物、草皮、树根等杂物。对季节性冻土地区，不能用冻胀性材料作为填料。浸水挡土墙墙背应全部用水稳性和透水性较好的材料填筑。填土必须分层夯实，达到强度要求，保证施工质量。

为降低工程造价及更合理地利用地方性材料，选择填料时宜就近取材，充分利用挖方减载的弃土，必要时可对弃土进行改善处理，以满足墙后填土的要求。

3. 设计注意事项

挡土墙的设计应根据地质资料综合考虑结构类型、材料情况与施工条件等因素，保证挡土墙正常使用。在设计过程中应注意以下问题：

（1）设计前全面收集相关资料，认真分析地形地质条件、填料性质及荷载条件等。

（2）通过相关实验，取得准确的填料计算指标，如容重、内摩擦角、黏聚力、墙背摩擦角等。

（3）多雨或冰冻地区，在挖方路段设置挡土墙时，应考虑到雨季、冻融季节土体含水量的增加会对内摩擦角有影响。

（4）基础是保证挡土墙安全、正常使用的前提。挡土墙基础设计必须充分掌握地质资料，在安全、可靠、经济的条件下，确定基础的类型、埋置深度及地基处理措施。

（5）当地面横坡较大时，在较坚硬的岩石地段，可做成台阶状基础。

（6）墙顶设有护墙、护坡时，应采取相应措施，防止护墙、护坡沿着土体表面下滑。

（7）处于侵蚀性环境中的挡土墙，应采用抗侵蚀的水泥砂浆砌筑或抗侵蚀的混凝土浇筑，否则应采取其他防护措施。

（8）沿河、滨湖、水库地区或海岸附近的挡土墙，由于基底受雨水冲刷或波浪侵袭，常导致墙身的整体破坏，因此在设计时应予以重视。

（9）地震地区的挡土墙，当相邻两段的地面标高不同时，应在标高变化处设置接缝。

4. 施工注意事项

挡土墙的施工应与设计要求相配合，施工中应注意：

挡土墙施工工艺

（1）施工前做好地面排水工作，浸水挡土墙宜在枯水季节施工。

（2）在松软地层、塌方或坡积层地段，基坑不宜全段开挖，以免挡土墙在砌筑过程中发生坍塌，应采用跳槽间隔分段开挖的方法，保证施工安全。

（3）重力式挡土墙只能按照开挖基坑、自下而上砌筑的顺序施工，要求边坡在施工期间保持稳定，否则需要采取临时支护措施。施工期间边坡的稳定是施工安全的基本保证，应特别注意基坑开挖对边坡稳定的影响。

（4）基坑开挖后，若发现地基与设计情况有出入，应根据实际情况调整设计。

（5）墙后地面横坡陡于1∶5时，应先处理填方路基（如铲除草皮、开挖台阶等）再填土，以免填方顺原地面滑动。

（6）墙趾部分的基坑，在基础施工完后应及时回填夯实，并做成5%外倾斜坡，以免积水下渗，影响墙身稳定。

（7）浆砌挡土墙应错缝砌筑，填缝必须紧密，灰浆应填塞饱满。

（8）墙体达到设计强度75%以上，方可回填墙后填料。回填前应先确定填料的最佳含水量和最大干密度。根据碾压机具和填料性质，分层填筑压实，压实度应满足设计要求，并设不小于3%的横坡，以利排水。墙背1.0 m范围内，不得有大型机械行驶或作业，防止碰坏墙体，并用小型压实机械碾压，分层厚度不得超过 0.2 m。

　　运用本任务所讲内容，结合网络自学，对工作任务进行分析，亦可作为课后作业，检查本任务内容的掌握程度和实际运用能力。

一、填空题

1. 根据支挡结构的位移方向和位移量等因素，可将土压力分为_____、_____和_____三种形态，其中_____最大，_____最小。
2. 挡土墙是用来承受土体侧压力的构造物，它必须具有足够的强度和稳定性，挡土墙可能的破坏形式有：_____、_____、_____和_____。
3. 挡土墙验算的方法有两种：采用总安全系数的_____、采用分项安全系数的_____。
4. 作用在挡土墙上的力系，根据荷载性质分为_____、_____、_____。
5. 挡土墙的稳定性包括_____和_____两个方面。
6. 对挡土墙进行墙身断面验算时，验算截面可选在_____、_____、_____等位置。
7. 选用石料修建挡土墙时，一般应选择_____号以上的条石或块石。
8. 挡土墙墙身材料采用混凝土或钢筋混凝土时，混凝土强度等级不宜低于_____。
9. 挡土墙墙背回填时应选择_____、_____的材料。
10. 挡土墙墙体应达到设计强度_____以上，方可回填墙后填料。

二、简答题

1. 简述挡土墙墙身材料选择的要求。
2. 简述挡土墙墙背填料的要求。

任务工作页

【学习目标】

（1）能说出土压力的种类。
（2）能说出土压力对挡土墙的影响。
（3）在挡墙施工时能对材料进行合理的选择。
（4）能正确说出挡土墙的施工工艺。

【建议学时】

2 学时。

【任务描述与分析】

某高速扩建工程采用两边拓宽的施工方案，拓宽后路基宽度由 25 m 变为 42 m。由于征地范围内有大量房屋，用地和拆迁困难，造价高，故在 K5+056～K5+600 右幅拟设置重力式挡土墙。为保证结构的安全，需要对挡土墙进行稳定性验算、基底应力及合力偏心距验算、墙身截面强度验算等，其中挡土墙土压力计算是一项很重要的内容。

在本次任务中，重点学习挡土墙土压力计算和材料的选择。

【任务目标】

通过学习能说出如何做好挡土墙材料的选择和挡墙的施工工艺。

【任务实施流程与活动】

一、挡土墙设置的原因

二、挡土墙设计前需要调查的资料

三、挡土墙设计时需要考虑的因素

四、挡土墙墙身设计时材料选择的要求

五、挡土墙墙背填料选择的要求

六、挡土墙设计和施工时的注意事项

七、工作总结，经验交流

八、评价反馈

1. 学习自测题

完成教材课后练习题。

2. 学习目标达成度的自我检查

自我检查表

序号	学习目标	达成情况（在相应的选项后打"√"）		
		能	不能	如果不能，是什么原因
1	能遵守上课基本制度			
2	能遵守劳动纪律，以积极的态度接受工作任务			
3	能积极查阅资料、主动学习			
4	能相互协作、配合			
5	能100%完成任务			
6	能积极提出疑问			
7	能口述出这次任务的大概内容			
8	能收集归纳相关知识点			
9	挡墙设计时的注意事项			

3. 日常表现性评价（由小组长或者组内成员评价）

（1）工作页填写情况（　　　）。

   A. 填写完整　　　　　　　　B. 缺失 0%～20%

   C. 缺失 20%～40%　　　　　D. 缺失 40%以上

（2）工作页填写正确率（　　　）。

   A. 80%以上　　　　　　　　B. 60%以上

   C. 60%以下　　　　　　　　D. 极差

（3）总体表现评价（　　　）。

   A. 非常优秀　　　　　　　　B. 比较优秀

   C. 需要改进　　　　　　　　D. 急需改进

（4）是否达到全勤（　　　）。

   A. 全勤

   B. 缺勤（姓名：　　　　　　　　　　　　　　　　　　　　　　　　）

   C. 缺勤（有请假，姓名：　　　　　　　　　　　　　　　　　　　）

（5）其他建议：

小组长签名：　　　　日期：

4. 教师总体评价

（1）小组成员整体表现评价。

   ① 姓名：　　　非常优秀（　）比较优秀（　）需要改进（　）急需改进（　）

   ② 姓名：　　　非常优秀（　）比较优秀（　）需要改进（　）急需改进（　）

   ③ 姓名：　　　非常优秀（　）比较优秀（　）需要改进（　）急需改进（　）

   ④ 姓名：　　　非常优秀（　）比较优秀（　）需要改进（　）急需改进（　）

   ⑤ 姓名：　　　非常优秀（　）比较优秀（　）需要改进（　）急需改进（　）

   ⑥ 姓名：　　　非常优秀（　）比较优秀（　）需要改进（　）急需改进（　）

   ⑦ 姓名：　　　非常优秀（　）比较优秀（　）需要改进（　）急需改进（　）

   ⑧ 姓名：　　　非常优秀（　）比较优秀（　）需要改进（　）急需改进（　）

（2）小组整体评价（　　　）。

   A. 组长很负责，所有同学都能达成学习目标

   B. 小组能完成学习任务，个别同学不能达成学习目标

   C. 组内有 3～4 人不能达成学习目标

   D. 组内大部分同学不能达成学习目标

教师签名：　　　　日期：

任务二　重力式挡土墙

【知识目标】

（1）能说出挡土墙在边坡工程中的应用情况。
（2）能说出重力式挡土墙的结构及构造。
（3）会识读别挡土墙的平、纵、横布置图等相关图纸。

【课时建议】

4学时。

【任务描述】

某高速扩建工程采用两边拓宽的施工方案，拓宽后路基宽度由25 m变为42 m。由于征地范围内有大量房屋，用地和拆迁困难，造价高，故在K5+056～K5+600右幅拟设置重力式挡土墙。

在本次任务中，重点学习重力式挡土墙的分类、重力式挡土墙的构造和重力式挡土墙的布置。

【任务目标】

通过学习能说出重力式挡土墙施工的注意要点。

一、概　述

重力式挡土墙是以墙体自身重力产生的基底摩擦力抵抗岩土作用的抗力，要求具有一定承载能力的稳固地基，它是我国目前最常用的一种挡土墙形式（见图4-2-1）。

重力式挡土墙多采用浆砌片石砌筑,缺乏石料的地区有时可采用混凝土预制块作为砌体，也可直接用混凝土浇筑，一般不配钢筋或只在局部范围配置少量钢筋。

重力式挡土墙依靠自身的重力来维持挡土墙在土压力作用下的稳定，因此墙身断面大，圬工数量也大，在软弱地基上修建往往受到承载力的限制（在特定条件下，采用桩基础可解决挡土墙地基承载能力不足的问题）。

这种挡土墙形式简单、施工方便，可就地取材、适应性强，尤其在地基较好，墙高不高，且当地又有石料时，一般优先选用重力式挡土墙。

图 4-2-1 重力式挡土墙

重力式挡土墙各部分的名称如图 4-2-2 所示。

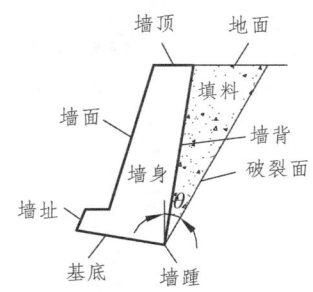

图 4-2-2 挡土墙各部分名称

重力式挡土墙的墙背可做成俯斜、仰斜、垂直、凸形折线和衡重式五种，如图 4-2-3 所示。

（1）墙背向外侧倾斜称为俯斜[见图 4-2-3（a）]。

俯斜墙背所受的土压力较大，其墙身断面较仰斜墙背的大，通常在地面横坡陡峻时，借陡直的墙面，以减小墙高。俯斜墙背可做成台阶型，以增加墙背与填土的摩擦。

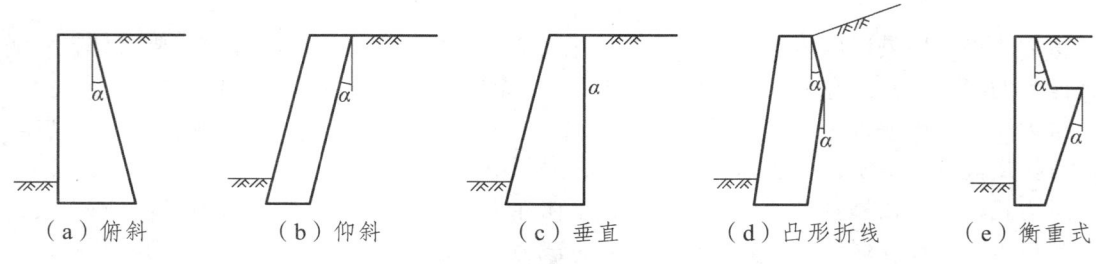

图 4-2-3 重力式挡土墙墙背形式

（2）墙背向填土一侧倾斜称为仰斜[见图 4-2-3（b）]。

仰斜墙背所受的土压力较小，用于路堑墙时，墙背与开挖面边坡较贴合，因而开挖量和回填量均较小，但墙后填土不易压实，不便施工。当墙趾处地面横坡较陡时，采用仰斜墙背将使墙身增高，断面增大，如图 4-2-3（b）所示。因此仰斜式墙背适用于路堑墙及墙趾处地面平坦的路肩墙或路堤墙。

（3）墙背竖直时称垂直[见图 4-2-3（c）]。

垂直墙背的特点介于仰斜墙背和俯斜墙背之间。

（4）墙背有多个坡度呈折线，称为折线形墙背[见图 4-2-3（d）]。

折线形墙背是由仰斜墙背演变而来的，上部俯斜、下部仰斜，以减少上部断面尺寸，多用于路堑墙，也可用于路肩墙。

（5）带有衡重台，则为衡重式墙背[见图 4-2-3（e）]。

衡重式墙背在上下墙间设有衡重台，利用衡重台上填土的重力使全墙重心后移，增加了墙身的稳定。

因采用陡直的墙面，且下墙采用仰斜墙背，因而可减小墙身高度，减少开挖工作量，适用于山区地形陡峻处的路肩墙和路堤墙，也可用于路堑墙。

二、挡土墙的构造

公路上常用的挡土墙，一般由墙身、基础、排水设施和伸缩缝等几部分组成。挡土墙的构造必须满足以下要求：

（1）强度与稳定性的要求；
（2）应考虑就地取材、经济合理；
（3）施工养护方便；
（4）安全。

1. 墙　身

墙身包括墙背、墙面、墙顶和护栏四部分。

（1）墙背。

重力式挡土墙的墙背坡度一般采用 1∶0.25 仰斜，仰斜墙背坡度不宜缓于 1∶0.3；若墙背采用俯斜，俯斜墙背坡度一般为 1∶0.25～1∶0.4，；衡重式或凸折式挡土墙下墙墙背坡度多采用 1∶0.25～1∶0.3 仰斜，上墙墙背坡度受墙身强度控制，根据上墙高度采用 1∶0.25～1∶0.45 仰斜，如图 4-2-4 所示。

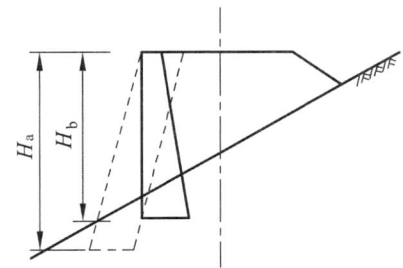

图 4-2-4　地面横坡对墙高的影响

（2）墙面。

墙面一般为直线形，其坡度应与墙背相协调，同时考虑墙趾处的地面横坡。在地面横向倾斜时，墙面坡度影响挡土墙的高度，横向坡度越大影响越大。仰斜式挡土墙的墙面一般与墙背坡度一致或缓于墙背坡度，衡重式挡土墙的墙面坡度 1：0.05，所以在地面横坡较大的山区，采用衡重式挡土墙较经济。衡重式挡土墙上墙与下墙高度之比，一般采用 2：3（H_1：H_2=2：3）较为经济，如图 4-2-5（d）所示。

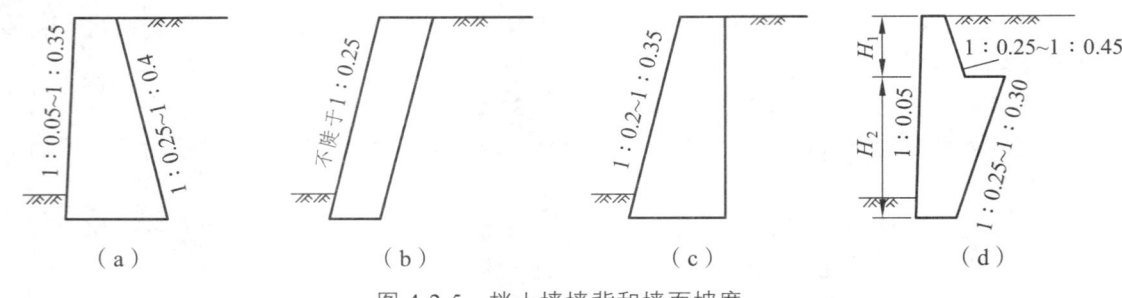

图 4-2-5　挡土墙墙背和墙面坡度

（3）墙顶。

浆砌片石挡土墙的墙顶宽度一般不应小于 0.5 m，路肩挡土墙墙顶应以粗料石或 C15 混凝土做帽石，其厚度通常为 0.4 m，宽度不小于 0.6 m，突出墙顶外的帽檐宽为 0.1 m，如图 4-2-6 所示。

图 4-2-6　浆砌片（块）石

干砌挡土墙墙顶宽度不应小于 0.6 m，墙顶 0.5 m 高度范围内应用 M2.5 砂浆砌筑，以增加墙身稳定。干砌挡土墙的高度一般不超过 6 m，高速公路、一级公路不宜采用干砌挡土墙。

为保证交通安全，在非封闭性公路上，挡土墙高于 6 m 且挡土墙连续长度大于 20 m；挡土墙外为悬崖；或地面横坡陡于 1：0.75 且挡土墙连续长度大于 20 m；靠近居民点或行人较多的路段且挡土墙高于 3 m 时的路肩挡土墙，墙顶应设置人行防护栏杆。

2. 基　　础

挡土墙基础是挡土墙质量的关键，实践证明挡土墙的破坏，大多是由基础处理不当而引起的。

大部分的挡土墙，都直接修筑在天然地基上。当地基承载力不足且墙趾处地形平坦时，为减少基底压力,并增加基底的抗倾覆稳定性,通常采用扩大基础的方法。如果地基承载能力不足,为避免台阶太大和过厚,可采用钢筋混凝土基座。

若地基为软弱土层(如淤泥、软黏土等)时,可采用砾石、碎石、矿渣或灰土等质量较好的材料换填,以扩大基底压力。

当地面陡峻面地基为完整坚实的岩石时,基础可做成台阶,以减少基础开挖和节省圬工。台阶尺寸按具体的地形地质条件确定,台宽不宜少于0.5 m,台阶的高宽比一般不应大于2∶1。

挡土墙基础埋置深度应按地基的性质、承载能力的要求、冻胀的影响、地形和水文地质等条件确定。

当挡土墙基础置于土质地基上时,其基础深度应符合下列要求:

(1)基础埋置深度不小于1 m。当有冻结时,应在冻结线以下不小于0.25 m;当冻结深度超过1 m时,可在冻结线下0.25 m内换填防冻胀材料,但埋置深度不小于1.25 m。防冻胀土层(例如碎石、卵石、中砂或粗砂等)中的基础,埋置深度可不受冻深的限制;

(2)受水流冲刷时,基础应埋置在冲刷线以下不小于1 m;

(3)路堑挡土墙基础顶面应低于边沟底面不小于0.5 m。

当挡土墙基础置于硬质岩石地基上时,应置于风化层以下。当风化层较厚,难以全部清除时,可根据地基的风化程度及其相应的承载力将基底埋于风化层中。置于软质岩石地基上时,埋置深度不小于0.8 m。

当挡土墙基础置于斜坡地面时,其墙趾部埋入深度和距离地面的水平距离应符合表4-2-1的要求。

表4-2-1 墙趾埋入斜坡地面的最小尺寸

地层类别	h/m	L/m	嵌入示意图
较完整的硬质岩层	0.25	0.25~0.5	
一般硬质岩层	0.60	0.6~1.5	
软质岩层	0.70	1.0~2.0	
土层	≥1.00	1.5~2.5	

3.排水设施

挡土墙排水的作用:

(1)疏干墙后土体和防止地表水下渗后积水,以免墙后积水致使墙身承受额外的静水压力;

(2)减少季节性冰冻地区填料的冻胀压力;

(3)消除黏性土填料浸水后的膨胀压力。

挡土墙的排水设施通常由地面排水和墙身排水两部分组成(见图4-2-7)。

地面排水主要是防止地表水渗入墙后土体或地基,地面排水措施有:

(1)设置地面排水沟,截引地表水;

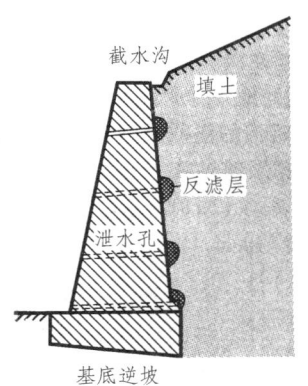

图4-2-7 挡土墙排水

（2）夯实回填土顶面和地表松土，防止雨水和地面水下渗，必要时可设铺砌层；

（3）路堑挡土墙墙趾前的边沟应予以铺砌加固，以防边沟水渗入基础。

特别指出，在山区或丘陵地区，采用覆盖阻水或挖沟截水，只能对挡土结构的工作条件有所改善，不是根本解决地下水压力的方法。

当挡土结构填土顶部实行胶凝物质覆盖，并开挖截水沟后，远处高位山坡降水或水库漏水，仍然可绕过覆盖面和截水沟，从土体空隙及岩体结构面中渗流到挡土结构上来，形成挡土结构背面填土的地下水位。

在很多情况下，挡土结构上的地下水，其补给地区常常是源远流长，这种远距离的补给水（见图4-2-8）只宜疏导不宜堵截，特别是碳酸盐类岩石地区的岩溶水，进行堵截后有可能出现严重的水灾。

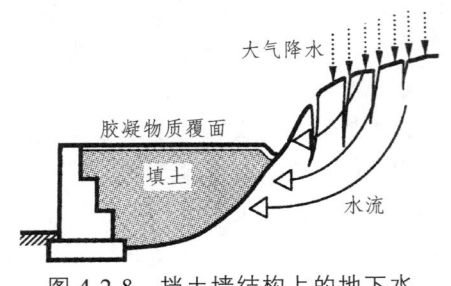

图4-2-8 挡土墙结构上的地下水

墙身排水主要为排除墙后积水，通常在墙身的适当高度处布置一排或数排泄水孔（见图4-2-9）。

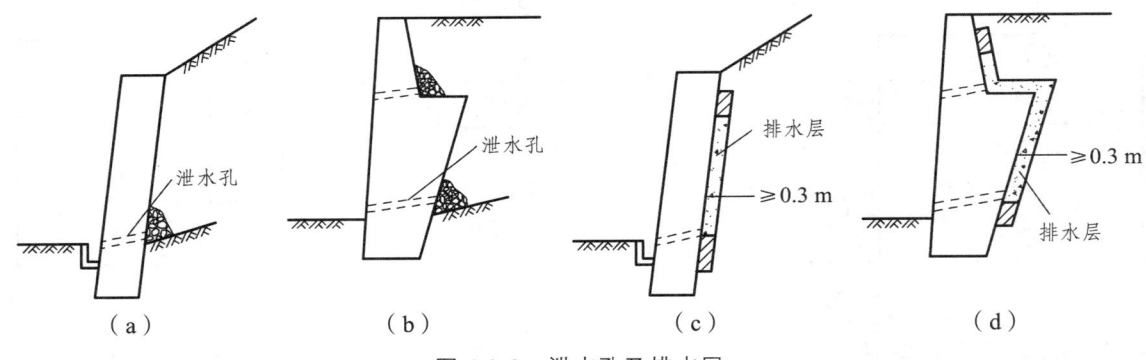

图4-2-9 泄水孔及排水层

泄水孔的尺寸可视泄水量大小分别采用0.05 m×0.1 m、0.1 m×0.1 m、0.15 m×0.2 m的方孔或直径为0.05~0.1 m的圆孔，向外倾斜3%~5%。

孔眼间距一般为2~3 m，干旱地区可予以增大，多雨地区则可减小，上下排泄水孔交错布置。

为保证顺利泄水和避免墙外水流倒灌，泄水孔应向外倾斜，泄水孔的进水口周围应设置粗粒料反滤层（以防孔道淤塞），最下一排泄水孔的出水口应高出地面或排水沟或积水地区常水位以上0.3 m，进水口的底部应铺设0.3 m厚的黏土隔水层，并夯实，以防水分渗入基础。干砌挡土墙可不设泄水孔。

若墙后填土的透水性不良或发生冻胀，应在最低一排泄水孔至墙顶以下 0.5 m 的高度范围内，填筑不小于 0.3 m 厚的砂砾石或无砂混凝土块板或土工织物等渗水性材料做排水层，以疏干墙后填土中的水[见图 4-2-9（c）、（d）]。

4. 沉降缝和伸缩缝

为避免因地基不均匀沉降而引起墙身开裂，根据地基地质条件的变化和墙高、墙身断面的变化情况需设置沉降缝。在平曲线地段，挡土墙可按折线形布置，并在转折处以沉降缝断开。

为防止圬工砌体因收缩硬化和温度变化而产生裂缝，应设置伸缩缝。设计中一般将沉降缝和伸缩缝合并设置，沿路线放线每隔 10～15 m 设置一道，岩石地基亦不宜超过 25 m（见图 4-2-10）。

干砌挡土墙可不设沉降缝和伸缩缝。

三、挡土墙的布置

挡土墙的布置是挡土墙设计的一个重要内容，通常在路基横断面和墙趾纵断面图上进行。布置前应现场校核路基横断面图，不满足要求时应补测，并测绘墙趾处的纵断面图，收集墙趾处的地质和水文等资料。

1. 挡土墙位置的选定

路堑挡土墙大多设置在边沟旁。

路肩墙因可充分收缩坡脚，大量减少填方和占地，当路肩墙与路堤墙的墙高或截面圬工数量相近、基础情况相似时，应优先选用路肩墙，按路基宽度布置挡土墙位置。

若路堤墙的高度或圬工数量比路肩墙显著降低，而且基础可靠时，宜选用路堤墙。必要时应做技术经济比较以确定墙的位置。

沿河路堤设置挡土墙时，应结合河流的水文、地质情况以及河道工程来布置，注意设墙后仍应保持水流顺畅，不至挤压河道而引起局部冲刷。

山坡挡土墙应考虑设置在基础可靠处，墙的高度应保证设墙后墙顶以上边坡的稳定。

2. 纵向布置

挡土墙纵向布置应在纵断面图上进行，布置并绘制挡土墙正面图（见图 4-2-10），具体布置内容包括：

（1）确定挡土墙的起始点和墙的长度，选择挡土墙与路基或其他结构物（如桥梁）的衔接方式；

（2）按地基、地形及墙身横断面变化情况进行分段，确定沉降缝和伸缩缝的位置；

（3）布置好各段挡土墙的基础。挡土墙的基础坡度不宜大于 5%，若地势限制且地基为岩石时，为减少开挖，可沿纵向做成台阶形。台阶尺寸应随纵坡大小而定，但其高宽比不宜大于 1:2；

（4）布置泄水孔的位置，包括泄水孔间隔、泄水孔的数量及泄水孔的具体形状尺寸等。

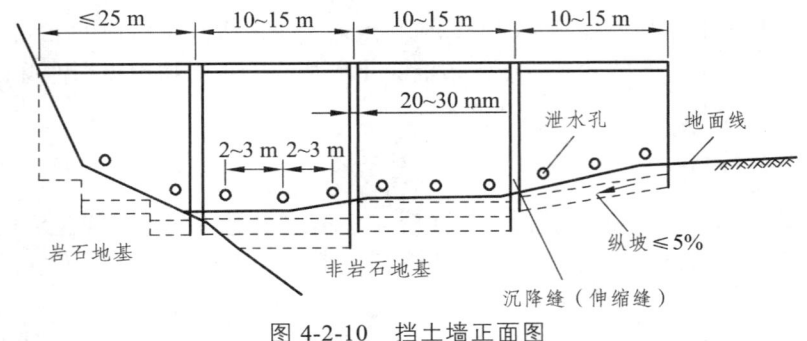

图 4-2-10 挡土墙正面图

在布置图上还应标注特殊断面的起止桩号、墙顶及基地等标高、设计水位及常水位标高等数据。

3. 横向布置

横向布置选择在墙高最大处、墙身断面或基础形式有变异处，以及其他必需桩号的横断面图上进行。

根据墙型、墙高、地基及填土的物理力学指标等设计资料，进行挡土墙设计或套用标准图，确定墙身断面、基础形式和埋置深度，布置排水设施等，并绘制挡土墙横断面图。

4. 平面布置

对于个别复杂的挡土墙，如高、长的沿河挡土墙和曲线挡土墙，除了纵、横向布置外，还应进行平面布置，绘制平面图，标明挡土墙与路线的平面位置及附近地貌和地物等情况，特别是与挡土墙有干扰的建筑物的情况。此外，还应附有如下说明：

（1）采用标准图集的编号；
（2）选用挡土墙设计参数的依据；
（3）所需的工程材料数量；
（4）其他有关材料及施工的要求和注意事项等。

运用本任务所讲内容，结合网络自学，对工作任务进行分析，亦可作为课后作业，检查本任务内容的掌握程度和实际运用能力。

一、填空题

1. 挡土墙从结构形式上分，有_____、_____、_____、

_____、_____等。

2. 在公路工程中根据挡土墙在路基横断面上的位置，常分为：_____、_____、_____及_____等类型。

3. 公路上常用的挡土墙，一般由_____、_____、_____和_____等几部分组成。

4. 重力式挡土墙的墙背可做成_____、_____、_____、_____和_____五种。

5. 墙背向外侧倾斜称为_____。墙背向填土一侧倾斜称为_____。

6. 墙背有多个坡度，呈折线，称为_____。带有衡重台的为_____。

7. 为保证顺利_____和避免墙外水流_____，泄水孔应_____，泄水孔的进水口周围应设置粗粒料_____。

8. 为避免因地基不均匀沉降而引起挡土墙墙身开裂，根据地基地质条件的变化和墙高、墙身断面的变化情况需设置_____。

二、简答题

1. 简述挡土墙的构成。
2. 当挡土墙基础置于土质地基上时，其基础埋深有何要求？
3. 排水设施施工时有何要求？
4. 沉降缝和伸缩缝的施工有何要求？

任务工作页

【学习目标】

（1）能说出挡土墙在边坡工程中的应用情况。
（2）能说出重力式挡土墙的结构及构造。
（3）会识读挡土墙的平、纵、横布置图等相关图纸。

【建议课时】

2学时。

【任务描述与分析】

某高速扩建工程采用两边拓宽的施工方案，拓宽后路基宽度由 25 m 变为 42 m。由于征地范围内有大量房屋，用地和拆迁困难，造价高，故在 K5+056～K5+600 右幅拟设置重力式挡土墙。

在本次任务中，重点学习重力式挡土墙的分类、重力式挡土墙的构造和重力式挡土墙的布置。

【任务目标】

通过学习能说出重力式挡土墙施工的注意要点。

【任务实施流程与活动】

一、重力式挡土墙的特征

二、重力式挡土墙的适用范围及条件

三、重力式挡土墙的施工工艺

四、重力式挡土墙施工时的质量和安全保证措施

五、排水设施的施工要求

六、工作总结、经验交流

七、评价反馈

1. 学习自测题

完成教材课后练习题。

2. 学习目标达成度的自我检查

自我检查表

序号	学习目标	达成情况（在相应的选项后打"√"）		
		能	不能	如果不能，是什么原因
1	能遵守上课基本制度			
2	能遵守劳动纪律，以积极的态度接受工作任务			
3	能积极查阅资料、主动学习			
4	能相互协作、配合			
5	能100%完成任务			
6	能积极提出疑问			
7	能口述出这次任务的大概内容			
8	能收集归纳相关知识点			
9	重力式挡墙施工时的注意事项			

3. 日常表现性评价（由小组长或者组内成员评价）

（1）工作页填写情况（　　　）。
　A. 填写完整　　　　　　　　　B. 缺失 0%～20%
　C. 缺失 20%～40%　　　　　　D. 缺失 40%以上

（2）工作页填写正确率（　　　）。
　A. 80%以上　　　　　　　　　B. 60%以上
　C. 60%以下　　　　　　　　　D. 极差

（3）总体表现评价（　　　）。
　A. 非常优秀　　　　　　　　　B. 比较优秀
　C. 需要改进　　　　　　　　　D. 急需改进

（4）是否达到全勤（　　　）。
　A. 全勤
　B. 缺勤（姓名：　　　　　　　　　　　　　　　　　　　　　）
　C. 缺勤（有请假，姓名：　　　　　　　　　　　　　　　　　）

（5）其他建议：

　　　　　　　　　　　　　　　　　　　小组长签名：　　　　日期：

4. 教师总体评价

（1）小组成员整体表现评价。
　① 姓名：　　　非常优秀（　）比较优秀（　）需要改进（　）急需改进（　）
　② 姓名：　　　非常优秀（　）比较优秀（　）需要改进（　）急需改进（　）
　③ 姓名：　　　非常优秀（　）比较优秀（　）需要改进（　）急需改进（　）
　④ 姓名：　　　非常优秀（　）比较优秀（　）需要改进（　）急需改进（　）
　⑤ 姓名：　　　非常优秀（　）比较优秀（　）需要改进（　）急需改进（　）
　⑥ 姓名：　　　非常优秀（　）比较优秀（　）需要改进（　）急需改进（　）
　⑦ 姓名：　　　非常优秀（　）比较优秀（　）需要改进（　）急需改进（　）
　⑧ 姓名：　　　非常优秀（　）比较优秀（　）需要改进（　）急需改进（　）

（2）小组整体评价（　　　）。
　A. 组长很负责，所有同学都能达成学习目标
　B. 小组能完成学习任务，个别同学不能达成学习目标
　C. 组内有 3～4 人不能达成学习目标
　D. 组内大部分同学不能达成学习目标

　　　　　　　　　　　　　　　　　　　教师签名：　　　　日期：

任务三 锚杆挡土墙

【知识目标】

（1）能说出锚杆挡土墙的应用原理。
（2）能说出锚杆挡土墙的类型及特点。
（3）能够运用所学知识在具体工程中对锚杆挡土墙进行结构设计。

【课时建议】

4学时。

【任务描述】

某高速扩建工程采用两边拓宽的施工方案，拓宽后路基宽度由25 m变为42 m。由于征地范围内有大量房屋，用地和拆迁困难，造价高，故在K11+230～K11+350段左侧路堑边坡设有一段柱板式锚杆挡土墙。锚杆直径为70 mm，锚杆钢筋为$\phi 28$的Ⅲ级钢，锚杆倾斜角度为15°，锚孔灌浆采用M30砂浆，锚杆抗拉强度为0.25 MPa，进入中风化泥岩锚固长度不小于3.0 m。

本次任务中重点学习锚杆挡土墙类型及特点、锚杆挡土墙设计、锚杆挡土墙稳定性分析方法。

【任务目标】

通过学习能在具体工程中对锚杆挡土墙进行结构设计。

相关理论

锚杆挡土墙是利用锚杆技术形成的一种挡土墙结构物。

锚杆技术是一种新型的受拉构件，一端通过钻孔、插入锚杆、灌浆、养护等工序锚固在稳定的地层中，以承受土压力对结构物所施加的推力，从而利用锚杆与地层间的锚固力来维持结构物的稳定。

锚杆挡土墙作为轻型的支挡结构，取代了笨重的重力圬工挡土墙，能采用自上而下的逐级施工方法，可以节省大量的圬工材料，避免高边坡的垮塌，现已广泛地应用于我国的公路、铁路、煤矿和水利等支挡工程中。

锚杆挡土墙目前常用于岩质、半岩质深路堑和陡坡地段的路基支护。

一、锚杆挡土墙的类型和特点

1. 锚杆挡土墙的类型

锚杆挡土墙由于锚固地层、施工方法、受力状态以及结构形式等的不同,有各种不同的形式。最为常用的是按墙面的结构形式分类,分为柱板式锚杆挡土墙和壁板式锚杆挡土墙,如图 4-3-1 所示。

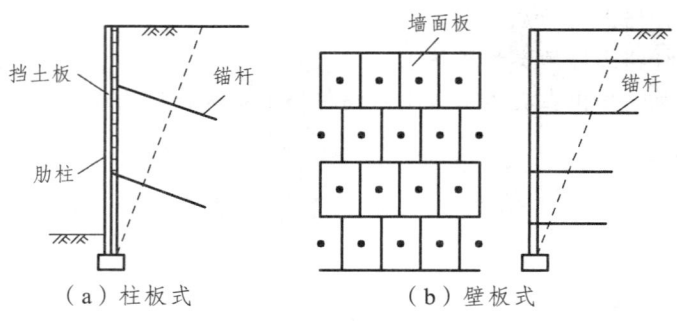

图 4-3-1 锚杆式挡土墙的类型

(1)壁板式挡土墙。

壁板式挡土墙由墙面板(壁面板)和锚杆组成。墙面板直接与锚杆连接,并以锚杆为支撑,土压力通过墙面板传给锚杆,后者则依靠锚杆与周围地层之间的锚固力(抗拔力)抵抗土压力,以维持挡土墙的平衡与稳定。

(2)柱板式锚杆挡土墙。

柱板式锚杆挡土墙由挡土板、肋柱和锚杆组成。肋柱是挡土板的支座,锚杆是肋柱的支座,墙后的侧向土压力作用于挡土板上,并通过挡土板传给肋柱,再由肋柱传给锚杆,由锚杆与周围地层之间的锚固力即锚杆抗拔力使之平衡,以维持墙身与墙后土体的稳定。目前工程应用中多采用柱板式挡土墙,即墙面系由肋柱和挡土墙组成。

肋柱间距一般为 2.0~2.5 m,每根肋柱上可布置双层或多层锚杆,如图 4-3-2 所示。肋柱高度不大于 8 m,当支挡高度较大时,可布置成多级,各级间设置平台,平台宽度不小于 1.5 m。肋柱多为预制,也可就地灌注,根据具体的地质及工程条件,也可采用无肋柱式墙面系。

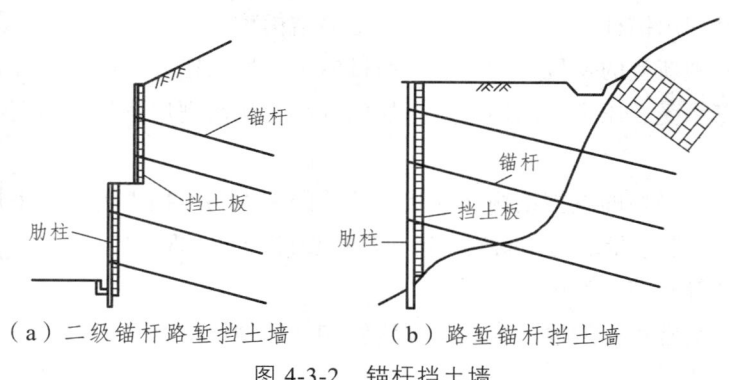

图 4-3-2 锚杆挡土墙

2. 锚杆挡土墙的特点

（1）结构质量轻，使挡土墙的结构轻型化，与重力式挡土墙相比，可节约大量的圬工和节省工程投资。

（2）有利于挡土墙的机械化、装配化施工，可以减少笨重的体力劳动，提高劳动生产率。

（3）不需要开挖大量基坑，能克服不良地基挖基的困难，并利于施工安全。

（4）施工工艺要求较高，施工需要钻孔、灌浆等配套的专业机械设备，且需要耗用一定的钢材，这些不足之处使得锚杆挡土墙的设计和施工受到一定的限制。

（5）锚杆挡土墙一般适用于岩质路堑地段，但其他具有锚固条件的路堑墙也可使用，还可应用于陡坡路堤。

二、锚杆挡土墙的构件设计

锚杆挡土墙构件包括挡土板、肋柱和锚杆（柱板式锚杆挡土墙）或墙面板和锚杆（壁板式锚杆挡土墙）。

1. 挡土板的设计

挡土板一般采用钢筋混凝土槽型板、矩形板和空心板，有时也采用拱形板，大多为预制构件，混凝土强度不低于C20。

挡土板厚度不得小于0.2 m，宽度视吊装设备的能力而定，但不得小于0.3 m，一般采用0.5 m。预制挡土板的长度考虑到锚杆与肋柱的连接，一般较肋柱间距短 0.1~0.12 m，或将锚杆处的挡土板留缺口。挡土墙与肋柱的搭接长度不小于0.1 m。

2. 肋柱的设计

肋柱一般采用矩形或T形截面，考虑到预留锚固孔及两侧挡土板的搭接，沿墙长方向肋柱宽度不宜小于0.3 m，具体截面尺寸应按设计截面弯矩来确定，并满足构造要求。

肋柱可采用整体预制，也可分段拼装或就地灌注，肋柱采用的混凝土标号不低于C20。肋柱的间距由工点的地形、地质、墙高以及施工条件等因素确定，考虑工地的起吊能力和锚杆的抗拔力等因素，一般可采用 2.0~3.0 m。肋柱与地基觉得嵌固程度与基础的埋置深度有关，它取决于地基的条件及结构的受力特点。

在设计计算时，一般视肋柱为支承于刚性支座的简支梁或连续梁。

3. 锚杆的设计

根据施工方法和受力状况的不同，可分为普通灌浆锚杆[见图 4-3-3（a）]、预压锚杆、预应力锚杆和扩孔锚杆[见图4-3-3（b）]。

锚杆的布置直接涉及锚杆挡土墙墙面构件和锚杆本身设计的可行性和经济性。

锚杆布设时主要考虑以下因素：

① 墙面构件的预制、运输、吊装；
② 构件受力的合理性；
③ 锚杆施工条件；

④ 锚杆受力特点等。

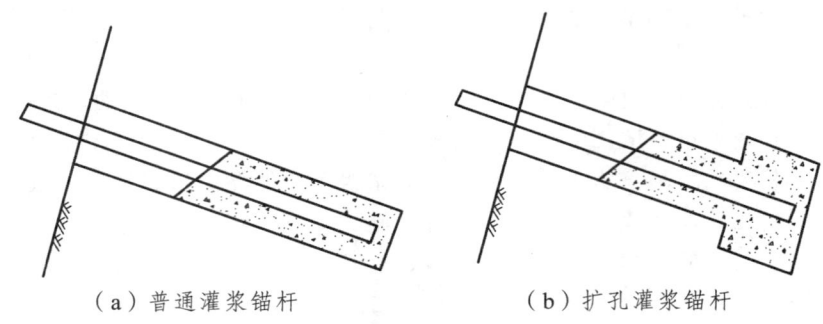

(a) 普通灌浆锚杆　　　　(b) 扩孔灌浆锚杆

图 4-3-3　灌浆锚杆

根据柱的高度，每级肋柱上可设计为两层或多层锚杆（一般布置为 2～3 层）。锚杆间距应布置合理。锚杆布置过于稀疏，则肋柱截面尺寸大，锚杆粗而长；但若布置过密，锚杆之间受力相互影响使锚杆抗拔力受到影响，此时锚杆拉力就变得比单根锚杆设计拉力低。根据工程经验，锚杆的位置应尽可能使肋柱所受弯矩均匀分布。

锚杆截面设计主要包括：
① 锚杆所用的材料规格；
② 锚杆的截面面积；
③ 钻孔的直径（根据锚杆的布置和灌浆管的尺寸确定）。

锚杆可采用单根或多根螺纹钢筋，直径为 18～32 mm，具体所需要的截面尺寸，需根据计算拉力按轴心受拉构件计算，但选用的钢筋直径还需要增大 2 mm，作为预防钢筋锈蚀的安全储备量。

锚杆每孔不宜多于 3 根。当拉力较大、长度较大时也可采用高强度的钢丝束。

4. 壁板式锚杆挡土墙构件设计

壁板式锚杆挡土墙根据施工方法不同，可分为就地浇筑和预制拼装两种类型。对于就地浇筑的壁板式锚杆挡土墙，其锚杆端头直接插入混凝土面板中，与壁面板一起浇筑，不存在锚头单独施工的问题。

预制拼装式在预制混凝土面板时，应留有锚头或预留孔道，此种挡土墙的锚杆多用楔缝式锚杆，适用于岩石边坡防护。

（1）锚杆。

锚杆间距按墙后填土的性质、壁面板受力合理及经济等综合确定。其水平间距一般为 1～2 m，竖向以布置 2～3 排锚杆为宜。采用预应力锚杆时，其间距可适当加大。

（2）墙面板。

墙面板宜为整块钢筋混凝土板，采用就地浇筑或预制拼装。预制墙面板必须预留锚杆的锚定孔。为便于施工，墙面板一般采用等厚截面，其厚度不宜小于 0.3 m，混凝土强度等级不宜低于 C20。

（3）锚杆与墙面板的连接。

如墙面板就地浇筑，应将锚杆插入混凝土一起浇筑，插入长度不小于 30 倍的钢筋直径。

对于预制墙面板，应在墙面板架设好后，立即浇筑混凝土使墙面板与锚杆连接成整体，为加强其连接牢固性，可设钢筋混凝土锚帽。

三、锚杆挡土墙的施工工艺

锚杆挡土墙的施工工艺如图 4-3-4 所示。

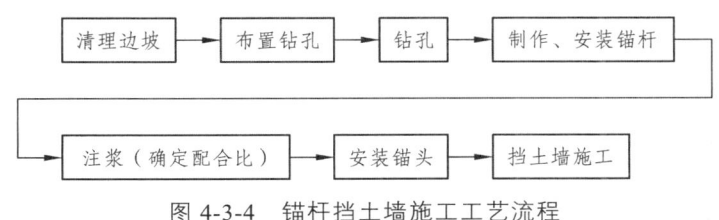

图 4-3-4　锚杆挡土墙施工工艺流程

1．清理边坡

（1）锚杆挡土墙施工前应清除岩面松动石块，整平墙背坡面。

（2）边坡开挖，一般要跳槽开挖，除尽量缩短工期外，还应根据情况考虑临时支撑，以免山坡坍塌，影响锚杆抗滑力。

2．布置钻孔

（1）复测定线，恢复中心线，定出肋柱基线桩，准确定出挡土墙位置和高程。

（2）测定孔位，用仪器测出各个锚孔的位置，并设置孔位方向桩，以便校正。

3．钻　孔

（1）根据施工图所规定的孔位、孔径、长度与倾斜度可采用冲击钻或旋转钻钻孔，钻孔采用作业法，要做好钻孔地质记录，成孔孔壁必须顺直、完整。

（2）钻孔深度须超过挡土墙后的主动土压力区和已有的滑动面，并需在稳定土层中达到足够的有效锚固长度。当岩层风化程度严重或其性质接近土质地层时，可加用套管钻进，以保证钻孔质量。

（3）在岩石低端钻至要求的深度成孔后，用高压风清孔，将孔内壁及根部残留废土清除干净，严禁用水清洗。

4．锚杆制作安装

（1）锚杆类型、规格及性能应与设计相符合，应按施工图尺寸下料、调直、除污、制作。

（2）插入钻孔的锚杆要顺直，并应除锈，在锚固段部分一般用水泥砂浆防护。锚杆孔外部分需做防锈层，采用在钢筋表面涂防锈底漆，再包扎沥青麻布两层或塑料套管及化学涂料等方法进行防锈。如防锈层局部遭到破坏，应及时加以处理。

（3）为使锚杆在孔内居中，可沿锚杆长度间隔 2 m 左右焊接定位支架。孔位允许偏差为 ±50 mm，深度允许偏差为 ±50 mm。

（4）清孔完毕后应及时安装锚杆，把预制好的锚杆钢筋缓慢地送入钻孔内，定位支架在锚杆下部撑住孔壁，插入锚杆时应将灌浆管与锚杆钢筋同时放至钻孔底部。预制的锚杆钢筋应保持顺直。

（5）有水地段安装锚杆，应将孔内水排除或采用早强速凝式锚杆。

5. 灌　浆

（1）按施工配合比采用搅拌机拌制砂浆，随拌随用。经过 2.5 mm×2.5 mm 的滤网倒入储浆桶，桶内水泥砂浆在使用前仍须低速搅拌，以防止砂浆离析。

（2）压浆所用砂子以中粗砂为宜，拌制配合比一般为 1∶1（重量比）、水胶比不大于 0.50 的水泥砂浆，同时尽可能采用膨胀水泥。为避免孔内产生气体，压浆泵料仓内要始终有一定的砂浆。

（3）采用重力灌浆与压力灌浆相结合的方法灌注。先将内径 5 cm 胶管与锚杆同时送入距锚孔底 10 cm 处，用灌浆泵（灌浆压力为 0.3 MPa 左右）使砂浆在压力下自孔底向外充满。随浆灌注，把灌浆管从孔底朝孔口缓慢匀速拔出，但要保持出管口始终埋入砂浆 1.5~2.0 m。当砂浆灌至孔口时立即减压为零，以免在孔口形成喷浆。灌浆管拔出后立即将制作好的封口板塞进孔口，灌浆结束。

（4）砂浆锚杆安装后，不得敲击、摇动，普通砂浆 3 d 内，早强砂浆 12 h 内不得在杆体上悬挂重物。

6. 肋柱挡板安装

（1）待锚杆孔内砂浆达到施工图强度的 70% 以后，方可进行立柱和挡板安装工作。安装挡板时，应随时作反滤层和墙背回填。

（2）挡板安装前应将飞边打掉，防止安装后超出柱顶，对立柱、挡板的倒运、安装应符合混凝土强度要求并防止碰撞和震动，以免损坏构件。

（3）锚杆挡土墙立柱间距应正确或用卡尺固定，以使挡板和柱搭接部分尺寸符合施工图要求；挡板与立柱搭接部分接触面应保持平整，可填入少量砂浆，避免产生集中受力。

（4）锚杆焊接、锚固及防锈是锚杆施工中的关键工序，应严格按施工工艺操作。

7. 铺设反滤层泄水孔

泄水孔按施工图要求设置，孔径为 100 mm，当墙背土为非渗水性土时，应在最低排泄水孔至墙顶以下 0.5 m 高度内，填筑不小于 0.3 m 厚的砂砾石等反滤层。

8. 墙后土石回填

挡板后填料应均匀，不应填入大块石料以免挡墙集中受力。

9. 分级平台封闭

分级式挡土墙平台应回填密实，并做好泄水孔或设排水板。

知识拓展

锚杆式挡土墙施工质量控制要点：

1. 钻　孔

（1）钻孔的直径、深度、倾斜度必须满足设计及规范要求，尤其是坡面破碎时，应防止坍孔。

（2）钻孔位置应根据设计精确定位，间距不应大于 2 cm。

2. 锚　杆

（1）锚杆钢筋的直径、长度、顺直度应符合设计要求。

（2）锚杆应按设计安装对中器，保证锚杆位于钻孔中心。

（3）锚杆头嵌入肋柱的长度或锚杆头与面板的连接长度应符合设计要求。

3. 注　浆

（1）注浆应严格按配合比进行，大面积注浆前应进行试注。

（2）注浆压力符合设计要求，注浆应饱满。有条件时，应采用锚杆注浆密实度检测仪检测注浆密实度。

4. 锚定板及墙体

（1）当现浇肋柱时，锚杆头嵌入肋柱的长度应符合要求并与骨架钢筋按设计连接；当采用拼装面板或肋柱时，锚头与肋柱、面板的连接方式及长度应满足设计要求。

（2）肋柱平面位置应符合设计及规范要求，以保证预制挡土板的安装精度。

（3）墙体的平面位置、倾斜度、混凝土强度均应符合设计及规范要求。

运用本任务所讲内容，结合网络自学，对工作任务进行分析，亦可作为课后作业，检查本任务内容的掌握程度和实际运用能力。

一、填空题

1. 锚杆式挡土墙按墙面结构形式分类，分为_____和_____。

2. 柱板式挡土墙由_____、_____和_____组成。壁板式挡土墙由_____和_____组成。

3. 柱板式挡土墙肋柱高度不大于_____，当支挡高度较大时，可布置成_____，各级间设置_____，平台宽度不小于_____。

4. 柱板式锚杆挡土墙的挡土板混凝土强度不低于_____。

5. 挡土板厚度不得小于_____，宽度一般为_____。

二、简答题

1. 简述锚杆挡土墙的特点。
2. 简述锚杆挡土墙施工质量控制的要点。

任务工作页

【学习目标】

（1）能说出锚杆挡土墙的应用原理。
（2）能说出锚杆挡土墙的类型及特点。
（3）能够运用所学知识在具体工程中对锚杆挡土墙进行结构设计。

【建议学时】

2学时。

【任务描述与分析】

某高速扩建工程采用两边拓宽的施工方案，拓宽后路基宽度由 25 m 变为 42 m。由于征地范围内有大量房屋，用地和拆迁困难，造价高，故在 K11+230～K11+350 段左侧路堑边坡设有一段柱板式锚杆挡土墙。锚杆直径为 70 mm，锚杆钢筋为 $\phi 28$ 的 Ⅲ 级钢，锚杆倾斜角度为 15°，锚孔灌浆采用 M30 砂浆，锚杆抗拉强度为 0.25 MPa，进入中风化泥岩锚固长度不小于 3.0 m。

本次任务中重点学习锚杆挡土墙类型及特点、锚杆挡土墙设计、锚杆挡土墙稳定性分析方法。

【任务目标】

通过学习能在具体工程中对锚杆挡土墙进行结构设计。

【任务实施流程与活动】

一、锚杆挡土墙的适用条件

二、锚杆挡土墙施工时需要的主要材料

三、锚杆挡土墙的施工流程及施工要求

四、锚杆挡土墙施工时主要质量控制要点

五、工作总结，经验交流

六、评价反馈

1. 学习自测题

完成教材课后练习题。

2. 学习目标达成度的自我检查

自我检查表

序号	学习目标	达成情况（在相应的选项后打"√"）		
		能	不能	如果不能，是什么原因
1	能遵守上课基本制度			
2	能遵守劳动纪律，以积极的态度接受工作任务			
3	能积极查阅资料、主动学习			
4	能相互协作、配合			
5	能100%完成任务			
6	能积极提出疑问			
7	能口述出这次任务的大概内容			
8	能收集归纳相关知识点			
9	锚杆挡土墙的施工方案			

3. 日常表现性评价（由小组长或者组内成员评价）

（1）工作页填写情况（　　　）。

　　A. 填写完整　　　　　　　　B. 缺失 0%～20%

　　C. 缺失 20%～40%　　　　　D. 缺失 40%以上

（2）工作页填写正确率（　　　）。

　　A. 80%以上　　　　　　　　B. 60%以上

　　C. 60%以下　　　　　　　　D. 极差

（3）总体表现评价（　　　）。
A. 非常优秀　　　　　　　　B. 比较优秀
C. 需要改进　　　　　　　　D. 急需改进
（4）是否达到全勤（　　　）。
A. 全勤
B. 缺勤（姓名：　　　　　　　　　　　　　　　　　　）
C. 缺勤（有请假，姓名：　　　　　　　　　　　　　　）
（5）其他建议：

　　　　　　　　　　　　　　　　　小组长签名：　　　　　日期：

4. 教师总体评价
（1）小组成员整体表现评价。
① 姓名：　　　非常优秀（　）比较优秀（　）需要改进（　）急需改进（　）
② 姓名：　　　非常优秀（　）比较优秀（　）需要改进（　）急需改进（　）
③ 姓名：　　　非常优秀（　）比较优秀（　）需要改进（　）急需改进（　）
④ 姓名：　　　非常优秀（　）比较优秀（　）需要改进（　）急需改进（　）
⑤ 姓名：　　　非常优秀（　）比较优秀（　）需要改进（　）急需改进（　）
⑥ 姓名：　　　非常优秀（　）比较优秀（　）需要改进（　）急需改进（　）
⑦ 姓名：　　　非常优秀（　）比较优秀（　）需要改进（　）急需改进（　）
⑧ 姓名：　　　非常优秀（　）比较优秀（　）需要改进（　）急需改进（　）
（2）小组整体评价（　　　）。
A. 组长很负责，所有同学都能达成学习目标
B. 小组能完成学习任务，个别同学不能达成学习目标
C. 组内有3～4人不能达成学习目标
D. 组内大部分同学不能达成学习目标

　　　　　　　　　　　　　　　　　教师签名：　　　　　日期：

任务四 锚定板挡土墙

【知识目标】

（1）能说出锚定板挡土墙与锚杆挡土墙的区别。
（2）能说出锚定板挡土墙的类型及构造要求。
（3）能够根据具体工程情况正确选用锚定板挡土墙形式。
（4）会识别断面图。

【课时建议】

2 学时。

【任务描述】

图 4-4-1 为某招待所的前坪广场，全长 20 m，墙高 6.5 m。分为上下两级，全墙按三单元整体墙面建造，为整体墙面锚定板挡墙。竣工两年后最大水平位移 4.3 cm，最大沉降 16 mm，实测拉杆拉力在设计范围内。墙临市区街道，墙面美观大方，全墙庄重稳固，该工程与重力式挡土墙相比，节省圬工 70%，造价降低 20%。

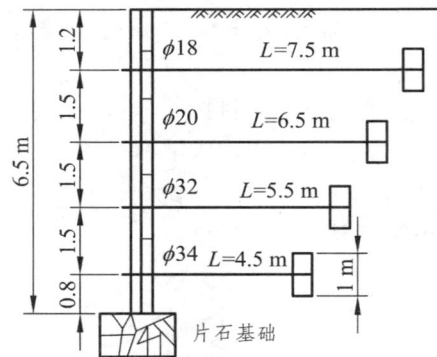

图 4-4-1 已建锚定板挡土墙的断面图

【任务目标】

分析使用锚定板挡墙的条件。

锚定板挡土结构是一种适用于填方的轻型支挡结构，可以用作挡土墙、桥台、港口护岸工程。

锚定板结构是我国铁路部门首创的一种新型支挡结构形式，它发展于20世纪70年代初期，1974年首次在铁路上使用，目前铁路部门已广泛应用，公路、水利、煤矿等部门也在立交桥台、边坡支挡、护脚防护等多种工程中采用了锚定板结构。

一、普通锚定板挡土墙

1. 普通锚定板挡土墙的组成以及与锚杆挡土墙的区别

普通锚定板挡土墙（通常称为锚定板挡土墙）是由墙面、拉杆、锚定板以及充填墙面与锚定板之间的填土共同组成的一个整体。

在这个结构的内部，存在着作用于墙面上的土压力、拉杆的拉力和锚定板的抗拔力等相互作用的内力，这些内力必须互相平衡，才能保证结构内部的稳定。同时，在锚定板挡土墙的周围边界上，还存在着从边界外部传来的土压力、活载以及结构自重所产生的作用力和摩擦力，这些外力也必须相互平衡，以保证锚定板挡土墙的整体稳定性，防止发生滑动或蠕动。

锚定板挡土墙与锚杆式挡土墙一样，也是依靠"拉杆"的抗拔力来保持挡土墙的稳定。锚定板挡土墙与锚杆挡土墙两者存在明显的区别：

（1）锚杆挡土墙必须锚固在稳定的土层中，其抗拔力来源于锚杆与砂浆、孔壁地层之间的摩阻力；

（2）锚定板挡土墙的拉杆及其端部的锚定板均埋设在回填土中，其抗拔力来源于锚定板前填土的被动抗力。因此，锚杆式挡土墙墙后侧向土压力通过墙面传给拉杆，而锚定板挡土墙则依靠锚定板在填土中的抗拔力抵抗侧向土压力，以维持挡土墙的平衡与稳定。

在锚定板挡土墙中，一方面填土对墙面产生主动土压力，填土越高，主动土压力越大；另一方面填土又对锚定板的移动产生被动的土抗力，填土越高，锚定板的抗拔力也越大。

2. 锚定板挡土墙的类型

锚定板挡土墙按墙面结构形式可分为柱板式和壁板式两种。

柱板式挡土墙，如图4-4-2（a）所示。柱板式挡土墙的墙面由肋柱与挡土板拼装而成，根据运输和吊装能力可采用单根肋柱，也可分段拼接，上下肋柱之间用榫连接。拉杆可根据高度和受力要求等设置成单层、双层和多层拉杆。

壁板式挡土墙，如图4-4-2（b）所示。壁板式挡土墙的墙面板（壁面板）可采用矩形或十字形拼装而成，墙面板直接用拉杆与锚定板连接。

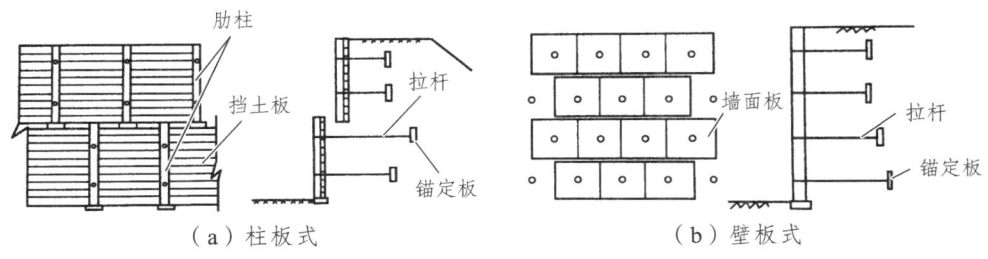

图4-4-2 锚定板挡土墙的类型

锚定板挡土墙根据高度有单级和多级之分。单级锚定板挡土墙墙高度通常不大于6 m。分级设计时上下两级墙之间应留有平台，平台宽度一般不小于1.5 m。为了减少因上级墙肋柱下沉对下级墙拉杆的影响，上下级墙肋柱沿路线方向的位置应该相互错开，如图4-4-2所示。

锚定板挡土墙的使用方式：

（1）各种锚定板挡土墙相互组合成多种样式的挡土墙；

（2）锚定板和锚杆联合使用的挡土墙，如图4-4-3所示。上层拉杆利用锚定板锚固在新填的土中，下层拉杆采用灌浆锚杆固定在原有的边坡内，这样可以充分利用原有边坡及新路基，发挥锚定板和锚杆各自的优势。

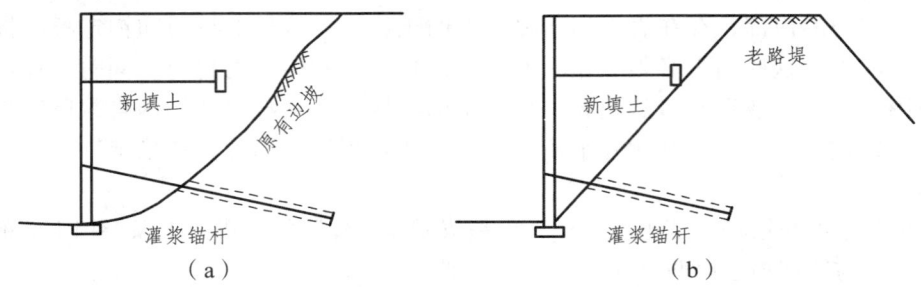

图4-4-3　锚定板与锚杆联合使用的挡土墙

3. 特点及适用范围

锚定板挡土墙的主要特点：

① 构件断面小；

② 结构质量轻；

③ 柔性大；

④ 工程量省；

⑤ 圬工数量少；

⑥ 构架可预制，有利于实现结构轻型化和机械化施工。

适用范围：承载能力较低的软弱地基和缺乏石料的地区，作路肩墙或路堤墙。特别注意在滑坡、坍塌地段以及膨胀土地区不能使用。

4. 土压力及抗拔力的计算

（1）土压力计算。

锚定板挡土墙与重力式挡土墙的结构形式不同，墙面变形及受力机理也有所不同。由于柱板与填土的相对位移较小，柱板附近的土体很难达到主动极限状态，通过现场实测和室内模型试验表明，土压力值大于库伦主动土压力计算值，但小于静止土压力值。由于墙面系、拉杆、锚定板及填土的相互作用，土压力问题比较复杂，它与填土的性质、压实程度、拉杆位置及其长度、锚定板大小等因素有关。

目前主要有按静止土压力计算和按库仑土压力理论计算两种计算方法。

（2）抗拔力计算。

由于影响因素较多，锚定板的抗拔力仍然是一个十分复杂的问题，到目前为止，尚未找到精确的理论来解答，需从现场拉拔试验确定其抗拔力。

在我国铁路部门曾做过大量的现场拉拔试验。通过对现场原型试验结果，提出了深埋锚定板单位面积容许抗拔力。对浅层锚定板，锚定板的稳定性不是由抗拔力来控制，而是由锚定板前被动抗力阻止板前土体破坏来控制，因此其抗拔力取决于锚定板前的被动土压力。对于深层锚定板，锚定板的稳定由抗拔力控制。为了从原型拉拔试验曲线上确定合理的抗拔力，首先应确定极限抗拔力的判别标准和方法。

判断极限抗拔力的标准有三种：极限稳定抗拔力、局部破坏抗拔力和极限变形抗拔力。

5. 构件设计

锚定板挡土结构的构件设计包括肋柱、拉杆、锚定板、挡土板及基础的受力计算、截面选择及配筋等。

（1）肋柱设计。

肋柱间距视工地的起吊能力和锚定板的抗拔力而定，通常为 1.5～2.5 m。肋柱的截面形式多采用矩形、T形、工字形等。肋柱截面宽度不小于 0.35 m，厚度不小于 0.3 m。每级肋柱高度一般为 3～5 m，上下两级肋柱接头常用榫连接，也可做成平台并相互错开。肋柱混凝土等级不应低于 C20。肋柱应设置拉杆穿过的孔道，并将孔道做成椭圆孔或圆孔，其直径大于拉杆直径，空隙用砂浆填塞。肋柱与基础的连接方式视地基的承载力、坚硬情况及埋深来确定，一般可设计为自由端、铰支端，若埋置较深且岩石坚硬，可视为固定端。肋柱严禁前倾，应适当后仰，其仰斜度宜为 1∶0.05。

肋柱的内力计算可根据肋柱上设置的拉杆层数、上下肋柱间及肋柱与基础间的连接状况等按单跨梁、连续梁等来进行计算。肋柱的具体截面尺寸主要考虑两个方面：按照计算肋柱的最大弯矩来确定；考虑支撑挡土板的需要，肋柱截面尺寸应满足最小构造要求，并配置钢筋。

（2）拉杆设计。

拉杆为连接肋柱和锚定板的重要受力构件，通常是在它的两端焊接螺纹端杆，将肋柱和锚定板连接起来。在拉杆与肋柱的连接处，拉杆拉力即为肋柱的支座反力。各层拉杆拉力之和与肋柱基础水平反力的总和等于墙面所受土压力的水平分力。

① 拉杆材质和截面设计。

锚定板是一种能适应较大变形的柔性结构，为保证在较大变形的情况下仍有足够的安全度，应选择延伸性较好的热轧螺纹钢筋作为锚定板挡土墙的拉杆。

拉杆一般采用单根钢筋，如果单根钢筋不能满足设计拉力的需要，也可以采用两根钢筋共同组成一根拉杆。拉杆的直径不小于 22 mm，但也不宜大于 32 mm，在计算直径的基础上尚需增加 2 mm 作为预防钢材的安全储备。

② 拉杆长度。

锚定板挡土墙的拉杆长度通过对锚定板的稳定性验算及结构的整体稳定性计算来确定。最下层拉杆除了满足稳定性要求外，还应使锚定板埋置于主动破裂面以下不小于 3.5 h 处（h 为矩形截面肋柱的高度）；最上层拉杆的长度不小于 3 m。

③ 拉杆防腐。

在锚定板挡土墙中，拉杆的防腐主要采用先在钢筋表面涂刷两层沥青，并缠裹沥青麻筋，以完全隔绝钢筋与土中水及空气的接触。拉杆与肋柱及锚定板连接部位无法包裹,是防锈的薄弱环节,采用水泥砂浆充填其周围并用沥青麻筋塞缝。

(3)锚定板的设计。

锚定板一般采用方形钢筋混凝土板,混凝土强度等级不低于C20,竖直埋置在填土中。计算中一般忽略拉杆与填土的摩阻力,锚定板所受拉力即为拉杆的拉力。

(4)挡土板设计。

挡土板设置于肋柱的内侧,主要承受填土的侧向土压力并将侧向土压力传递给肋柱。其设计、构造要求同锚杆挡土墙的挡土板,但矩形板的厚度可采用0.15 m,板宽一般为0.5 m,挡土板上应留有泄水孔,板后应设置反滤层。

壁板式墙的墙面板,可采用矩形或十字形、六边形等钢筋混凝土板。墙面板上一般设置一根拉杆,按单点双向悬臂板计算其内力并配筋。置于墙身最下部的墙面板应按偏心受压构件检算混凝土的抗压强度。

(5)肋柱基础设计。

挡土墙及肋柱基础所承受的荷载包括肋柱和挡土板的重力、墙体内侧基础以上部分填土重力以及墙面土压力的竖向分力等。

当地基承载力不能满足要求时,应设置基础。基础采用C20混凝土条形基础,基础厚度不小于0.5 m,襟边宽度不小于0.1 m,基础埋深不小于0.5 m,寒冷及严寒地区置于冻土中的肋柱基础,其基底应位于冻结线以下0.25 m,或采取换填保温等措施。基础也可采用桩基,当钻孔桩与肋柱刚性连接时,可按弹性支撑的连续梁进行结构验算。

6. 其他构造要求

锚定板挡土墙墙后填土应采用砂类土、砾石类土及碎石类土,也可采用复合要求的细粒土;不得采用膨胀土、盐渍土,严禁采用腐蚀性作用的酸性土和有机土。

锚定板墙后的填料必须分层压实,并符合现行路基设计规范的要求。填土为细粒土时,路基顶面和墙背应设防渗与排水设施。

锚定板挡土墙的墙面板、肋柱及锚定板等钢筋混凝土构件,采用的混凝土强度等级不应小于C20,拉杆应选用良好的钢材。

基础宜采用C15或M7.5水泥砂浆砌片石,分级墙之间的平台顶面,宜用C15混凝土封闭,其厚度为15 cm,并设2%向外横向排水的坡度。拉杆及锚定板埋设时,应在填土至拉杆高程以上20 cm后再挖槽就位。锚定板前方超挖部分应用混凝土或灰土回填夯实。

挖槽时,宜使锚定板比原设计位置高3~5 cm,严禁直接碾压拉杆或锚定板。

二、组合式锚定板挡土墙

1. 悬锚式挡土墙

悬锚式挡土墙是一种组合式轻型支挡结构,由钢筋混凝土墙身(含立壁和底板)、锚定板、拉杆及充填在墙身与锚定板之间的填料构成的一种复合式结构,如图4-4-4所示。

它通过锚定板对墙身的约束作用,有效地减小立壁根部的弯矩,增加墙身的建筑高度。悬锚式挡土墙适用于承载能力低的地基和缺乏石料的地区,对墙背填料的要求也较低。

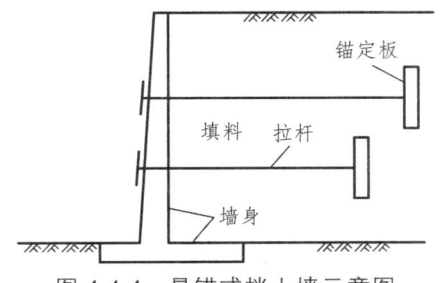

图 4-4-4 悬锚式挡土墙示意图

2. 锚定板与锚杆（双锚）组合式挡土墙

半填半挖地段挡土墙的建造方案根据所在边坡坡体稳定情况分为以下两类：

（1）边坡坡体稳定时，可采用常规标准方案建造；

（2）边坡坡体不稳定时，应采用边坡加固与挡土墙建造相结合的方案。

因此，判定边坡坡体的稳定性是初步设计选择方案时必须考虑的首要问题。对非稳定边坡采用以锚杆、锚定板技术为主的坡间挡土墙建设方案。

所谓"双锚"即是指运用预应力锚固技术和锚定板技术对坡间挡土墙进行有效支挡的技术组合，如图 4-4-5 所示。

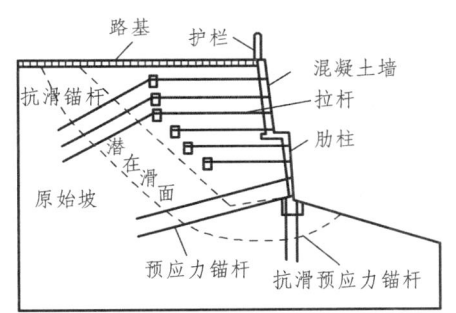

图 4-4-5 高坡脚坡间挡土墙"双锚"支护

"双锚"建造方案基本思路是将边坡加固与挡土墙的建设融为一体。其要点是：在墙体的中下部，运用墙体作为承载体，施工预应力锚杆，使之在稳定墙体的同时起到加固边坡的双重作用。

墙体上部则根据墙体内侧离边坡坡面的距离不同，采用不同规格的锚定板作为支挡手段以稳定墙体本身。

运用本任务所讲内容，结合网络自学，对工作任务进行分析，亦可作为课后作业，检查本任务内容的掌握程度和实际运用能力。

一、填空题

1. 锚定板挡土墙按墙面结构形式可分为_____和_____两种。
2. 锚定板挡土结构的构件设计包括_____、_____、_____、_____及_____的受力计算、截面选择及配筋等。
3. 悬锚式挡土墙是一种组合式轻型支挡结构，由_____、_____、_____及_____构成的一种复合式结构。
4. 锚定板挡土墙墙后填土应采用_____、_____、_____，也可采用符合要求的细粒土。
5. 锚定板墙后的填料必须_____，并符合现行路基设计规范的要求。
6. 拉杆的设计主要包括_____、_____、_____三部分。
7. 所谓"双锚"是指运用_____和_____对坡间挡土墙进行有效支挡的技术组合。

二、简答题

1. 简述普通锚定板挡土墙与锚杆挡土墙的区别。
2. 简述锚定板挡土墙的特点及适用范围。

任务工作页

【学习目标】

（1）能说出锚定板挡土墙与锚杆挡土墙的区别。
（2）能说出锚定板挡土墙的类型及构造要求。
（3）能够根据具体工程情况正确选用锚定板挡土墙形式。
（4）会识别断面图。

【建议课时】

2学时。

【任务描述与分析】

图 4-4-6 为某招待所的前坪广场挡土墙断面，全长 20 m，墙高 6.5 m，分为上下两级，全墙按三单元整体墙面建造，为整体墙面锚定板挡墙。竣工两年后最大水平位移 4.3 cm，最大沉降 16 mm，实测拉杆拉力在设计范围内。墙临市区街道，墙面美观大方，全墙庄重稳固，该工程与重力式挡土墙相比，节省圬工 70%，造价降低 20%。

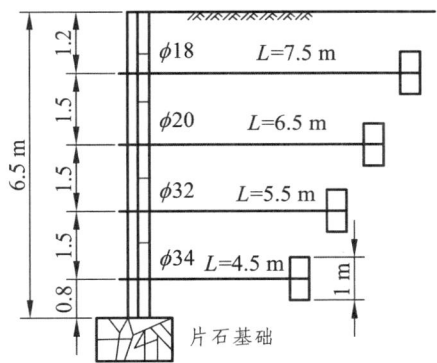

图 4-4-6 已建锚定板挡土墙的断面图

【任务目标】

通过学习能知道锚定板挡墙的使用条件及施工要求。

【任务实施流程与活动】

一、如何根据边坡稳定性来选择挡土墙的结构类型

二、写出图 4-4-6 中的信息

三、锚定板挡土墙的施工流程

四、如何设置反滤层泄水孔

五、挡土墙施工技术要点

六、工作总结，经验交流

七、评价反馈

1. 学习自测题
完成教材课后练习题。

2. 学习目标达成度的自我检查

自我检查表

序号	学习目标	达成情况（在相应的选项后打"√"）		
		能	不能	如果不能，是什么原因
1	能遵守上课基本制度			
2	能遵守劳动纪律，以积极的态度接受工作任务			
3	能积极查阅资料、主动学习			
4	能相互协作、配合			
5	能100%完成任务			
6	能积极提出疑问			
7	能口述出这次任务的大概内容			
8	能收集归纳相关知识点			
9	能说出挡土墙施工的技术要点			

3. 日常表现性评价（由小组长或者组内成员评价）

（1）工作页填写情况（　　　）。

A. 填写完整　　　　　　　　B. 缺失0%~20%

C. 缺失20%~40%　　　　　　D. 缺失40%以上

（2）工作页填写正确率（　　　）。

A. 80%以上　　　　　　　　B. 60%以上

C. 60%以下　　　　　　　　D. 极差

（3）总体表现评价（　　　）。

A. 非常优秀　　　　　　　　B. 比较优秀

C. 需要改进　　　　　　　　D. 急需改进

（4）是否达到全勤（　　　）。

A. 全勤

B. 缺勤（姓名：　　　　　　　　　　　　　　　　　　　　　）

C. 缺勤（有请假，姓名：　　　　　　　　　　　　　　　　　）

（5）其他建议：

小组长签名：　　　　　日期：

4. 教师总体评价

（1）小组成员整体表现评价。

① 姓名：　　　非常优秀（　）比较优秀（　）需要改进（　）急需改进（　）

② 姓名：　　　非常优秀（　）比较优秀（　）需要改进（　）急需改进（　）

③ 姓名：　　　非常优秀（　）比较优秀（　）需要改进（　）急需改进（　）

④ 姓名：　　　　　非常优秀（　）比较优秀（　）需要改进（　）急需改进（　）
⑤ 姓名：　　　　　非常优秀（　）比较优秀（　）需要改进（　）急需改进（　）
⑥ 姓名：　　　　　非常优秀（　）比较优秀（　）需要改进（　）急需改进（　）
⑦ 姓名：　　　　　非常优秀（　）比较优秀（　）需要改进（　）急需改进（　）
⑧ 姓名：　　　　　非常优秀（　）比较优秀（　）需要改进（　）急需改进（　）

（2）小组整体评价（　　　）。

A. 组长很负责，所有同学都能达成学习目标

B. 小组能完成学习任务，个别同学不能达成学习目标

C. 组内有3~4人不能达成学习目标

D. 组内大部分同学不能达成学习目标

教师签名：　　　　　日期：

项目五
边坡坡面防护技术

◆ 工作导向流程图

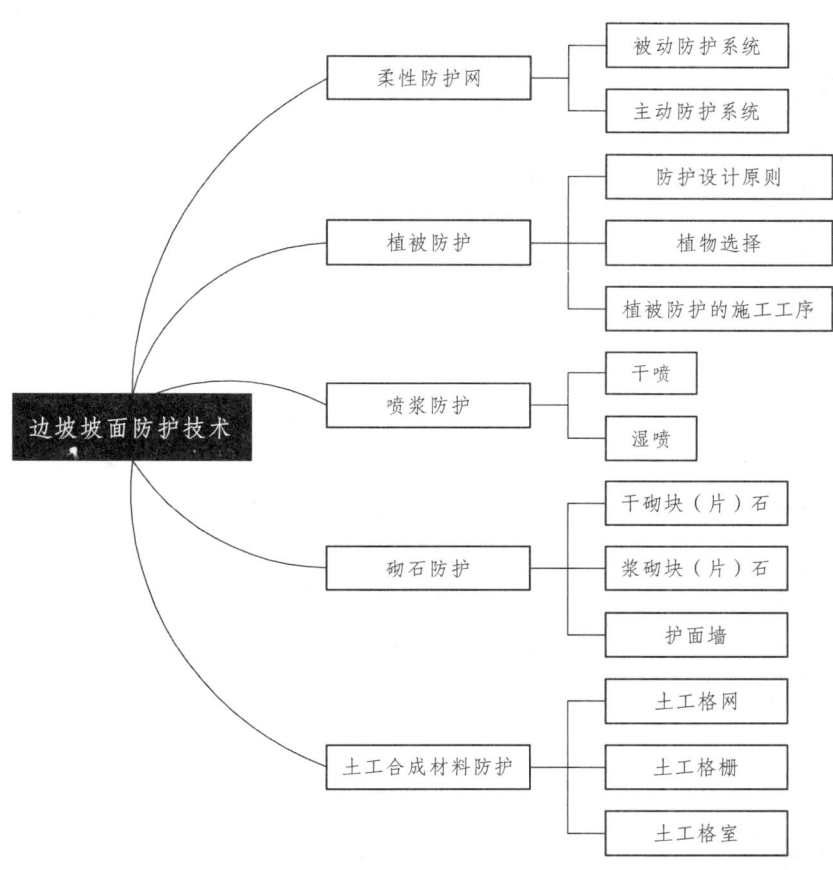

知识目标

（1）能根据坡面情况选择适宜的防护技术措施。
（2）能口述坡面防护技术的类型。
（3）能绘制被动防护网施工流程图。
（4）能根据坡面情况选择适宜的植被防护技术措施。
（5）能绘制挂网喷射混凝土的施工流程图。
（6）能口述干砌（块）片石、浆砌（块）片石和护面墙的适用范围。
（7）能阐述土工合成材料各类型的优缺点。

课时建议

12 学时。

任务背景

图 5-0-1 中列出了几种不同类型的路基防护与加固工程案例。根据已知的公路常识,你能指出图中分别是哪种防护与加固工程的类型吗?它们各自的特点及适用场合分别是什么?除此之外,还有其他哪些路基防护与加固工程类型?

图 5-0-1 不同类型的路基防护与加固工程

项目目标

通过本项目的学习,能明确在坡面防护中如何选用适宜的防护技术方案,能熟练将理论知识转化为工作基础理论,能绘制各个防护技术手段的施工流程图。

边坡防护工程是指防止路基风化和冲刷,主要起隔离、封闭作用的工程。它既能保证路基稳定,防治路基病害,又能改善环境景观。按其作用不同可分为坡面防护和冲刷防护两类,本项目重点介绍坡面防护。

一、坡面防护

路基边坡防护施工

坡面防护是指对路基边坡表面的防护。路基边坡是最容易遭受破坏的部位,包括路堑边坡和路堤边坡。通过这种防护可使路基边坡坡面与大气隔离,阻止土质边坡的冲刷和岩石边坡的进一步风化,既能保证路基稳定、行车安全,又能改善环境景观,使得公路与自然环境相协调,如图 5-0-2 所示。

图 5-0-2 坡面防护

二、冲刷防护

冲刷防护主要是对沿河滨海路堤、河滩路堤及水泽区路堤的边坡防护。沿河路基直接受到水流侵害,当水位变迁不定、洪水急流冲刷河岸时,防止水流危害岸坡,保证路基稳定,如图 5-0-3 所示。

图 5-0-3 冲刷防护

任务一 柔性防护网

【知识目标】

（1）能说出柔性防护网的工作原理。
（2）能说出柔性防护网的构成、适用场合及安装要点。
（3）能进行柔性防护网的施工。

【课时建议】

2学时。

【任务描述】

现有新建公路处于云南高原中部哀牢山脉中段（见图 5-1-1），线路沿嘎洒江逆流而上，高程逐渐变大，山脉走向大都与构造线一致，呈北西南东向展布。河谷地带属于侵蚀切割地形，地形横坡陡，阶地发育不全，横向冲沟发育较少，河谷走向顺直。频发的地震诱发了许多山崩、滑坡等不良地质现象，故采取 SNS 柔性防护网进行边坡防护。

图 5-1-1 哀牢山

【任务目标】

通过本任务的学习，能学会如何选用防护网，能知晓被动防护网与主动防护网的适用范围，能熟练掌握安装设置流程。

 相关理论

柔性防护系统（Safety Netting System，SNS）是利用柔性金属网（钢丝绳网、特种钢丝格栅、铁丝格栅）为主要构成部分，以覆盖（主动防护）和拦截（被动防护）两大基本类型，防治崩塌落石、浅层滑坡、溜坍、风

柔性防护网1

柔性防护网2

化剥落、泥石流等斜坡坡面地质灾害，以及岸坡冲刷、爆破飞石和雪崩等灾害的柔性安全防护技术。

柔性防护系统与传统方法（以圬工结构为代表）的主要差别在于系统本身具有的柔性和高强度，更能适应抗击集中荷载和高冲击荷载。

从防护原理和防护目的上将柔性防护网分为主动防护和被动防护系统两大类，如图 5-1-2 至图 5-1-4 所示。

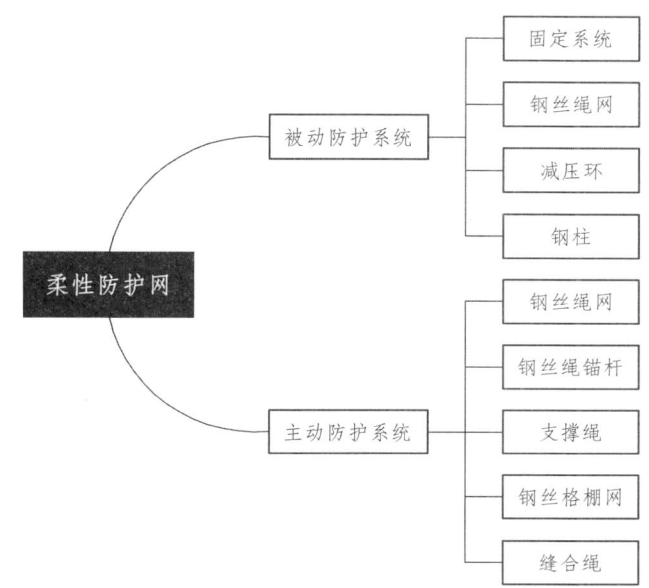

图 5-1-2　柔性防护网思维导图

图 5-1-3　主动防护系统

图 5-1-4　被动防护系统

一、被动防护系统

被动防护系统是一种能拦截和堆存落石的柔性拦石网，用于建筑设施旁有缓冲地带的高山峻岭，把岩崩、飞石、雪崩、泥石流拦截在建筑设施之外，避开灾害对建筑设施的毁坏。主要由固定系统、钢丝绳网、减压环和钢柱四个主要部分构成。钢柱和钢丝绳网连接组合构成一个整体，系统的柔性和强度足以吸收和分散传递预计的落石冲击动能，对所防护的区域形成面防护，这种防护系统从而阻止崩塌岩石土体的下坠，起到边坡防护作用。这种防护系统从观念上一改传统的刚性或低强度柔性结构为高强度柔性结构来实现有效的系统防护功能。

（一）被动防护系统的构成

1. 固定系统

固定系统由钢丝绳锚杆、拉锚绳、基座和支撑绳组成。柔性双股钢丝绳锚杆与各拉锚杆相连，采用套管的环型设计，这种设计能很好地吸收高冲击荷载，并且柔韧性能良好，如图 5-1-5 所示。

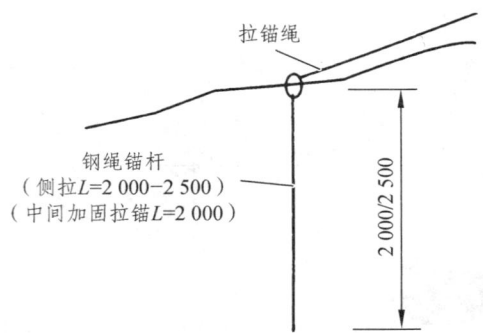

图 5-1-5　侧拉和中间加固锚杆基础（尺寸单位：mm）

2. 钢丝绳网

钢丝绳网由上支撑绳、下支撑绳及加固绳组成。采用的是 D0/08/025 型钢丝绳网，最大防护能量能达到 500 kJ，为菱形钢绳网。通过钢丝绳网把落石的冲击荷载传递到支撑绳、拉锚绳、减压环等部件上，最终传递给锚杆，每隔 50 m 左右设置加固绳，如图 5-1-6 和图 5-1-7 所示。

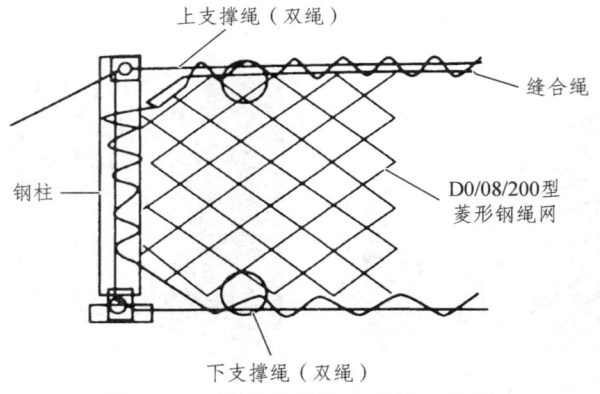

图 5-1-6　钢丝绳网缝合联结示意图

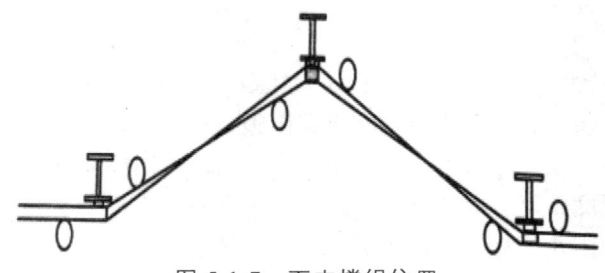

图 5-1-7　下支撑绳位置

3. 减压环

减压环布置在钢丝绳网上，设置在钢柱两侧，对系统起过载保护作用，避免钢柱等其他部件发生严重损坏。当与减压环相连接的钢丝绳网所受拉力达到一定程度时，减压环将通过变形位移来吸收能量，从而实现过载保护，支撑绳与减压环布置如图 5-1-8 所示。

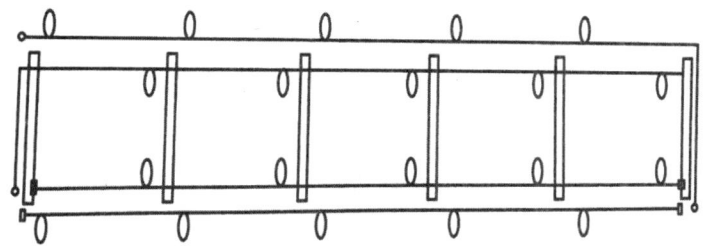

图 5-1-8 支撑绳与减压环布置示意图

4. 钢　柱

采用高度为 3 m 的钢柱，间距为 8～12 m，柱子与基座间采用可动铰连接，确保钢柱在遭受到直接冲击时基座的脚螺栓不被破坏，如图 5-1-9 和图 5-1-10 所示。

图 5-1-9 被动防护网结构（一）

图 5-1-10 被动防护网结构（二）

（二）被动防护网的施工方案

1. 施工准备

为保证被动防护网施工质量，在施工前要求对人、机、料进行周密的安排布置，严格控制进场原材料质量，提高现场施工技术人员特别是一线操作工人的技术水平。主要包括：

（1）人员组织。

① 对所有参与施工的人员进行严格技术交底，使其充分掌握具体施工工艺，树立质量第一的意识。

② 严格作业值班制度，保证现场每一作业时间段内都有主要施工负责人进行现场管理和技术指导工作。

（2）材料组织。

根据现场施工组织情况，在施工前将所需材料提前运送至现场，所有进场材料均应经过试验室检验，并满足招投标文件及设计对原材料各项指标的要求。主要有：

钢丝绳：公称抗拉强度不小于 1 770 kPa，热镀锌为 AB 级；

高强度钢绳网：采用抗错动抗脱落锁卡编织而成的钢绳网，形状为菱形；

格栅网：符合标准要求；

减压环：直径为 448 cm；

钢柱：采用双拱增强型预应力钢柱。

2. 施工工艺

被动防护网施工工艺如图 5-1-11 所示。

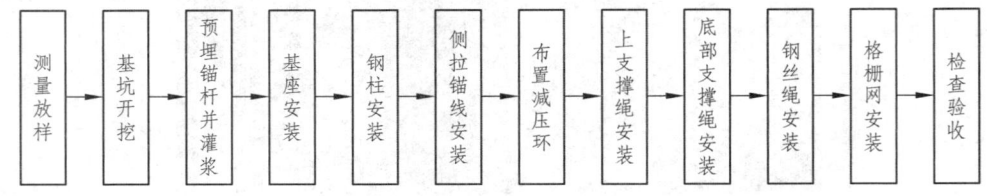

图 5-1-11　被动防护网施工工艺流程

二、主动防护系统

主动防护系统是以钢丝绳网或高强度钢丝格栅为主的各类柔性网覆盖包裹在需防护的斜坡或岩石上，以限制坡面岩石土体的风化剥落或破坏以及危岩崩塌（加固作用），或将落石控制于一定范围内运动（围护作用）。

由于主动防护系统与被动防护系统有着相似的特点和原理，故省略这部分的介绍，重点介绍主动防护系统的适用范围和安装要点。

（一）主动防护系统的适用范围

不同的地形地貌、工程地质条件、灾害形式、施工环境和防护安全性等级以及资金的控制等，都将影响主动柔性防护系统的具体选用。只有针对具体的条件才能正确地选择安全可靠、经济合理的主动防护系统，如图 5-1-12 所示。

图 5-1-12　主动防护网

通常情况下，主动防护系统适用于以下情况：

1. 滑坡体

对表层岩土进行加固，其锚固深度一般限制在 5 m 以内；潜在滑动层厚度大于 3 m 时，不应单独采用，应考虑与预应力锚索或预应力锚杆结合使用。

2. 蠕滑体

因采用了柔性钢丝绳锚杆，其抗拔力较强，但抑制变形能力较差，故会随着土体的蠕动而变形。对存在以蠕动为潜在变形特征、滑动破坏或明显改变原设计边坡，致使原系统加固能力明显不足时，不能采用标准结构形式的钢丝绳主动加固系统。

3. 土体流失

对可能发生严重土体流失的土石体边坡，从环境保护角度不容许此种情况发生时或不断的土体流失进一步恶化边坡稳定性；明显改变原设计条件，可能使原本所考虑的浅表层失稳问题向更大规模的深层发展时，主动加固系统不能单独采用。此时可选择或采用与坡面绿化相结合的方式以达到预期防治效果。

（二）主动防护系统的安装要点

SNS 边坡柔性防护网安装步骤按设计并结合现场实际地形对钢柱和锚杆基础进行测量定位。现场放线长度应比设计系统长度增加约 3%~8%，对地形起伏较大、系统布置难且沿同一等高线呈直线布置时取上限（8%）；对地形较平整规则，系统布置能基本上在同一等高线沿直线布置时取下限（3%）；在此基础上，柱间距可有为设计间距 20%的缩短或加宽调整范围。

主动防护网施工工艺如图 5-1-13 所示。

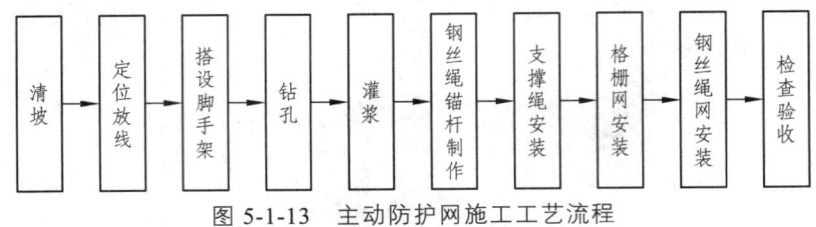

图 5-1-13　主动防护网施工工艺流程

（三）主动防护系统施工要求

1. 清理坡面

人工对坡面防护区域的浮土及浮石进行清除。

2. 定位放线

根据地形条件，确定锚杆孔位（孔间距可有 0.3 m 的调整量），并在每一孔位处凿一定深度不小于锚杆外露环套长度的凹坑，一般口径 20 cm、深 20 cm。

3. 钻　孔

（1）锚孔钻进：成孔匀速钻进，严格控制钻孔速度，以防止钻孔弯曲和变形，钻进达到设计深度后，不停钻，在停止进尺的情况下，稳钻 1～2 min。

（2）造孔精度要求：孔径误差方面，孔口孔径大于 90 mm；孔深方面，锚孔设计深度大于 5 cm 以上。

4. 钢丝绳锚杆制作

（1）钢丝绳锚杆验收：锚杆下料后，应清除表面浮锈污物、油污和泥土。

（2）在施工现场制作钢丝绳锚杆时，应根据进度做到随制随用，并注意防水、防污染。

5. 灌浆及插入钢丝绳锚杆

钢丝绳锚杆外露环套顶端不能高出地表，且环套段不能注浆，以确保支撑钢丝绳张拉后尽可能紧贴地表，采用 M30 水泥砂浆，孔内应确保浆液饱满，在进行下一道工序前注浆体养护不少于 3 天。

6. 安装纵横向支撑绳

张拉紧后两端各用 2～4 个（支撑绳长度小于 15 m 时为 2 个，大于 20 m 时为 4 个，其间为 3 个）绳卡与锚杆外露环套固定连接。

7. 格栅网的安装

从上到下铺挂格栅网，格栅网间重叠宽度不小于 5 cm，两张格栅网间的缝合以及格栅网与支撑绳间用 ϕ1.5 铁丝按 1 m 间距进行扎结（有条件时本工序可在前一工序前完成即将格栅网至于支撑绳之下）。

8. 钢绳网的安装

从上向下铺设钢丝绳网并缝合，缝合绳为 $\phi 8$ 钢绳，每张钢丝绳网均用一个长约 31 m（或 27 m）的缝合绳与四周支撑绳进行缝合并预张拉，缝合绳两端各用两个绳卡与网绳进行固定连接。

运用本任务所讲内容，结合网络自学，对工作任务进行分析，检查施工流程掌握程度和柔性防护系统实际运用的能力。

一、填空题

1. 被动防护系统的固定系统由_____、_____、_____和_____组成。
2. 主动防护系统适用于_____、_____和_____情况。
3. 从防护原理和防护目的上将柔性防护网分为_____和_____两大类。
4. 边坡工程按其作用不同分为_____和_____两大类。
5. 被动防护系统的钢丝绳网由_____、_____和_____组成。
6. 路基防护工程不能承受外力作用，所防护的路基本身必须是_____。
7. 边坡防护工程是指防止路基风化和冲刷，主要起_____、_____作用的防护措施。
8. 减压环布置在钢绳网上，设置在钢柱两侧，对系统起_____作用，避免钢柱等其他部件发生严重损坏。

二、简答题

1. 什么是 SNS 柔性防护系统？
2. 被动防护系统主要由哪几部分构成？
3. 安装被动防护系统时需注意哪些事项？
4. 什么样的情况下适合用柔性防护系统？
5. 主动防护系统的安装要点是什么？
6. 柔性防护系统与传统方法的主要差别是什么？
7. 主被动防护系统适用范围的不同在哪些方面？

任务工作页

【学习目标】

（1）能积极接受工作任务，明确任务，确定小组成员。

（2）能根据案例材料明确柔性防护网的类型。

（3）能做好施工前的准备工作。

（4）能绘制出施工流程图。

（5）能总结出施工注意要点。

【建议学时】

2学时。

【任务描述与分析】

现有新建公路处于云南高原中部哀牢山脉中段，线路沿嘎洒江逆流而上，高程逐渐变大，山脉走向大都与构造线一致，呈北西南东向展布。河谷地带属于侵蚀切割地形，地形横坡陡，阶地发育不全，横向冲沟发育较少，河谷走向顺直，频发的地震诱发了许多山崩、滑坡等不良地质现象。斜坡坡度为 40°～60°，陡崖边坡至斜坡坡脚水平距离 100～130 m，垂直高度 20～80 m，陡崖边坡为岩质边坡，边坡高 20～55 m，坡度为 67°～90°。本合同段主要结构物类型及数量如下：SNS 柔性边坡防护坡面施工范围为 K44+320～K44+460，长度为 140 m，防护数量为 4 200 m^2。

【任务目标】

试对该任务进行施工。

【任务实施流程与活动】

一、施工准备

1. 任务中的所选用的柔性防护网的类型是什么

2. 施工所需的主要机具设备有哪些

序号	设备机具名称	单位	数量

3. 主要劳动力计划

序号	工种	最大计划	工作内容

二、柔性防护网施工工艺要点

三、试简要绘制施工流程图

四、施工注意事项及施工要点

五、安全文明施工措施

六、工作总结，经验交流

七、评价反馈

1. 学习自测题

完成教材课后练习题。

2. 学习目标达成度的自我检查

自我检查表

序号	学习目标	达成情况（在相应的选项后打"√"）		
		能	不能	如果不能，是什么原因
1	能遵守上课基本制度			
2	能遵守劳动纪律，以积极的态度接受工作任务			
3	能积极查阅资料、主动学习			
4	能相互协作、配合			
5	能100%完成任务			
6	能积极提出疑问			
7	能口述出这次任务的大概内容			
8	能收集归纳相关知识点			
9	安全文明施工			

3. 日常表现性评价（由小组长或者组内成员评价）

（1）工作页填写情况（　　　）。

　A. 填写完整　　　　　　　B. 缺失0%~20%

　C. 缺失20%~40%　　　　D. 缺失40%以上

（2）工作页填写正确率（　　　）。

　A. 80%以上　　　　　　　B. 60%以上

　C. 60%以下　　　　　　　D. 极差

（3）总体表现评价（　　　）。

　A. 非常优秀　　　　　　　B. 比较优秀

　C. 需要改进　　　　　　　D. 急需改进

（4）是否达到全勤（　　　）。

　A. 全勤

　B. 缺勤（姓名：　　　　　　　　　　　　　　）

　C. 缺勤（有请假，姓名：　　　　　　　　　　）

（5）其他建议：

小组长签名：　　　　　日期：

4. 教师总体评价

（1）小组成员整体表现评价。

① 姓名：　　　　非常优秀（　）比较优秀（　）需要改进（　）急需改进（　）
② 姓名：　　　　非常优秀（　）比较优秀（　）需要改进（　）急需改进（　）
③ 姓名：　　　　非常优秀（　）比较优秀（　）需要改进（　）急需改进（　）
④ 姓名：　　　　非常优秀（　）比较优秀（　）需要改进（　）急需改进（　）
⑤ 姓名：　　　　非常优秀（　）比较优秀（　）需要改进（　）急需改进（　）
⑥ 姓名：　　　　非常优秀（　）比较优秀（　）需要改进（　）急需改进（　）
⑦ 姓名：　　　　非常优秀（　）比较优秀（　）需要改进（　）急需改进（　）
⑧ 姓名：　　　　非常优秀（　）比较优秀（　）需要改进（　）急需改进（　）

（2）小组整体评价（　　　）。

A. 组长很负责，所有同学都能达成学习目标

B. 小组能完成学习任务，个别同学不能达成学习目标

C. 组内有 3~4 人不能达成学习目标

D. 组内大部分同学不能达成学习目标

　　　　　　　　　　　　　　　　教师签名：　　　　　　日期：

任务二　植被防护

【知识目标】

（1）能解释植被防护的设计原则。
（2）能区分植被防护类型及不同情况下对植物的选择。

【课时建议】

2学时。

【任务描述】

戴家洲河段（见图5-2-1）位于武汉—安庆航段内，上起鄂城，下迄回风矶，全长约34 km。为了稳定河道边界条件，防止航道条件恶化，需要对戴家洲右缘中上段岸坡进行防护。为了符合"全寿命成本最低，以人为本，可持续发展，人与自然和谐，打造绿色平安航道"的长江航道治理新理念要求，需要考虑对防护结构方案进行改进，在满足工程安全性的同时，兼具生态性与经济性等特点。

图5-2-1　戴家洲河岸现状

【任务目标】

通过本任务的学习，能区分植被防护的类型，根据不同的情况选用适宜的植被防护类型及植物种类，能在工作中熟练运用植被防护施工工艺。

 相关理论

高速公路路堑边坡防护方法通常分为植被防护和工程防护两大类，如图

植被防护

5-2-2 所示。工程防护施工因其取材方便、技术较成熟、处理深层失稳边坡安全性高等因素，成为公路部门长久以来一直采用的防护方法，但造价较高，易破坏公路沿线自然景观及生态平衡。随着我国高速公路建设快速发展以及环境保护意识的不断增强，植被护坡技术越来越受到重视，在高速公路建设中被广泛应用。植被护坡技术与工程措施相结合可以有效发挥稳定边坡和美化环境功能，实现高速公路边坡的稳定性和景观效果的可持续性。

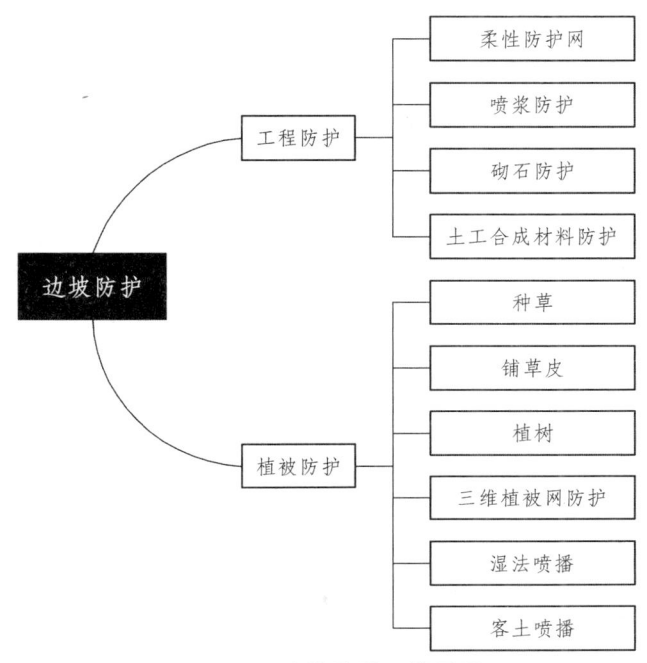

图 5-2-2　边坡防护思维导图

我国高速公路边坡植被防护的方法主要有种草、铺草皮、植树、三维植被网防护、湿法喷播及客土喷播等，而对于不同方法以及不同地区条件植被的植物选择也不同，如表 5-2-1 所示。

一、防护设计原则

植被防护应以"四季常绿，三季有花，节约成本"为原则，以控制水土流失、美化环境为目标，可采用单一种植和混合种植两种形式。

表 5-2-1　不同气候类型适宜种植的护坡草种

气候生态带	范围	适宜的护坡草种
青藏高原带	北纬约 27°20′~40°，东经 73°40′~104°21′之间，主要包括西藏全部、青海高原和四川西北高原农区	草地早熟禾、紫羊茅、高寒苜蓿、细羊茅、冰草、燕麦草、无芒雀麦及当地野生的小灌木等
寒冷半干旱带	北纬约 40°~48.5°，东经 115.5°~135.5°之间，主要包括黑龙江省大部、吉林省大部、辽宁省大部及山东少部分地区	紫花苜蓿、沙打旺、红豆草、紫羊茅、细羊茅碱茅、冰草、羊草、披碱草、小冠花、紫穗槐等

续表

气候生态带	范围	适宜的护坡草种
寒冷潮湿带	北纬约 34°~39°，东经 100°~125°之间，主要包括青海省的东部、甘肃省的中部、陕西省的北部、陕西省大部以及河南、河北、内蒙古、辽宁、吉林、黑龙江等省区的少部分县市	草地早熟禾、紫羊茅、高寒苜蓿、细羊茅、冰草、无芒雀麦、披碱草、羊草、碱茅、白三叶、沙打旺、鸭茅等
寒冷干旱带	北纬约 36°~49°，东经 74°~127°之间，主要包括新疆大部、甘肃省的西北部、内蒙古大部以及青海、山西、黑龙江少部分县市	紫花苜蓿、紫羊茅、沙打旺、细羊茅、冰草、羊草、红豆草、碱茅、披碱草、小冠花、紫穗槐等
北过渡带	北纬约 32.5°~42.5°，东经 104°~122°之间，主要包括山东省大部、河北省大部、北京市、天津市、河南省大部以及陕西、山西、安徽、江苏、湖北少部分县市	高羊茅、黑麦草、无芒雀麦、小冠花、紫穗槐、冰草、沙打旺、紫花苜蓿、野牛草、结缕草及当地野生的小灌木等
云贵高原带	北纬约 23.5°~34°，东经 98°~111°之间，主要包括云南省大部、湖南省西部、贵州省大部、湖北省西北部、甘肃省南部以及四川、广西、陕西少部分县市	草地早熟禾、紫羊茅、细羊茅、高羊茅、黑麦草、小冠花、白三叶、红三叶、紫花苜蓿、沙打旺、狼尾草、鸭茅及当地野生的小灌木等
南过渡带	北纬约 27.5°~32.5°，东经 102.5°~108°之间，主要包括四川省和重庆市绝大部分，贵州省少部分县市；北纬约 30.5°~34°，东经 110.5°~122°之间，湖北省大部、安徽省中部、河南省南部等	白三叶、红三叶、高羊茅、木蓝、狗牙根、百喜草、弯叶画眉草、黑麦草、马蹄金、鸭茅、荆条、大米草、结缕草及当地野生的小灌木等
温暖潮湿带	北纬约 25.5°~32°，东经 108.5°~122°之间，主要包括浙江省大部、江西省大部、福建省北部、上海市、安徽省南部、江苏省少部分地区等	白三叶、红三叶、高羊茅、木蓝、狗牙根、百喜草、弯叶画眉草、黑麦草、马蹄金、鸭茅、荆条、大米草结缕草及当地野生的小灌木等
热带亚热带	北纬约 21°~25.5°，东经 98°~119.5°之间，主要包括广东省全部、台湾省全部、福建省南部、云南省南部及广西绝大部分地区	狗牙根、百喜草、弯叶画眉草、黑麦草、马蹄金、鸭茅、荆条、大米草、结缕草及当地野生的小灌木等

1. 种 草

适用于土质路堤（路堑）有利于草类生长的边坡；河面较宽、水流固定、流速小、路线与水流方向接近平行、路堤边坡地段受季节性浸水或冲刷轻微、土质适于草类生长的地段。

坡面上的土质不宜于种草、坡面较缓、可直接铺一层 50～100 mm 厚的种植土，然后种草，如图 5-2-3 和图 5-2-4 所示；坡度较陡时，可先将坡面分隔成（2～3）m×（2～4）m 的方格，然后用塑料格栅或混凝土块将坡面隔成网格，在网格内铺土，最后种草；也可将坡面做成葵花拱式浆砌边坡，在拱圈内种草，如图 5-2-5 所示。

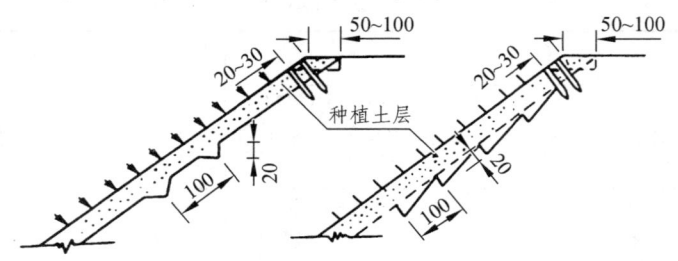

图 5-2-3 种草断面（尺寸单位：cm）

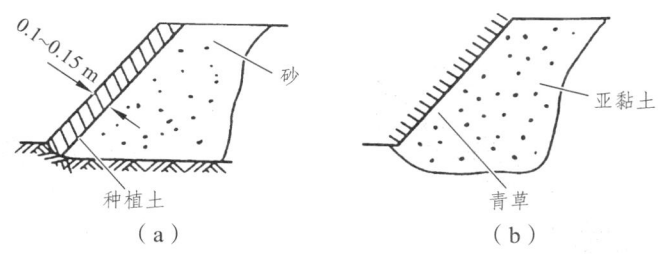

图 5-2-4　坡面种草示意图

图 5-2-5　坡面种草

草籽的选用，应根据当地的土壤和气候条件，选用易于生长、根系发达、茎干低矮、枝叶旺盛或有葡萄茎的多年生的草种为宜。可采用几种草籽混合播种，以利用植物中的优胜劣汰的办法促使草的生长，还应注意选择合适的季节，并注意检查补种和适当施肥。

2. 铺草皮

适用于需要快速绿化，且坡率缓于 1∶1 的土质边坡和严重风化的软质岩石边坡。铺草皮护坡的特点：成坪时间短，护坡功能见效快，施工季节限制少，前期管理难度大。当坡度不陡于 1∶1.5，且浸水时水流速度在 0.6 m/s 以下，可用平铺草皮护坡；坡度陡于 1∶1.5，且浸水时水流速度在 1.5 m/s 以下，可用叠铺草皮护坡，如图 5-2-6 至图 5-2-9 所示。

图 5-2-6　铺草皮

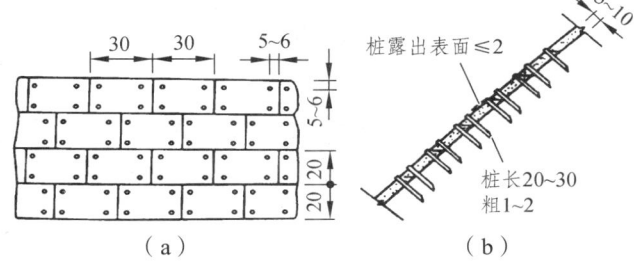

图 5-2-7　平铺草皮（满铺）（尺寸单位：cm）

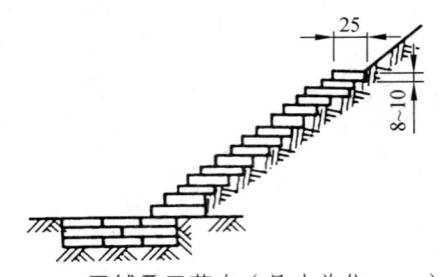
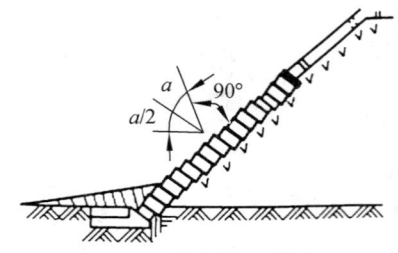

图 5-2-8 平铺叠置草皮（尺寸单位：cm）　　图 5-2-9 斜向叠置草皮

铺草皮前，应将边坡表层土挖松整平。铺草皮工作宜在春、秋季或雨季进行，不宜在冬季施工；需注意不宜采用喜水、生长在泥沼地的草皮。

3. 植　树

适用于坡率缓于 1∶1.5 的边坡或在边坡以外的河岸及漫滩地，在堤岸边的河滩上，可用来降低流速，促使泥沙淤积，防水直接冲刷路堤。

应选用根深叶密的低矮灌木，注意视距和风沙、风雪流等问题。植树的形式可以是带状、条形或连续式，如图 5-2-10 和图 5-2-11 所示，即将树植满整个防护区域。植树间距与树的种类及种植方法有关，可参考表 5-2-2 所示。

表 5-2-2　植树间距参考值

种植方法	树的种类	行距/m	株距/m
单株种植	柳树类	1.5~2.0	1.0~2.0
	杨树类	1.0~2.0	1.0~1.5
	灌木类	0.8~1.5	0.5~1.0
一窝一窝的种植	乔木类	1.0~1.1	1.0~2.0
	灌木类	0.8~1.5	0.5~1.0

树种应选择适合当地土质和气候、生长迅速、根系发达、枝叶茂盛、成活率高的乔木类或不怕水淹的灌木类，植树宜在春、秋季或雨季进行。

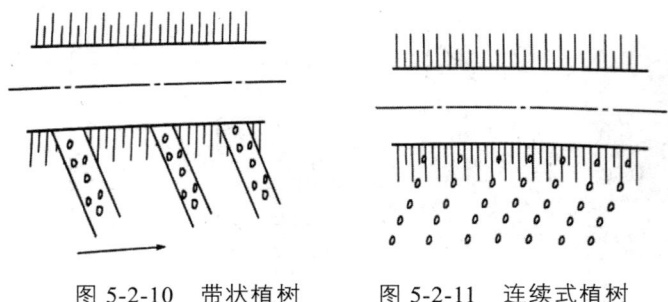

图 5-2-10 带状植树　　图 5-2-11 连续式植树

4. 三维植被网防护

三维植被网又称固土网垫，外观如图 5-2-12 所示，是以热塑性树脂为原料，经挤出、拉伸等工序形成相互缠绕，在接点上相互融合，底部为高模量基础层的三维立体结构网垫。三维植被网的基础层由 1～3 层经双向拉伸处理后得到的均匀的方形网格组成，拉伸后的方形网格质轻、丝细且均匀，具有能很好适应坡面变化的贴伏性能。

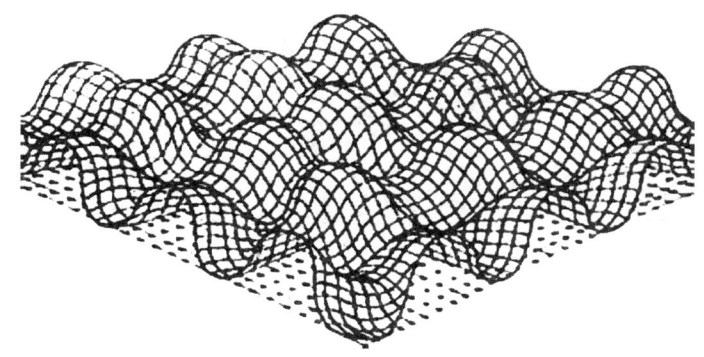

图 5-2-12 三维植被网外观

当植物生长茂盛后，根系与三维网盘错、连接、纠结在一起，坡面和土相接，形成一个坚固的绿色复合防护整体，起到复合护坡的作用；三维植被网防护适用于砂性土、土夹石及风化岩石，且坡率缓于 1∶0.75 的边坡；三维植被网中的回填土采用客土或土、肥料及含腐殖质土的混合物，如图 5-2-13 所示。

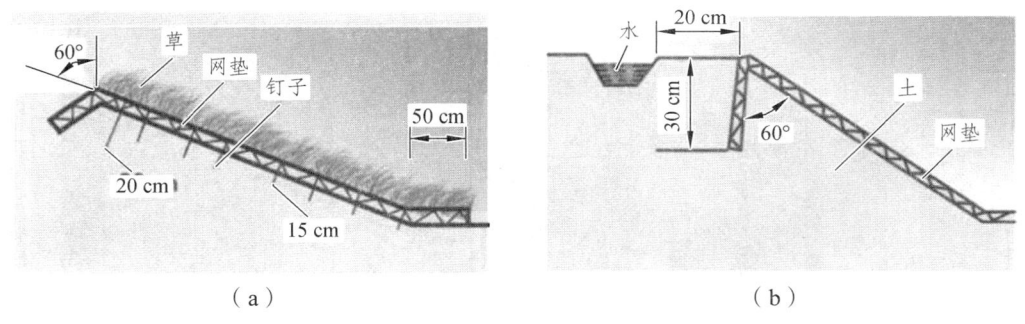

图 5-2-13 三维植被网护坡设计图

三维植被网护坡的特点：固土性能优良，消能作用明显，网络加筋突出，保温功能良好。

5. 湿法喷播

湿法喷播是一种以水为载体的机械化植被建植技术。采用专门的设备（喷播机）施工，适用于土质边坡、土夹石边坡、严重风化岩石且坡率缓于 1∶0.5 的路堑和路堤边坡及中央分隔带、立交区、服务区及弃土堆绿化防护，如图 5-2-14 所示。

图 5-2-14　湿法喷播效果

6. 客土喷播

客土喷播是将客土（提供植物生长的基盘材料）、纤维（基盘辅助材料）、侵蚀防止剂、缓效肥料和种子按一定比例，加入专用设备中充分混合后，喷射到坡面，使植物获得必要的生长基础，达到快速绿化的目的，如图 5-2-15 所示。

图 5-2-15　客土喷播效果

适用于风化岩石、土壤较少的软质岩石、养分较少的土壤、硬质土壤、植物立地条件差的高陡坡面和受侵蚀显著的坡面；当坡率陡于 1∶1 时，宜设置挂网或混凝土框架。

二、植物选择

植被防护主要是靠植物根茎与土壤间的附着力以及根茎间的互相缠绕来达到加固边坡、提高坡表抗冲刷的能力，因此植被防护的植物选择是至关重要的。我国植物资源丰富，在植被护坡的构筑过程中要优先选择当地野生植物资源，它是在本地气候条件和环境条件下长期进化的结果，最适合当地的立地条件。

1. 不同种类护坡植物比较

公路边坡可用的植物种类较多,主要有草本植物、灌木、藤本植物以及乔木等。

目前中国的公路边坡一般坡度较大,坡比一般为 1∶1(45°),有的甚至达到 60°以上,栽植乔木会提高坡面负载,增加土体下滑力和正滑力,在有风的情况下,树木把风力转变为地面的推力,造成坡面的不稳定和坡面的破坏,同时,边坡栽植乔木还可能影响司乘人员观测公路两侧景观的视野,因此一般不宜在公路边坡栽植乔木。但是,单纯的草本植物用于公路边坡的绿化并不理想。现在某些发达国家已开始重视灌木的护坡作用,并做了大量研究。

灌木作为护坡植物主要的缺点是成本较高,早期生长慢,植被覆盖度低,对早期的土壤侵蚀防止效果不佳。但是可以通过与草本植物混播,草本植物早期迅速覆盖地面防止土壤侵蚀,后期由灌木发挥作用的方式解决。

藤本植物主要应用于坚硬岩石边坡或土石混合边坡的垂直绿化,垂直绿化是公路边坡生态防护的特殊形式。用藤本植物进行垂直绿化的好处是投资少、用地少、美化效果好,缺点是由于边坡一般较长,藤本植物完全覆盖坡面所需的时间长。

2. 草本植物的选择

根据公路边坡的特点和边坡种植的目的,边坡生态防护的植物一般应满足以下要求:

(1)适应当地气候,抗旱性强;
(2)根系发达、扩展性强;
(3)耐瘠薄、耐粗放管理;
(4)种子丰富,发芽力强,容易更新;
(5)绿期长,多年生;
(6)育苗容易并能大量繁殖;
(7)播种栽植的时期较长。

植被防护方式的选择应结合路基边坡的类型、潜在病害种类、当地气候环境条件、植被种类予以综合考虑确定。

三、植被防护的施工工序

植被防护的施工工艺如图 5-2-16 所示。

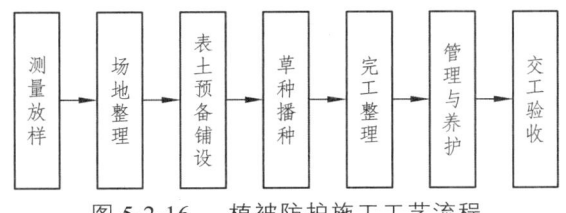

图 5-2-16　植被防护施工工艺流程

1. 测量放样

施工测量放样按照《工程测量规范》(GB 50026—1993)标准实施。在具体的测量放线以前,先要根据施工平面图,布设方格网,方格网距以 20 m 为宜,打好控制桩并做好保护。

整个放样测量工作必须遵守"从整体到局部，先控制后局部"的原则。

2. 表土预铺设

工程开始前，在草皮施工区域内按照图纸布置和要求，并结合现场情况根据要求进行场地表面平整、翻松、铺设表土等工作，以保证草皮的成活。

3. 场地平整

清理边坡内的多余砂土以及不利于草皮生长或影响景观的杂物等。按施工图平面等高线尺寸形状和剖面图的要求进行地面的整平，本着"高铲低填"的原则进行整理。为使表层土疏松，有利于植物生长，深翻耕作层，用机械把 20~30 cm 深的耕作层翻松，将大块土打碎，并将砾石、树根、树桩和其他垃圾清除并运至监理同意的地点废弃，使工作区原状土形成种植土。

4. 表土铺设

工作场地经平整和处理后，经监理工程师认可后，应立即进行表土的铺设，当表土过分潮湿或不利于铺设时，不应进行铺设。铺设后将表土滚压，保持坝坡符合设计坡比，利用排水沟排水。

5. 播种草种

按水土保持工程布置的要求，标出种植地段、位置及品种轮廓，并进行放样，在种植中应按表土铺设的要求进行种植地面的整理和准备并得到监理人员的认可。

除平铺外，在边坡较高较陡之处也可铺设，即在坡脚处向上钉铺，用小尖木桩或竹签将草皮钉固在边坡上，种植后应进行浇灌。

6. 草皮养护

草皮种植施工完毕后，经监理人认可的时间内开始洒水养护至工程竣工前。

利用本任务所学知识，在实际工程问题中分析选用适宜的植被防护类型，并能制定施工方案，按照施工流程进行作业。

一、填空题

1. 高速公路路堑边坡防护方法通常分为_____和_____两大类。
2. 我国高速公路边坡植物防护的方法主要有_____、_____、_____、

_____、_____、_____。

3. 三维植被网护坡的特点：_____、_____、_____和_____。

4. 植树的形式有_____、_____、和_____。

5. 植被防护应以"_____，_____，_____"为原则，以控制水土流失、美化环境为目标，可采用_____和_____两种形式。

6. 植被防护主要是靠_____与土壤间的_____以及根茎间的_____来达到加固边坡、提高坡表抗冲刷的能力，因此植被防护的_____是至关重要的。

二、简答题

1. 植被防护的设计原则有哪些？
2. 植被防护的植物选择需满足哪些要求？
3. 何为三维植被网？
4. 什么样的情况下适合用三维植被网进行防护？
5. 简述植被防护的施工工艺。

任务工作页

【学习目标】

（1）能积极接受工作任务，明确任务，确定小组成员。
（2）能说出植被防护的类型有哪些。
（3）能正确识读案例材料。
（4）能根据案例情况选择适宜的植被防护类型。
（5）能讨论出施工流程图。
（6）能总结出施工注意要点。
（7）能做好安全防护措施，按照施工流程进行作业。

【建议学时】

2学时。

【任务描述与分析】

伊川县进行滨河新区水系工程建设，项目要求要实现以河道治理为目的，通过生态河床和生态护岸等生态工程的技术手段，形成自然生态和谐、安全稳定性高的非自然原生型河道，同时要实现河道两岸的快速绿化。项目位于伊河 3#橡胶坝下游至伊河草店桥上游，全长9.7 km，要求给堤顶道路两侧、堤防迎水坡、河道内湿地等制定合理的植被防护方案，并按方案进行施工作业。

【任务目标】

试对该任务进行施工。

【任务实施流程与活动】

一、施工准备

1. 任务中的所选用的植被防护的类型是什么

2. 需要的主要机具设备及草种类型有哪些

序号	设备机具名称	草种名称	单位	数量

3. 主要人员及劳动力配备

序号	姓名	职称	职位	备注

二、植被防护施工流程

三、技术要求及注意事项

四、质量保证措施

五、安全文明施工措施

六、工作总结、经验交流

七、评价反馈

1. 学习自测题

完成教材课后练习题。

2. 学习目标达成度的自我检查

自我检查表

序号	学习目标	达成情况（在相应的选项后打"√"）		
		能	不能	如果不能，是什么原因
1	能遵守上课基本制度			
2	能遵守劳动纪律，以积极的态度接受工作任务			
3	能积极查阅资料、主动学习			
4	能相互协作、配合			
5	能100%完成任务			
6	能积极提出疑问			
7	能口述出这次任务的大概内容			
8	能收集归纳相关知识点			
9	安全文明施工			

3. 日常表现性评价（由小组长或者组内成员评价）

（1）工作页填写情况（   ）。

  A. 填写完整　　　　　　　　B. 缺失 0%～20%

  C. 缺失 20%～40%　　　　　D. 缺失 40%以上

（2）工作页填写正确率（   ）。

  A. 80%以上　　　　　　　　B. 60%以上

  C. 60%以下　　　　　　　　D. 极差

（3）总体表现评价（   ）。

  A. 非常优秀　　　　　　　　B. 比较优秀

  C. 需要改进　　　　　　　　D. 急需改进

（4）是否达到全勤（   ）。

  A. 全勤

  B. 缺勤（姓名：   ）

  C. 缺勤（有请假，姓名：   ）

（5）其他建议：

小组长签名：　　　　　日期：

4. 教师总体评价

（1）小组成员整体表现评价。

① 姓名：　　　　非常优秀（　）比较优秀（　）需要改进（　）急需改进（　）
② 姓名：　　　　非常优秀（　）比较优秀（　）需要改进（　）急需改进（　）
③ 姓名：　　　　非常优秀（　）比较优秀（　）需要改进（　）急需改进（　）
④ 姓名：　　　　非常优秀（　）比较优秀（　）需要改进（　）急需改进（　）
⑤ 姓名：　　　　非常优秀（　）比较优秀（　）需要改进（　）急需改进（　）
⑥ 姓名：　　　　非常优秀（　）比较优秀（　）需要改进（　）急需改进（　）
⑦ 姓名：　　　　非常优秀（　）比较优秀（　）需要改进（　）急需改进（　）
⑧ 姓名：　　　　非常优秀（　）比较优秀（　）需要改进（　）急需改进（　）

（2）小组整体评价（　　　）。

A. 组长很负责，所有同学都能达成学习目标

B. 小组能完成学习任务，个别同学不能达成学习目标

C. 组内有 3~4 人不能达成学习目标

D. 组内大部分同学不能达成学习目标

　　　　　　　　　　　　　　　　　　教师签名：　　　　日期：

任务三　喷浆防护

【知识目标】

（1）能解释喷浆防护的原理。
（2）能按照施工流程进行喷浆防护施工。
（3）能总结出干喷与湿喷的异同。

【课时建议】

2学时。

【任务描述】

现有K14+060特大桥主桥6#墩承台边坡开挖已全部完成（见图5-3-1），承台边坡处最顶部边坡按照现场地形进行边坡防护，经业主、总监办、设计代表、施工单位现场确定对顶部承台边坡进行喷浆防护处理。

图5-3-1　边坡现状

【任务目标】

通过本任务的学习，能区分喷浆防护的类型，根据不同的情况选用适宜的喷浆防护类型，能熟练运用喷浆防护施工工艺。

相关理论

1914年美国矿山和建筑工程领域首先使用了喷射水泥砂浆，1942年瑞士研制成转子式混凝土喷射机能喷射最大粒径为25 mm集料的混凝土，1948—1953年奥地利在兴建水电站隧道时作为一种支护手段最早使用了喷

喷浆防护

射混凝土。以后美国、英国、德国、法国、日本和加拿大等国也相继在土建工程中采用这一技术。

喷射混凝土是借助喷射机械，利用压缩空气按一定比例配合的拌和料经管道输送并以高速喷射到受喷面上凝结硬化而成的一种混凝土。多用于锚杆挂网结合，靠锚杆、钢筋网（或者土工合成材料网）和砂浆层共同提高边坡岩土的结构强度与刚度，减少岩土体侧向变形，增强整体稳定性，喷浆防护类型如图 5-3-2 所示。

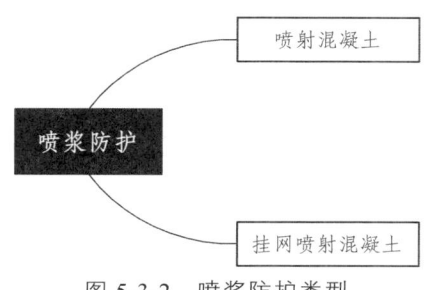

图 5-3-2　喷浆防护类型

喷浆防护适用于易风化面仍较为完整但稍有松散的岩石路堑边坡，将砂浆均匀地喷射在岩土层表面，使之形成一层保护层，防止坡面风化破坏。如图 5-3-3 和图 5-3-4 所示。

图 5-3-3　喷浆防护

图 5-3-4　锚杆铁丝网喷浆防护

根据喷射工艺的不同，喷浆施工可分为干法喷播和湿法喷播两种。

一、干　喷

干喷是将骨料、水泥和速凝剂按一定比例干拌均匀，然后装入喷射机，用压缩空气使干集料在软管内呈悬浮状态压送到喷枪，再在喷嘴处与高压水混合，以较高速度喷射到岩面上。

干喷使用的机械结构较简单，机械清洗和故障处理容易，但其缺点是容易产生较大的粉尘，回弹量大（回弹率可达到 40%～50%），加水是由喷嘴处的阀门控制的，水灰比的控制比较难而且与操作手的熟练程度有关。

二、湿　喷

湿喷是将骨料、水泥和水按设计比例拌和均匀，用湿式喷射机压送到喷头处，再在喷头上添加速凝剂后喷出。湿喷混凝土质量容易控制,喷射过程中的粉尘和回弹量很少,是应当发展应用的喷射工艺,但对喷射机械要求高,机械清洗和故障处理较麻烦。

对于喷层较厚的软岩和渗水隧道,不易适用湿喷。一般而言,喷射混凝土的强度也不尽相同,干喷混凝土强度较低,只能达到C20,而湿喷则可达到C30～C35。

喷浆采用专用的喷浆机械,在缺少机械设备时也可采用重力喷浆法(即将浆桶置于高处接近桶底处开一小孔接胶皮管,借助重力的作用喷出)。

1. 材料及参数

通常喷射混凝土通过加锚杆、挂网来作为一种支护手段。普通钢筋网喷射混凝土中钢筋网的主要作用是传递喷射混凝土层的局部受力,使其受力均匀,在喷射混凝土中起骨架作用,但由于钢筋容易锈蚀,影响其防护功能的耐久性。

钢筋网材料采用HPR300钢筋,钢筋直径宜为6～12 mm,间距为150～300 mm;当喷射混凝土设计厚度大于150 mm时,宜设置双层钢筋网,钢筋保护层不应小于20 mm,如图5-3-5所示。由于高性能土工合成网(格栅)的强度高、抗腐性能好等特点,使其代替钢筋等来进行喷射混凝土边坡防护,大大提高了边坡抗风化、抗冲刷性能。

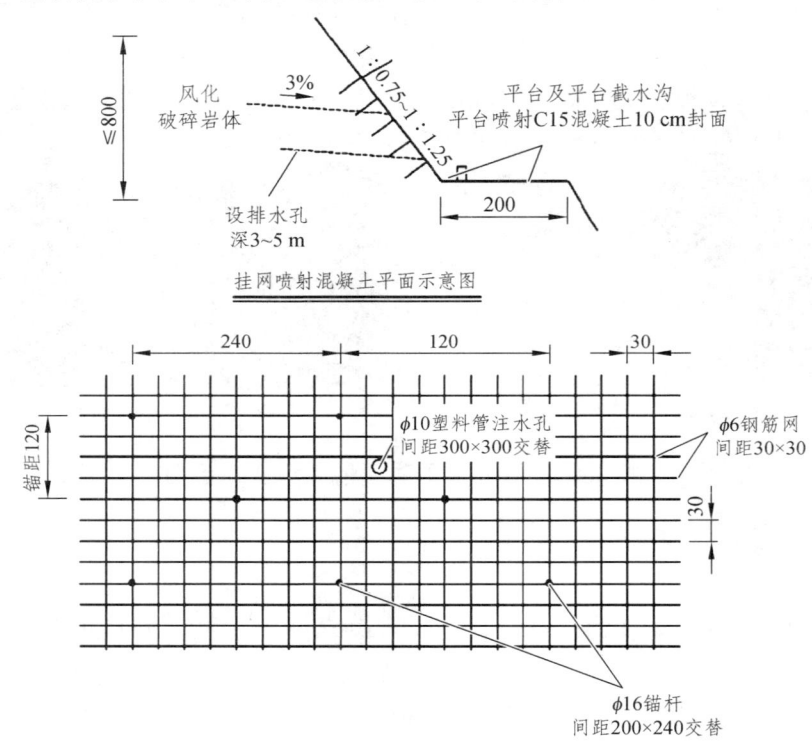

图 5-3-5 挂网喷射混凝土平面示意图

2. 混合料的配合比设计

混凝土是将一定配合比的水泥、砂、石子和速凝剂等混合在一起的拌合物。利用混凝土喷射机,通过管路再送到喷嘴与水泥混合,以高速(30～100 m/s)喷射到岩土表面上凝结硬化形成的一种支护材料。

（1）水泥：水泥品种和强度等级的选择应满足工程使用要求，当加入速凝剂时，还应考虑水泥与速凝剂的相容剂。通常优先选用不低于32.5级的硅酸盐水泥，或普通硅酸盐水泥。

（2）砂：因砂子过细干缩增大，并且施工时粉尘增大，不利于施工；过粗增加回弹，砂子不能与碎石均匀的混合，所以应选用中粗砂。

（3）石子：卵石及砂石均可，但以卵石为好。过大回弹量增大，且施工过程中容易堵管，对机器磨损严重；过小回弹量减小，但混凝土强度不够。

（4）水：喷射混凝土用水要求与普通混凝土相同，不得使用污水、pH小于4的酸性水。

（5）水灰比：以前是指水泥现在是指胶凝，是影响喷射混凝土强度的主要因素。当水灰比值为 0.2 时，水泥不能获得足够水分与其水化，硬化后有一部分未消化的水泥质点存在；当水灰比值为 0.4 时，有适量的水与其水化，硬化后形成致密的水泥结构；当水灰比值为 0.6 时，过量的多余水蒸发后在水泥中形成毛细孔，所以对喷射混凝土适宜的水灰比为 0.45~0.55。

3. 施工工艺流程

土工合成材料加筋喷射混凝土施工工艺与挂网喷射混凝土施工大致相同，如图5-3-6所示。

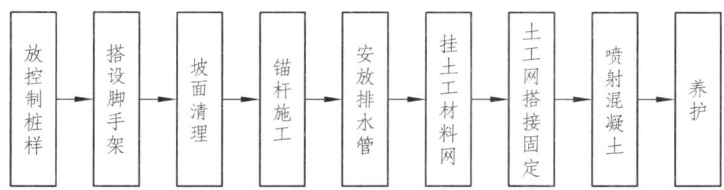

图 5-3-6　喷浆防护施工工艺流程

（1）放控制桩样。

用经纬仪放出整个场地的控制桩样（见图5-3-7），要求纵向到顶，横向到边，中间间距可根据现场条件，控制在 20~30 m。控制桩用钢筋或竹桩制作，入岩或土不少于 20 cm，并用水泥固定。

图 5-3-7　使用经纬仪放样

（2）搭脚手架。

脚手架搭搭设前必须先确定现有边坡稳定情况，再搭设脚手架。采用扣件式钢管脚手架时，钢管支架立柱应置于坚硬稳定的岩石上，不得置于浮渣上。

搭设管扣要牢固和稳定，钢架与壁面之间必须楔紧，相邻钢架之间应连接牢靠，以确保施工安全，如图5-3-8所示。

图 5-3-8　搭设脚手架

（3）坡面清理。

① 用人工，从上往下清除坡面杂物和松动岩石，凿掉小块松动、悬浮岩石，达到施工面平整，以利于喷射混凝土与坡面紧密连接，如图5-3-9所示。

② 对大块岩石采用人工配合机械切割方法，化整为零，逐步消除。

③ 对边坡局部不稳定处进行人工清刷，对较大的裂缝进行灌浆或勾缝处理。

④ 清除危岩时在四周挂好安全网，每层平台铺满跳板，防止岩石滚出施工场地，损坏机械设备及造成人员伤亡事故。

图 5-3-9　坡面整理

（4）锚孔放样。

在控制桩基础上放桩样可采用皮尺测量。量尺时，用力要均匀，保持松紧适度。

（5）锚杆施工。

成孔时要把握以下原则：开孔慢、进尺顺、终孔吹。即开孔时适当控制压力和转速，以利孔口成型，不偏不卡。成功开孔后，根据岩石情况，可快则快，可慢则慢，以能顺利进尺为准则；终孔时，钻具要在孔内来回推拉，吹尽孔内岩粉，保证成孔质量。锚杆深度一般为1.5 m，钻孔要垂直边坡坡面。

锚孔注浆：锚杆灌浆用1∶1～1∶0.82的水灰比实施，砂浆强度等级达M30。

注浆时应注意：

① 注浆前先检查管路是否通畅。

② 注浆时注浆管应插至孔底5～10 cm处，随砂浆的注入缓慢匀速拔出。注浆要保证砂浆饱满，不得有内空外满的现象。

③ 采用压力泵将 1∶1 的水泥砂浆注入锚孔，如遇空洞不能加压太大，要保持 0.1 MPa 的工作压力。

④ 注完浆后立即插入锚杆，若孔口无砂浆溢出，应适时补注，使砂浆充满锚孔。

（6）安放排水管。

根据边坡的地下水出露情况，在钻孔时钻一定数量的斜孔，孔内放软式透水管或留孔的 PVC 管，结合挂网设置泄水孔。

（7）挂土工材料网，土工网搭、固定。

挂土工格网应自上而下，由人工用尼龙绳在边坡下部进行牵引，从坡上缓慢放下，如图 5-3-10 所示。如岩面不平整，为保证土工网能与岩面贴合较好，网与网之间应有足够的搭接，搭接宽度不小于 10 cm，并用 U 形钢钉固定。

图 5-3-10　挂土工网

（8）喷射混凝土。

喷浆材料：纯水泥或水泥砂浆，也可采用水泥石灰砂浆，配合比（按重量比）为水泥∶石灰∶砂∶水=1∶1∶6∶3。混合料的配合比可参照表 5-3-1。

表 5-3-1　混合料的配合比设计

混合料		拌和料	
水泥	优先选用不低于 32.5 级硅酸盐水泥、普通硅酸盐水泥	胶骨比（水泥与集料之比）	1∶4.0～1∶4.5
砂	选用中粗砂，细度模数大于 2.5，小于 0.075 mm 的颗粒不超过 20%	砂率（砂子在整个粗细集料中所占的百分率）	50%
石子	卵石基砾石均可（卵石最好），粒径最好小于 25 mm		
水	不得使用污水、pH 小于 4 的酸性水、含硫酸盐量按 SO_4^{2-} 超过水重 1%的水及海水	水灰比	0.4～0.5

注：拌和料中砂率对于回弹强度的影响见表 5-3-2。

表 5-3-2　砂率对回弹强度的影响

砂率	<45%	>55%	45%～5%
对回弹的影响程度	大	较小	较小

喷射作业前必须对机械设备、风水管路和电线等进行全面检查及试运转。喷射混凝土前应该将坡面浮土碎石清除，当岩面遇水容易潮解、泥化时，宜采用高压风吹净岩面。

喷射作业应分段分片依次进行。喷射顺序自上而下，按地形条件和风向从左至右，或从右至左依次进行，如图 5-3-11 所示。

图 5-3-11 喷射混凝土

机械喷射前应该进行试喷，喷射机设置在地面平整的地方，调节水灰比，使混凝土表面光顺平整，骨料分布均匀，回弹量小。

喷锚使用 C20 混凝土，厚度 10 cm。坡面纵向每 10 m 设一道伸缩缝，伸缩缝宽度 5 cm，泄水孔直径 5 cm，间距 10 m，梅花形布置。

（9）养护。

当最后一次喷射的混凝土终凝 2 h 后，立即喷水养护，每天至少喷水 4 次，养护时间一般不得少于 7 d。

在终凝后第一次喷水养护时，可采用薄膜覆盖养护，压力不宜过大，以防止冲坏喷射混凝土防护层表面。在养护过程中，如果发现剥落、外鼓、裂纹、局部潮湿、色泽不均等不良现象，应分析原因，采取措施进行修补，以防后患；气温低于+5 ℃ 时不得喷水养护，如图 5-3-12 所示。

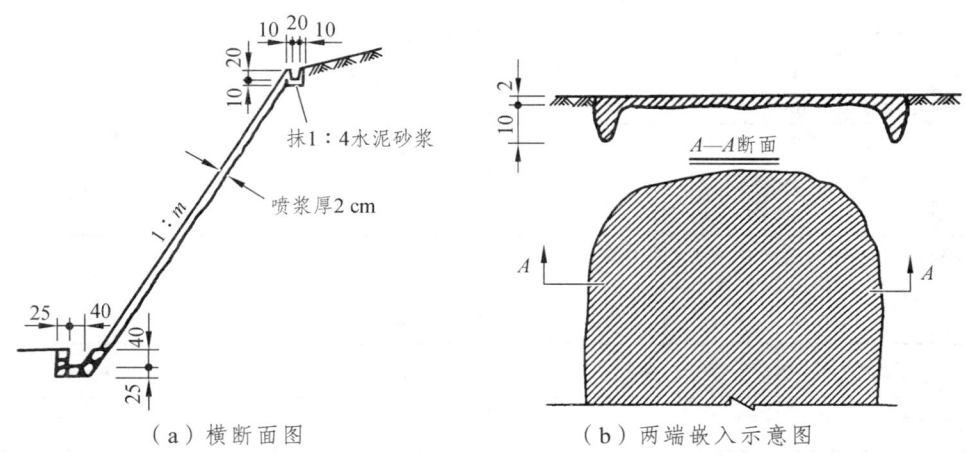

图 5-3-12 喷浆防护层图示（尺寸单位：cm）

速凝剂：掺入混凝土中能使混凝土迅速凝结硬化的外加剂，作用是加速水泥的水化硬化，在很短的时间内形成足够的强度，以保证特殊施工的要求。

回弹量：喷射时回弹溅落的混凝土量和喷射混凝土总量的比值。

根据本任务所学知识，能综合分析工程案例材料，判断是否需要进行边坡防护；如需要进行边坡防护应当选用何种防护方法，并能说明所选依据。

一、填空题

1. 混合料主要包括_____、_____、_____和_____。
2. 混合料中的水严禁使用_____、_____、_____。
3. 喷浆厚度一般为_____左右。
4. 混合料的水泥宜选用_____和_____。
5. 当最后一次喷射的混凝土终凝_____后，立即喷水养护，每天至少喷水四次，养护时间一般不得少于_____。
6. 根据喷射工艺的不同，喷浆施工可分为_____和_____两种。
7. _____是影响喷射混凝土强度的主要因素。

二、简答题

1. 简述喷浆防护的原理。
2. 什么是重力喷浆法？
3. 简述喷浆防护的施工要点。
4. 喷浆前需对坡面进行何种处理？
5. 喷浆防护的养护工作有哪些？

任务工作页

【学习目标】

（1）能明确任务要求，确定小组成员。
（2）能正确识读案例材料。
（3）能根据案例情况选择适宜的喷浆防护类型。
（4）能绘制出喷浆防护施工流程图。
（5）能总结出施工进度保证措施。
（6）能做好文明防护措施，注重安全生产。

【建议学时】

2学时。

【任务描述与分析】

内江市西林大道北延线道路工程，该道路属内江市城市Ⅱ级主干道，起321国道（K0+000），止于北环路（K1+1583.91），道路横断面采用"一块板"型式。设计红线宽度为50 m，其中车行道24 m，人行道绿化带6 m×2，人行道7 m×2。本合同段要求挖方路基防护工程第一级8 m高度以上全部需采用喷浆防护。主要工程数量如表5-3-2所示。

表5-3-2 主要工程数量

起止桩号	长度/m	锚喷面积/m²	最大高度/m	锚杆数量/m	纵梁及水沟数量/m
K0+025～K0+205 左侧	180	1 591.4	21.3	2 068.8	180
K0+345～K0+627 左侧	282	1 008.2	8.0	1 310.7	282
K1+079～K0+452 左侧	373	1 793.4	17.95	2 331.4	373
K0+345～K0+555 右侧	210	2 563.9	29.9	3 333.1	210
K0+805～K1+520 右侧	715	8 439.9	23.6	10 971.9	715
合计	1 760	15 395.8		20 015.9	1 760

【任务目标】

（1）确定喷浆防护类型，制定合理的喷浆防护方案。
（2）绘制喷浆防护施工流程图。
（3）总结施工进度保证措施。

【任务实施流程与活动】

一、施工准备

1. 任务中的所选用的喷浆防护的类型是什么

2. 需要的主要机具设备及材料有哪些

序号	设备机具名称	材料名称	单位	数量

二、喷浆防护施工流程

三、施工进度保证措施

四、工作总结，经验交流

五、评价反馈

1. 学习自测题

完成教材课后练习题。

2. 学习目标达成度的自我检查

自我检查表

序号	学习目标	达成情况（在相应的选项后打"√"）		
		能	不能	如果不能，是什么原因
1	能遵守上课基本制度			
2	能遵守劳动纪律，以积极的态度接受工作任务			
3	能积极查阅资料、主动学习			
4	能相互协作、配合			
5	能100%完成任务			
6	能积极提出疑问			
7	能口述出这次任务的大概内容			
8	能收集归纳相关知识点			
9	安全文明施工			

3. 日常表现性评价（由小组长或者组内成员评价）

（1）工作页填写情况（　　　）。

   A. 填写完整　　　　　　　　B. 缺失 0%～20%

   C. 缺失 20%～40%　　　　　D. 缺失 40%以上

（2）工作页填写正确率（　　　）。

   A. 80%以上　　　　　　　　B. 60%以上

   C. 60%以下　　　　　　　　D. 极差

（3）总体表现评价（　　　）。

   A. 非常优秀　　　　　　　　B. 比较优秀

   C. 需要改进　　　　　　　　D. 急需改进

（4）是否达到全勤（　　　）。

   A. 全勤

   B. 缺勤（姓名：　　　　　　　　　　　　　　　　　　　　）

   C. 缺勤（有请假，姓名：　　　　　　　　　　　　　　　　）

（5）其他建议：

小组长签名：　　　　　　　日期：

4. 教师总体评价

（1）小组成员整体表现评价。

① 姓名：　　　　非常优秀（　）比较优秀（　）需要改进（　）急需改进（　）
② 姓名：　　　　非常优秀（　）比较优秀（　）需要改进（　）急需改进（　）
③ 姓名：　　　　非常优秀（　）比较优秀（　）需要改进（　）急需改进（　）
④ 姓名：　　　　非常优秀（　）比较优秀（　）需要改进（　）急需改进（　）
⑤ 姓名：　　　　非常优秀（　）比较优秀（　）需要改进（　）急需改进（　）
⑥ 姓名：　　　　非常优秀（　）比较优秀（　）需要改进（　）急需改进（　）
⑦ 姓名：　　　　非常优秀（　）比较优秀（　）需要改进（　）急需改进（　）
⑧ 姓名：　　　　非常优秀（　）比较优秀（　）需要改进（　）急需改进（　）

（2）小组整体评价（　　）。

A. 组长很负责，所有同学都能达成学习目标

B. 小组能完成学习任务，个别同学不能达成学习目标

C. 组内有 3~4 人不能达成学习目标

D. 组内大部分同学不能达成学习目标

教师签名：　　　　　日期：

任务四　砌石防护

【知识目标】

（1）能解释砌石防护的原理。
（2）能阐述干砌片石与浆砌片石的区别。
（3）能按照施工流程进行砌石防护施工作业。

【课时建议】

2学时。

【任务描述】

现有中贵线（中卫—陇南）段（见图5-4-1）水工保护工程1-12标段施工第1标段，该地处黄土高原，属黄土山梁沟壑地貌，整体地势起伏不大，土质松软，植被稀少，水土流失严重，区域内降雨量多集中在5—9月。需对该区进行夯实并修筑挡墙，以达到保护管道安全及当地农民正常耕作的目的。

图 5-4-1　中贵线现状

【任务目标】

通过本任务的学习，能区分砌石防护的类型，根据不同的情况选用适宜的砌石防护类型，能熟练运用砌石防护施工工艺。

砌石防护

港口、码头及河道的土堤，长期以来受船行波浪和风浪影响，原有土堤塌陷严重，已远不能满足通航和防汛的要求。为消除隐患，需有计划地实施应急护岸建设。

砌石护坡的主要形式有干砌块（片）石、浆砌块（片）石、护面墙等，如图 5-4-2 至图 5-4-5 所示。

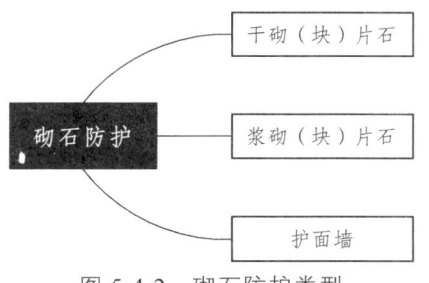

图 5-4-2　砌石防护类型

图 5-4-3　干砌块（片）石

图 5-4-4　浆砌块（片）石

图 5-4-5　护面墙

1. 干砌块（片）石

干砌块（片）石用于保护边坡免受地表水的侵害及河水的冲刷，适用于土质、软岩及易风化、破坏较严重的路堑边坡，边坡坡度为 1∶1.5～1∶2，水流速度在 1.5 m/s 以下。不仅可以防雨雪水冲刷、节省投资，还能适应冻胀严重及边坡的较大变形，如图 5-4-6 和图 5-4-7 所示。

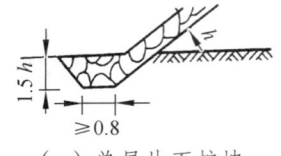
（a）单层片石护坡

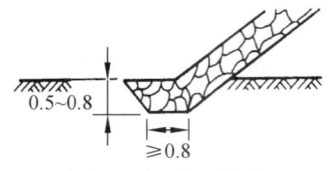
（b）双层片石护坡

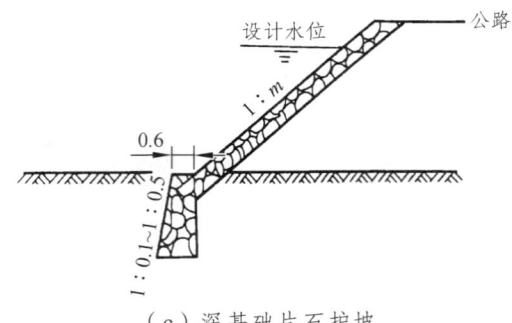
（c）深基础片石护坡

图 5-4-6　干砌片石护坡（尺寸单位：m）

图 5-4-7　干砌片石护坡

一般有单层铺砌和双层铺砌两种，单层厚为 0.25~0.35 m，双层的上层为 0.25~0.35 m，下层为 0.15~0.25 m。

2. 浆砌块（片）石

浆砌块（片）石是公路路堑边坡防护中常用的工程防护方法之一。该方法用水泥砂浆将块（片）石间隙填满，使砌石成为一个整体，以保护坡面不受外界因素的侵蚀，比干砌片石的强度更高、稳定性更好，如图 5-4-8 所示。

浆砌块（片）石适用于沿河路堤河道流速较大（在 1.5 m/s 以上），波浪作用较强及可能有流冰、流木等冲击作用时的防护加固工程。

图 5-4-8　浆砌片石护坡

3. 护面墙

采用浆砌片石结构,覆盖在各种软质岩层和较破碎岩石的挖方边坡,免受大气因素影响而修建的墙称为护面墙,如图 5-4-9 所示。护面墙多用于易风化的云母片岩、绿泥岩层和较破碎的岩石地段,在缺乏石料的地区也可采用现浇水泥混凝土或用预制混凝土块砌筑。

图 5-4-9　护面墙

护面墙除自重外,不承受其他荷载,也不考虑承受墙后的土压力,因此所防护的边坡应符合极限稳定边坡的要求,一般不宜陡于 1∶0.5,如图 5-4-10 所示。

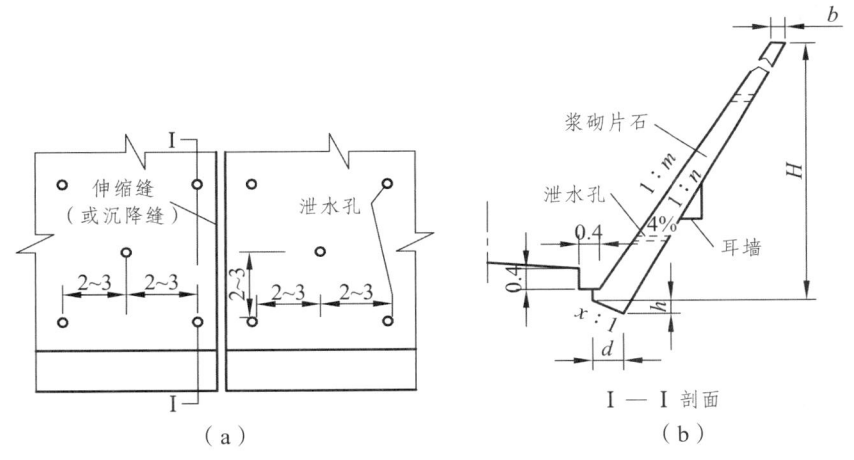

图 5-4-10　护面墙示意图(尺寸单位:m)

墙面要求紧贴坡面,表面砌平,厚度可不一。墙高与厚度及路堑边坡的关系,参照表 5-4-1 所示。

表 5-4-1　护面墙的厚度　　　　　　　　　　　　　单位:m

护面墙 H	路堑边坡	护面墙厚度	
		顶宽 b	底宽 d
2	1∶0.5	0.40	0.40
6	陡于 1∶0.5	0.40	$0.40+0.10H$
6~10	1∶0.5~1∶0.75	0.40	$0.40+0.05H$
10~15	1∶0.75~1∶1	0.40	$0.60+0.05H$

护面墙基础应埋置于稳定的地基上，埋置深度应根据地质条件确定，冰冻地区应埋置在冰冻深度以下不小于 250 mm。护面墙的施工工序如图 5-4-11 所示。

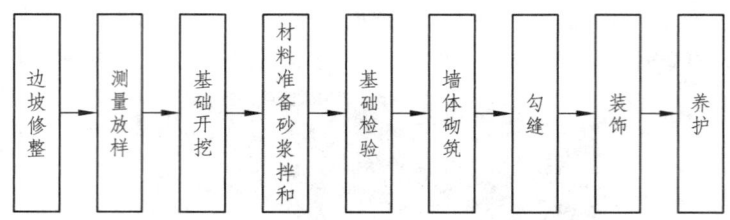

图 5-4-11　护面墙施工工艺流程

（1）边坡修整。

护面墙施工，应对已开挖的坡面进行清理，清除松散岩体及危石，对欠挖部分应予以削平，对超挖部分用片石找补，以防影响护面墙的有效厚度。

（2）测量放样。

现场放样，确定护面墙的位置及墙底基础开挖位置，用木质框架在平台和墙体两头定出墙体断面尺寸，挂通线砌筑。

（3）基础开挖。

根据设计的断面尺寸或标高，人工配合机械开挖。

（4）材料准备及砂浆拌和。

提前准备好所用的片石（片石应质地坚硬、表面平整、不易风化、无裂纹、水锈和污渍的硬质岩；如含泥量超标，在砌筑前应用清水冲洗）、砂、水泥和水，机械设备为砂浆搅拌机，现场挂设配合比标示牌，每个砂浆搅拌机都配备台秤、手推车和水桶，便于计量，砂浆应随拌随用。

（5）基础检验。

基础开挖完成后，对基坑进行检验，包括基础尺寸、基底承载力，自检合格后，报监理工程师确认后才可进行下道工序。

（6）墙体砌筑。

① 为了控制好墙身外侧的坡度，在砌筑前，首先用松木板钉好坡度架，其坡度按各段设计图纸进行控制。坡度架制作好后立于砌筑段的两端，并拉通线进行砌筑。

② 砌筑顺序以分段分层进行为原则。分层砌筑时，应先角石，后面石，最后腹石。

③ 护面墙按 10 m 分一段，分段砌筑，分段位置应设在沉降缝处，各段水平砌缝应一致，沉降缝处应按全长安设 2 cm 厚的木板，位置安装要准确、牢固，不得有砌筑变形，保证沉降缝上下垂直贯通。

（7）勾缝。

护面墙外露面应留深 10~20 mm 的勾缝槽，按设计要求勾成凹缝。勾缝采用 M10 水泥砂浆，并应嵌入砌缝内约 2 cm。勾缝前，应先清理缝槽，用水冲洗湿润，再在缝内抹适量水泥净浆。成型的灰缝深度和宽度应一致、整齐、拐角圆滑、不出毛刺，不得空鼓、脱落。

（8）装饰。

为美化公路，护面墙上顶和两端边缘均采用 5 cm 的砂浆抹面镶边。沉降缝两侧均采用 3 cm 的砂浆抹面镶边，2 cm 宽的沉降缝缝内均采用沥青麻絮填塞。

（9）养护。

砌体砌筑完毕应及时覆盖，并经常洒水保持湿润，常温下养护期不得少于7d。

根据本任务所学知识，能综合分析工程案例材料，判断选择何种砌石防护效果最佳；并能制定施工方案，按施工流程进行作业。

一、填空题

1. 干砌块（片）石一般有_____和_____两种。
2. 护面墙材料主要有_____、_____、_____和_____。
3. 干砌块石适用于土质、软岩及易风化、破坏较严重的路堑边坡，水流流速在_____以下。
4. 护面墙多用于易风化的云母片岩、绿泥岩层和较_____的岩石地段。
5. 护面墙基础应埋置于_____上，埋置深度应根据地质条件确定，冰冻地区应埋置在冰冻深度以下不小于_____。

二、简答题

1. 砌石防护主要有哪些类型？
2. 干砌片石的施工注意事项有哪些？
3. 浆砌片石的适用条件及施工注意事项有哪些？
4. 简述护面墙的施工工序。
5. 简述干砌块（片）石与浆砌块（片）石的优缺点。

任务工作页

【学习目标】

（1）能积极接受工作任务，确定小组成员，明确任务要求。
（2）能说出砌石防护的类型。
（3）能识读案例材料并选择适宜的砌石防护类型。
（4）能讨论出施工平面布置图的内容。
（5）能制定砌石防护的施工方案。
（6）能做好安全防护措施，按照施工流程进行作业。

【建议学时】

2 学时。

【任务描述与分析】

本工程是 15 区人工湖景观岛护坡工程，因河底存在明水和流沙，需根据现场实际情况进行砌石防护工作。情况如下：小岛底部全长 150 m，基底处理块石约 800 m^3，M7.5 砂浆约 190 m^3，M10 砂浆约 2 m^3；浆砌石护坡挡墙块石约 1 000 m^3，M7.5 砂浆约 360 m^3，M10 砂浆约 8 m^3。

【任务目标】

（1）讨论总结出施工平面布置图。
（2）制定砌石防护施工方案。
（3）归纳施工过程注意要点。

【任务实施流程与活动】

一、施工准备

1. 确定砌石防护的类型

2. 需要的主要机具设备及材料有哪些

序号	设备机具名称	材料名称	单位	数量

二、砌石防护施工平面布置图包括哪些内容

三、砌石防护施工方案

四、施工过程注意要点

五、工作总结，经验交流

六、评价反馈

1. 学习自测题

完成教材课后练习题。

2. 学习目标达成度的自我检查

自我检查表

序号	学习目标	达成情况（在相应的选项后打"√"）		
		能	不能	如果不能，是什么原因
1	能遵守上课基本制度			
2	能遵守劳动纪律，以积极的态度接受工作任务			
3	能积极查阅资料、主动学习			
4	能相互协作、配合			
5	能100%完成任务			
6	能积极提出疑问			
7	能口述出这次任务的大概内容			
8	能收集归纳相关知识点			
9	安全文明施工			

3. 日常表现性评价（由小组长或者组内成员评价）

（1）工作页填写情况（　　　）。
A. 填写完整　　　　　　　　B. 缺失 0%~20%
C. 缺失 20%~40%　　　　　　D. 缺失 40%以上

（2）工作页填写正确率（　　　）。
A. 80%以上　　　　　　　　B. 60%以上
C. 60%以下　　　　　　　　D. 极差

（3）总体表现评价（　　　）。
A. 非常优秀　　　　　　　　B. 比较优秀
C. 需要改进　　　　　　　　D. 急需改进

（4）是否达到全勤（　　　）。
A. 全勤
B. 缺勤（姓名：　　　　　　　　　　　　　　　　　　　　）
C. 缺勤（有请假，姓名：　　　　　　　　　　　　　　　）

（5）其他建议：

小组长签名：　　　　　　日期：

4. 教师总体评价

（1）小组成员整体表现评价。
① 姓名：　　　非常优秀（　）比较优秀（　）需要改进（　）急需改进（　）
② 姓名：　　　非常优秀（　）比较优秀（　）需要改进（　）急需改进（　）
③ 姓名：　　　非常优秀（　）比较优秀（　）需要改进（　）急需改进（　）
④ 姓名：　　　非常优秀（　）比较优秀（　）需要改进（　）急需改进（　）
⑤ 姓名：　　　非常优秀（　）比较优秀（　）需要改进（　）急需改进（　）
⑥ 姓名：　　　非常优秀（　）比较优秀（　）需要改进（　）急需改进（　）
⑦ 姓名：　　　非常优秀（　）比较优秀（　）需要改进（　）急需改进（　）
⑧ 姓名：　　　非常优秀（　）比较优秀（　）需要改进（　）急需改进（　）

（2）小组整体评价（　　　）。
A. 组长很负责，所有同学都能达成学习目标
B. 小组能完成学习任务，个别同学不能达成学习目标
C. 组内有 3~4 人不能达成学习目标
D. 组内大部分同学不能达成学习目标

教师签名：　　　　　　日期：

任务五　土工合成材料防护

【知识目标】

（1）能解释土工合成材料防护的原理。
（2）能重述土工格网、土工格栅、土工格室的区别。
（3）能按照施工流程进行土工合成材料防护的施工作业。

【课时建议】

2学时。

【任务描述】

现有四川省雅安经石棉至泸高速公路第C17合同段（见图5-5-1），位于四川省石棉县境内，起于石棉县擦罗乡的K132+600，终于擦罗乡南娅村的K137+300，全长4.7 km。此段路基填料全部为隧道洞渣，呈褐色、褐绿色、白色，石料主要以中硬石料为主。现就该路段进行土工合成材料防护施工，以使其达到规范及设计的要求。

图5-5-1　路段现状

【任务目标】

通过本任务的学习，能区分土工合成材料防护的类型，根据不同的情况选用适宜的土工合成材料防护类型，能熟练运用土工合成材料防护施工工艺。

 **相关理论**

近年来，随着我国改革开放政策的实施，科学技术与国民经济的飞速进步，我国的基础设施建设特别是高速公路建设得到了巨大发展。在高速

土工合成材料

公路的建设中,遇到的各种特殊地质现象和不良地质现象(如软土、膨胀土、滑坡、泥石流等)越来越多,高路堤和高边坡随处可见,这为利用新材料与新技术提供了机会。土工合成材料是一种新型优质高性能的工程材料,自20世纪70年代末被引进我国后,已在国内几乎所有的产业部门得到了较广泛的应用,并取得了十分显著的效果。

应用土工合成材料进行边坡防护加固的基本形式有:边坡坡面防护、加筋路堤和加筋挡土墙。可应用于边坡防护的土工合成材料有土工格网、土工格栅及土工格室,如图5-5-2所示。

土工膜包括:聚乙烯(PE)土工膜、聚氯乙烯(PVE)土工膜、氯化聚乙烯(CPE)土工膜等。

土工复合材料包括:复合土工膜、复合土工织物、复合排水材料(排水带、排水管、排水防水材料等)。

土工特种材料包括:土工格栅、土工带、土工格室、土工网、土工膜袋、土工网垫、土工织物膨润土垫GCL等。

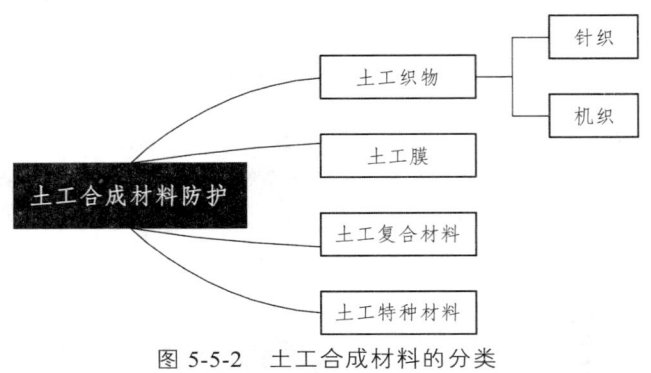

图5-5-2 土工合成材料的分类

一、土工格网

土工格网是用聚丙烯、聚氯乙烯等高分子聚合物经热塑或模压而成的二维网格状或具有一定高度的三维立体网格屏栅,具有强度高、耐腐蚀、稳定性好等特性。国外在土建工程中使用已有20余年,我国近几年才开始大规模应用。土工格栅是一种主要的土工合成材料,与其他土工合成材料相比,它具有独特的性能与功效。

土工格网的功效:路基增强,使粒状填料与网格互相锁合在一起,形成稳定的平面,防止填料下陷,并可将垂直载荷分散。增强地基,堤坝坡度,提高路基稳定性,减少占地面积,可承受载荷,防止出现路基裂痕,避免塌方,缩短工程建设周期,在恶劣环境下也能施工。

我国常使用的土工格网CE131具有强度较高,纵、横向强度均匀,尺寸稳定性能好,耐腐蚀,对大气、土壤中的微生物呈惰性,可防止细菌、霉菌的侵蚀,耐老化,寿命长(露天可使用15年以上)等特点,CE131土工格网性能参数如表5-5-1所示。

表5-5-1 CE131土工格网性能参数

幅宽/m	网厚/mm	卷长/m	网孔尺寸/mm	最大拉伸力/(N/m)	单位面积质量/(g/m²)	最大荷载时变形率	10%变形时荷载	5%荷载时变形率
2.5+0.25	5.2	30~40	(27×27)±3	5.80	660±35	≤16.5%	≥5.2	≤3.70%

土工格网的施工工序：

（1）土工格网沿线路横向铺设，将成捆土工格网自旧路堤往新路堤方向展开，按设计长度截断，施工时应保证格网铺向与线路走向垂直，土工格网的铺筑如图 5-5-3 所示。

图 5-5-3　土工格网

（2）先将铺设在旧路堤上的端部锚牢，然后展开至新路基边缘，用带排钩横梁将土工格网张拉紧，使之产生 1%～2% 的伸长。U 形锚钉的间距小于等于 1 m，其长度大于 5 cm，相邻两幅土工格网的搭接长度大于等于 20 cm，并用尼龙绳呈之字形穿绑，使之成为一体。

（3）土工格网在加宽段中在切槽处和距基层 1 m 处分别铺设一层（采用满铺），土工格网的铺设长度按新路基宽度不等。

二、土工格栅

经一次挤压成型的非编织整体网格结构，不存在焊接或编织点薄弱环节，具有高抗拉强度、低应变、小徐变量的力学特性，此外还具有抗生物、化学、紫外线腐蚀等良好的生化特性，耐久性好。

土工格网和土工格栅是平面网状结构。网格类产品的网眼能使其与周围土体间存在可靠的相互作用，土颗粒夹挤在土工格网（格栅）孔隙内形成机械咬合，制约着颗粒材料的移动，颗粒材料嵌实在网格中，处于相对稳定状态，为植物生长提供条件，如图 5-5-4 所示。

图 5-5-4　土工格栅

土工格栅的施工流程如图 5-5-5 所示。

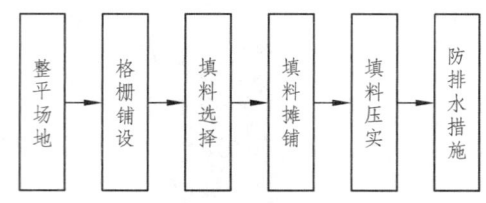

图 5-5-5　土工格栅施工工艺流程

（1）施工场地：要求压实平整、呈水平状、清除尖刺突起物。

（2）格栅铺设：在平整压实的场地上，安装铺设的格栅其主要受力方向（纵向）应垂直于路堤轴线方向，铺设要平整，无皱折，尽量张紧。

用插钉及土石压重固定，铺设的格栅主要受力方向最好是通长无接头，幅与幅之间的连接可以人工绑扎搭接，搭接宽度不小于 10 cm。如设置的格栅在两层以上，层与层之间应错缝。

大面积铺设后，要整体调整其平直度。当填盖一层土后，未碾压前，应再次用人工或机具张紧格栅，力度要均匀，使格栅在土中为绷直受力状态。

（3）填料的选择：填料应按设计要求选取。

实践证明，除冻结土、沼泽土、生活垃圾、白垩土、硅藻土外均可用做填料，但砾类土和砂类土力学性能稳定，受含水量影响很小，宜优先选用。

填料粒径不得大于 15 cm，并注意控制填料级配，以保证压实重量。

（4）填料的摊铺和压实：当格栅铺设定位后，应及时填土覆盖，裸露时间不得超 48 h，也可采取边铺设边回填的流水作业法。

先在两端摊铺填料，将格栅固定，再向中部推进。碾压的顺序是先两侧后中间。碾压时压轮不能直接与筋材接触，未压实的加筋体一般不允许车辆在上面行驶，以免筋材错位。分层压实度为 20~30 cm，压实度必须达到设计要求，这也是加筋土工程的成败关键。

（5）防排水措施：在加筋土工程中，一定要做好墙体内外的排水处理；要做好护脚，防冲刷；在土体内要设置滤、排水措施，必要时，应设置土工布、透水管（或盲沟）。应采取疏导的方式排水，不能堵塞，否则产生隐患。

三、土工格室

土工格室在分类上属于特种土工合成材料，以聚丙烯为基材加入多种高分子材料共混改性，并添加多种助剂（如抗氧剂、光稳定剂、成核剂、加工助剂等改性助剂）的片材，经高强力焊接而成的一种三维立体型蜂窝状或网格状结构，如图 5-5-6 所示。

目前常用的有两大类：

（1）由土工格栅装配构成的土工格室，该类大多在工程现场装配，用连接栓或者高强度的合成材料（如高密度的聚乙烯绳），将土工格栅缝合成土工格室；

（2）由高强度条带聚合物构成的土工格室，该类主要由高强度的 HDPE 条带经过超声波强力焊接而成，格室深度一般不超过 20 cm。

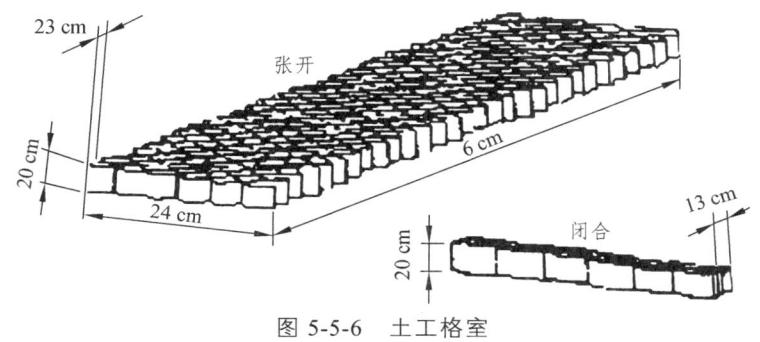

图 5-5-6 土工格室

土工格室片材强度、厚度，片材间连接处强度，组间连接处的强度，以及片材所用材料长期性能的稳定性，对土工格室的工程性能有着重要的影响，其性能参数要求如表 5-5-2 所示，坡面生态防护土工格室性能要求如表 5-5-3 所示。

表 5-5-2 坡面生态防护土工格室片材性能要求

项目	单位	聚丙烯材料	聚乙烯材料
环境应力开裂时间 $F50$	h		≥1 000
低温催化温度	°C	≤-23	≤-50
维卡软化温度	°C	≥142	≥112
氧化诱导时间	min	≥20	≥20

表 5-5-3 坡面生态防护土工格室性能要求

项目		单位	聚丙烯土工格室	聚乙烯土工格室
外观			格室片应平整、无气泡、无沟痕	
格室片的极限抗拉强度		MPa	≥23	≥20
焊接处极限抗拉强度		kN/cm	≥20	≥20
格室组间连接处抗拉强度	格室片边缘	kN/cm	≥20	≥20
	格室片中间	kN/cm	≥20	≥20

土工格室的施工流程图如图 5-5-7 所示。

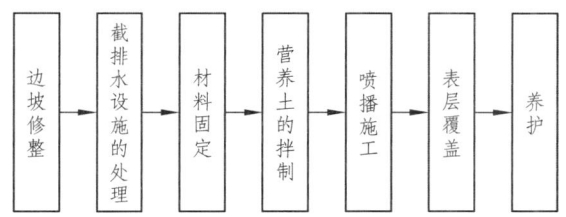

图 5-5-7 土工格室施工工艺流程

（1）边坡的修整：要求除去坡面的杂草，大致修平坡面。对于出现局部凹坑或小面积倒边时，要用水泥砂浆和块石垒起加以嵌补；表面无法修平或有大块的硬质石头突出坡面的，则在其上部尽量增厚土层。

（2）截排水设施的处理：做好排水处理，并用素混凝土回灌坡顶部分的格室网格，避免坡顶的水流形成径流对坡面造成冲刷，同时避免雨水沿原坡面渗流，造成土工格室层的滑坍破坏，如图5-5-8和图5-5-9所示。

图5-5-8　土工格室植草护坡　　　　　图5-5-9　截水沟设置和材料压顶

（3）土工格室材料的固定：根据受力计算结果和材料的强度，确定锚钉（锚杆）直径与设置密度，利用锚钉（锚杆）来固定土工格室。

（4）营养土的拌制：土工格室植草边坡要求格室回灌土碾成碎末状，并掺入适量的化学肥料。若肥料按袋装提供，要求化肥含有不低于10%的氮和15%的磷酸钾，且施肥量每1 000 m² 不少于70 kg。

（5）喷播施工：按设计比例配合草种、木纤维、保水剂、黏合剂、肥料、染色剂及水的混合物料，并通过喷播机均匀喷射于坡面，及时洒水养护，创造良好的植物生长环境。

（6）表层覆盖：雨季施工，为使草种免受雨水冲失，实现保湿保温，应加盖无纺布，促进草种的发芽生长，也可采用稻草、秸秆编织席覆盖。

（7）养护：为避免干旱对草种造成永久性伤害，需及时喷水，保证其正常生长；草种生长高峰期时需每月对叶面喷施1%的复合肥，以后逐次减少，直到形成丰满密实的草皮。

根据本任务所学知识，能识别土工合成材料，综合分析工程案例，判断选择何种土工合成材料防护效果最佳；并能制定施工方案，按施工流程进行作业。

一、填空题

1. 应用土工合成材料进行边坡防护加固的基本形式有_____、_____、_____。

2. 土工格室目前常用的两大类是_____、_____。

二、思考题

1. 土工格室的施工需注意哪些方面？
2. 土工格室施工对截排水设施的处理应注意哪些事项？

任务工作页

【学习目标】

（1）能积极接受工作任务，明确任务，确定小组成员。
（2）能说出土工合成材料防护的材料类型有哪些。
（3）能根据案例情况选择适宜的土工合成材料防护的类型及材料。
（4）能绘制出施工流程图。
（5）能总结出施工注意要点。
（6）能做好安全防护措施，按照施工流程进行作业。

【建议课时】

2 学时。

【任务描述与分析】

本合同段位于宁德市古田县境内，起点位于古田县大桥镇沽洋村，桩号 K42+600，合同段终点位于古田县泮洋乡松丰村，与本项目先期工程（泮洋互通）起点相接，桩号 K51+340，处于山岭、重丘区内。设计在纵横填挖交界过渡段（K45+770～K47+083.5）铺设土工合成材料。K45+770～K47+083.5 段土工合成材料处理层主要工程数量如表 5-5-4 所示。

表 5-5-4　主要工程数量

起讫里程	处理措施	聚乙烯单向土工格栅（≥50 kN/m）/m²
K45+770～K45+880	陡坡路堤处理	18 975
K46+540～K46+600	陡坡路堤处理	7 200

【任务目标】

（1）明确土工合成材料的类型。
（2）确定施工机具及人员安排。
（3）绘制施工流程图。
（4）总结施工方法要点。
（5）归纳施工注意事项。

【任务实施流程与活动】

一、施工准备

1. 任务中所选用的土工合成材料的类型

2. 需要的主要机具设备及材料有哪些

序号	机械名称	型号或功率	单位	数量

3. 主要人员及劳动力配备

序号	姓名	工种	人数	职责

二、土工合成材料防护施工流程图

三、土工合成材料防护施工方法

四、施工注意事项

五、安全文明施工措施

六、工作总结，经验交流

七、评价反馈

1. 学习自测题

完成教材课后练习题。

2. 学习目标达成度的自我检查

自我检查表

序号	学习目标	达成情况（在相应的选项后打"√"）		
		能	不能	如果不能，是什么原因
1	能遵守上课基本制度			
2	能遵守劳动纪律，以积极的态度接受工作任务			
3	能积极查阅资料、主动学习			
4	能相互协作、配合			
5	能100%完成任务			
6	能积极提出疑问			
7	能口述出这次任务的大概内容			
8	能收集归纳相关知识点			
9	安全文明施工			

3. 日常表现性评价（由小组长或者组内成员评价）

（1）工作页填写情况（　　　）。

A. 填写完整　　　　　　　　B. 缺失 0%～20%

C. 缺失 20%～40%　　　　　D. 缺失 40%以上

（2）工作页填写正确率（　　　）。

A. 80%以上　　　　　　　　　　B. 60%以上

C. 60%以下　　　　　　　　　　D. 极差

（3）总体表现评价（　　　）。

A. 非常优秀　　　　　　　　　　B. 比较优秀

C. 需要改进　　　　　　　　　　D. 急需改进

（4）是否达到全勤（　　　）。

A. 全勤

B. 缺勤（姓名：　　　　　　　　　　　　　　　　　　　　　）

C. 缺勤（有请假，姓名：　　　　　　　　　　　　　　　　　）

（5）其他建议：

小组长签名：　　　　　日期：

4. 教师总体评价

（1）小组成员整体表现评价。

① 姓名：　　　非常优秀（　）比较优秀（　）需要改进（　）急需改进（　）

② 姓名：　　　非常优秀（　）比较优秀（　）需要改进（　）急需改进（　）

③ 姓名：　　　非常优秀（　）比较优秀（　）需要改进（　）急需改进（　）

④ 姓名：　　　非常优秀（　）比较优秀（　）需要改进（　）急需改进（　）

⑤ 姓名：　　　非常优秀（　）比较优秀（　）需要改进（　）急需改进（　）

⑥ 姓名：　　　非常优秀（　）比较优秀（　）需要改进（　）急需改进（　）

⑦ 姓名：　　　非常优秀（　）比较优秀（　）需要改进（　）急需改进（　）

⑧ 姓名：　　　非常优秀（　）比较优秀（　）需要改进（　）急需改进（　）

（2）小组整体评价（　　　）。

A. 组长很负责，所有同学都能达成学习目标

B. 小组能完成学习任务，个别同学不能达成学习目标

C. 组内有3~4人不能达成学习目标

D. 组内大部分同学不能达成学习目标

教师签名：　　　　　日期：

项目六

边坡排水工程

◆ 工作导向流程图

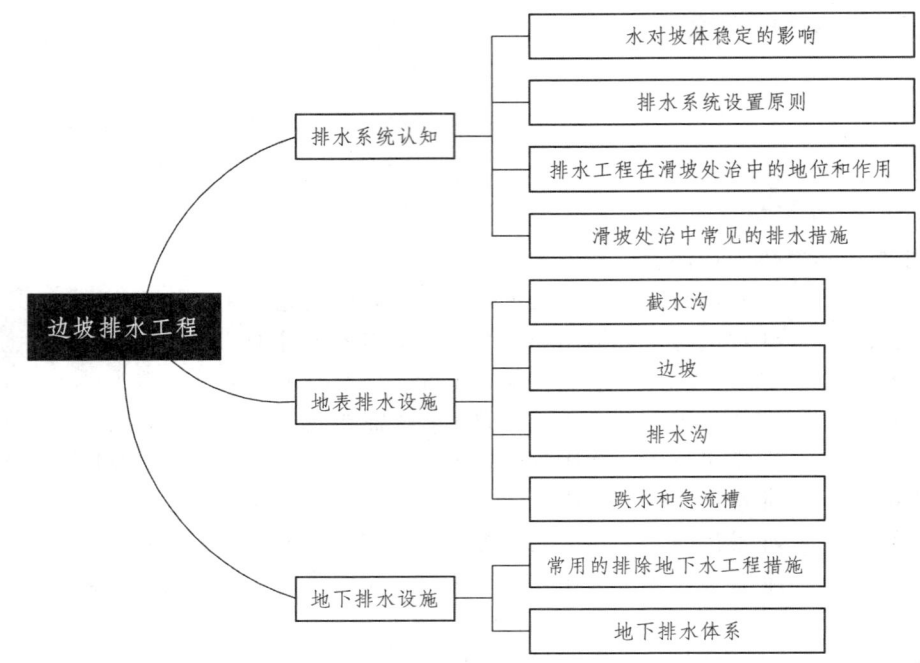

知识目标

（1）能说出水对坡体稳定的影响。
（2）能口述出排水系统的设置原则。
（3）能说出地表排水设施的构造形式及使用范围。
（4）能说出地下排水设施的构造形式及使用范围。
（5）能说出常见沟渠加固的类型。

技能目标

（1）会进行边沟、截水沟、排水沟、跌水、急流槽的施工。
（2）会进行暗沟、渗沟、渗井等地下排水措施的施工。
（3）会进行沟渠加固的施工。

建议学时

8 学时。

任务背景

某标段起点 K50+553，终点 K56+940，全长 6.387 km，全线位于四川省安岳县九龙乡至文化镇境内，工程所在地属亚热带温暖湿润气候区，具有冬暖、春早、夏热、秋凉、降水充沛的特点。多年平均气温 17.8 °C，7 月最高，1 月最低，极端最高气温 41.1 °C，极端最低气温为 3.3 °C。安岳平均降雨量 931.8 mm，且多集中在 6—8 月，占年降雨量的 50%。项目所属地区春季雨量小，降雨日数少，夏季雨量多，强度大，秋冬季降雨日数较多，且雨量不大。相对湿度多年平均值为 81%，日照率 29%~31%，冰雪少见。

项目目标

通过本项目的学习，知道水对坡体稳定性的影响，设置排水系统时需要考虑的因素，常见的地表和地下排水措施有哪些，并能结合本项目知识、任务背景、工作任务页，会设计相应的排水系统。

坡面侵蚀、崩塌、滑坡大多是由于降水、坡面径流、渗透水、冰雪融冻等因素诱发的。因此，边坡排水工程的设计对边坡的稳定有着重要作用，在很大程度上可防止或减轻侵蚀、崩塌等灾害的发生。对坡面自身径流和上游汇水量较大的坡面进行坡面绿化和生态防护时，必须建立完善的截排水系统，以保证坡体稳定和防护效果。一个完善的排水系统包括地表和地下排水系统。

本项目主要介绍地表排水和地下排水措施及其施工技术要点。

任务一　排水系统认知

【知识目标】

（1）能说出水对坡体稳定的影响。
（2）能口述出排水系统的设置原则。
（3）会设计排水系统。

【建议学时】

2学时。

【任务描述】

2009年5月23日下午5时许，资源县连降大到暴雨，造成该县延东乡石区头村一处山体滑坡。当时正值这个村小学放学，有3名小学生被泥石流冲走。这次事故造成1名学生死亡，2人重伤。

【任务目标】

本次任务主要讨论降雨及地下水和地质灾害的关系。

一、水对坡体稳定的影响

降雨、融雪和地下水的渗透作用是坡体产生破坏甚至滑坡的最大外因。降雨、融雪形成的地表水下渗到土体的孔隙和岩石的裂隙中，一方面增加了岩土的重度，加大滑坡体的重量，使下滑距离增加，另一方面使土石的抗剪强度降低。同时，降雨、融雪形成的渗透水还可补给地下水，使地下水位或地下水压增加，造成岩土体的抗剪强度降低。此外，渗透到地下的渗透水以一定的流速通过透水层到达不透水的面层上滞留，这样形成一个在均质斜坡中不可能有的具有很大孔隙水压的含水层，这种孔隙水压力一方面在透水层中将引起流砂或砂层剪切破坏，另一方面在不透水层上的结合层中，土颗粒将因此发生塑性破坏。因此，水将加剧坡体的不稳定甚至发生滑坡等灾害。

大量的坡面径流和坡面上游汇集的地表径流对坡面的冲刷作用，会造成严重的土壤侵蚀，形成大量的侵蚀沟槽，甚至会直接引起坡面大面积垮塌、滑坡等现象。

二、排水系统设置原则

根据边坡的水文地质、地形地貌、土壤植被等情况，确定排水系统的任务与布置方案。

排水设施要实现有效衔接、形成系统，才能真正实现其排水功能。边坡排水设计的一般原则如下：

1. 全面系统，防治结合

在边坡绿化与生态防护设计和施工过程中，要根据边坡坡度、高度、质地、稳定程度、汇水面积，与防护工程相结合设置截水沟、排水沟与渗水沟等完善的排水系统，做到全面系统，防治结合。

2. 纵横结合，分级截流

高陡边坡或岩土稳定性欠佳边坡的排水工程应采取分级截流、纵横结合排水的方法来进行处理。对于坡面排水设施的布设在考虑客水的同时，对坡面自身的径流还需分级汇排。坡顶以外的地表水从截水沟排走，分级边坡每个台阶设一截水沟排水，坡脚设排水沟。

高边坡应根据地形和坡面大小，隔一定距离设一排水沟（急流槽），使水尽快排出边坡。合理分流地表径流，随着汇水流量的增加，考虑逐级增大排水断面面积。

3. 表里排水，综合治理

边坡排水设计中，必须考虑将影响边坡稳定的地表水加以拦截，排除在边坡范围以外，并防止漫流、停积或下渗等。对影响边坡稳定的地下水，应予以截断、疏干、降低并引导至边坡范围以外。总之，只有把地表水和地下水排至坡体范围以外，实行综合治理，才能保证边坡的稳定。

4. 因地制宜，经济适用

遭到边坡破坏和失稳的因素有很多，应深入调查研究，根据当地气候环境、工程地质条件和材料等具体情况，因地制宜，就地取材。选用适当的工程类型和排水设施，不要轻易取消或减少必要的防护工程设施。排水沟渠应选择地形地质较好的地段通过，以节约加固工程的投资。对排水困难和地质不良地段进行特殊设计，使排水防护效果更佳。

三、排水工程在滑坡处治中的地位和作用

要防止岩（土）体抗剪强度降低，就必须控制地表水和地下水。所以，排水工程是整治滑坡病害中一项极其重要的内容，一切滑坡地区的防治措施，都必须修建排除地表水的工程和地下水的工程。

地下水的调查工作可分为初查和详查两个阶段（见图 6-1-1）。在初查阶段，根据地下水的水质、地质和地质构造等推断含水层的平面和垂直位置，而后通过详查对初查结果加以验证和明确确定。

四、滑坡处治中常见的排水措施

滑坡处治中，对于滑坡体内的水应以"截、排和引导"为原则。对于地表水采用多种形

式的截水沟、排水沟、急流槽来拦截和排引；对地下水则用截水渗沟、盲沟、纵向或横向渗沟、支撑渗水沟、汇水隧洞、立井、渗井、砂井－平孔、平孔排水、垂直钻孔群等排水措施来疏干和排引。通过这些排水措施，使水不再进入或停留在滑坡范围内，并排除和疏干其中已有的水，以增加滑坡的稳定性。边坡体水调查分类如图 6-1-1 所示。

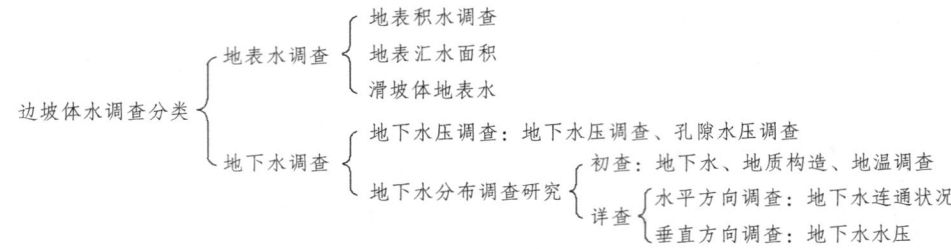

图 6-1-1　边坡体水调查分类

运用本任务所讲内容，结合网络自学，对工作任务进行分析，亦可作为课后作业，检查本任务内容的掌握程度和实际运用能力。

一、填空题

1. 完善的排水系统包括_____和_____。
2. 边坡排水设计中，必须考虑将影响边坡稳定的地表水加以_____，排除在_____，并防止_____、_____、_____等。
3. 对影响边坡稳定的地下水，应予以_____、_____、_____并引导至_____以外。
4. 地下水的调查工作可分为_____和_____两个阶段。

二、判断题

1. 滑坡处治中，对于滑坡体内的水应以"截、排、引导"为原则修建排水工程。（　　）
2. 在初查阶段，根据地下水的水质、地质和地质构造等推断含水层的平面和垂直位置，而后通过详查对初查结果加以验证和明确确定。（　　）

三、简答题

1. 试述降雨对坡体稳定性的影响。
2. 简述排水系统的设置原则。

任务二 地表排水设施

【知识目标】

（1）能说出地表排水设施的构造形式及使用范围。
（2）能说出地表排水设施的施工要点。

【技能目标】

（1）能进行边沟、截水沟、排水沟、跌水施工。
（2）会识图。

【建议学时】

2学时。

【任务描述】

现有路基 K0+100～K0+475 段为填方路基，K0+040～K0+100 和 K0+475～K1+524 段为挖方路基。路基挖方边坡采用挂三维网喷播植草护坡；填方边坡高度大于 3 m 采用菱形网格护坡进行防护，小于 3 m 直接采用植草护坡；水田地段设置护脚。

本路段排水系统由边沟、排水沟、截水沟、引流槽、盲沟、涵洞及沿线沟渠组成。路基挖方边坡坡脚设置边沟，排水沟设置在填方路段和挖填交接处，挖方地段边沟底部设置纵向盲沟。

【任务目标】

对任务中出现的各种地上排水设施进行设计并列出施工要点。

相关理论

从大气降雨后，水浸湿土壤，使土壤容重增大，而强度降低；如果汇聚成为径流，可以引起地面的冲刷；渗入地下，又成为地下水的补给来源。由于气温的变化，土中水分发生干湿循环和冻融，可以加速土壤风化。所以，在滑坡区，排除地表水是处理路基病害不可缺少的辅助措施。

在滑坡体外的地表排水构造物,应使所有的水不流入滑坡区,因此以拦截、引离为原则,要求达到"水随人意,沟沟皆通,有水必流,涓涓不渗"。

在透水性特强的地区,或在地表水特别丰富、渗透量也大的地区可做防渗工程。在地基上发生裂缝的地方,进行防渗,用黏土或水泥浆充填裂缝,在滑坡未采取工程措施稳固前,并用聚乙烯布等不透水材料将滑坡区域覆盖,以防止滑坡的发生。

选择地表水排水工程,应根据滑坡地貌、地形条件,利用自然沟谷,在滑坡体内外修筑环形截水沟、排水沟和树杈状、网状排水系统,以迅速引走坡面雨水;在滑坡区范围内则设树枝状排水沟等。同时,对滑坡体表面的土层应进行整平夯实,并采用黏土等夯填裂缝,使地表水尽快归沟,防止或减少地表水下渗;对滑坡体范围内的泉水、封闭洼地积水,应引向排水沟予以排除或疏干;对浅层和渗水严重的黏土滑坡,可在滑坡体上植树、种草、造林等来稳定滑坡。

地表排水设施主要有以下几种类型:

一、截水沟

1. 截水沟的构造形式

截水沟又称天沟(见图 6-2-1),设置在挖方路基边坡坡顶以外或山坡路堤的坡体上,用以拦截坡面上游流向路基的地面径流,防止冲刷和侵蚀边坡,实现对坡面径流的分流排导。对于整体性好、稳定性强的坡体,只需实施坡面绿化的裸露岩面,可不设截水沟。

(a) (b)

图 6-2-1 截水沟

截水沟的断面形式一般为梯形,在地面横坡较陡的地段,也可做成石砌矩形,如图 6-2-2 所示。

截水沟底宽和沟深不小于 0.5 m,土质截水沟的边坡坡率为 1∶1~1∶1.5。截水沟应结合地形合理布置并衔接平顺,沟底纵坡一般为 1%。

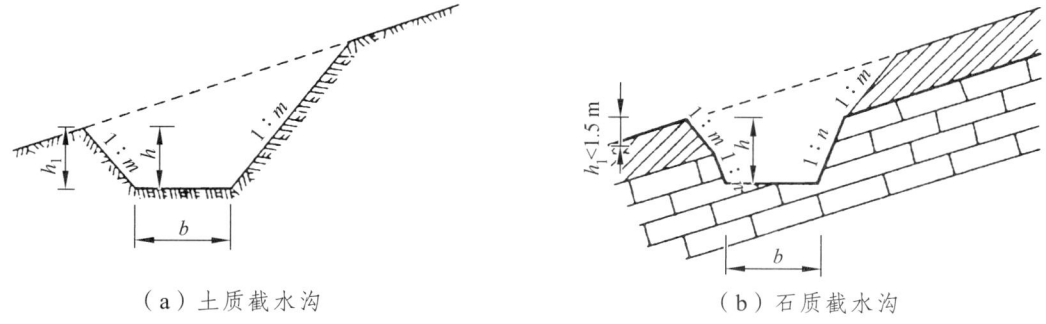

（a）土质截水沟　　　　　　　　　（b）石质截水沟

图 6-2-2　截水沟的常见断面形式

2. 截水沟的施工工艺

截水沟的施工工艺如图 6-2-3 所示。

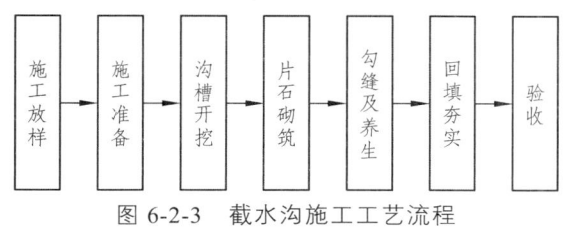

图 6-2-3　截水沟施工工艺流程

3. 截水沟的施工要求

（1）当边坡上侧山坡汇水面积较大时，应设置截水沟。

（2）在无弃土堆的情况下，截水沟的边缘离挖方路基坡顶的距离视土质而定，以不影响边坡稳定为原则。如果是一般土质至少应离开 5 m，特殊土质如黄土地区不应小于 10 m 并应进行防渗加固。截水沟挖方的土体，可在路堑坡顶与截水沟之间修筑土台并进行夯实，台顶应修成 2%倾向截水沟的横坡，如图 6-2-4 所示。

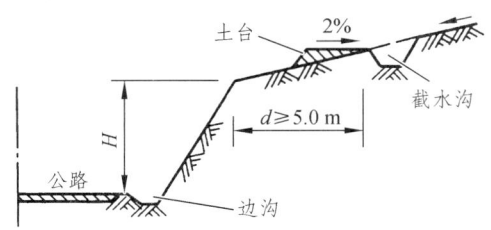

图 6-2-4　无弃土堆挖方路基截水沟

（3）路基上方有弃土堆时，截水沟应距离弃土堆坡脚 1~5 m，弃土堆坡脚距离挖方路基坡顶不应小于 10 m，弃土堆顶部应设 2%倾向截水沟的横坡，如图 6-2-5 所示。

（4）山坡上路堤的截水沟距离路堤坡脚至少 2 m，截水沟的挖方土体可填筑在路堤与截水沟之间，修筑成 2%倾向截水沟的护坡道或土台，使路堤内侧地面水流入截水沟排出，如图 6-2-6 所示。

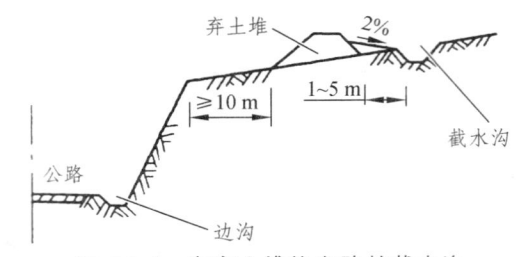

图 6-2-5 有弃土堆挖方路基截水沟

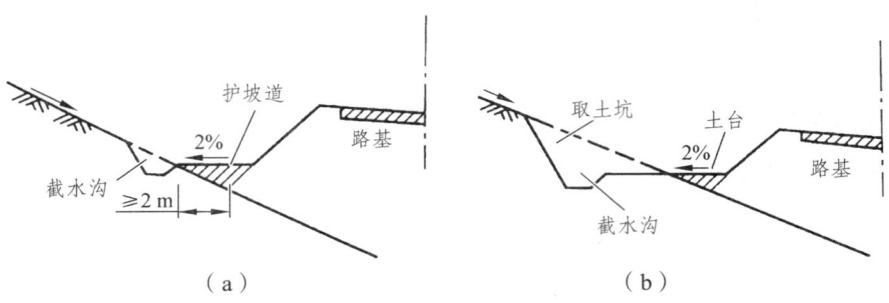

图 6-2-6 填方路段的截水沟示意图

（5）截水沟的水流应排入所在山坡一侧的自然沟渠或者涵洞。

（6）截水沟长度超过 500 m 时，应设置出水口，必要时可设置排水沟、跌水、急流槽等，排出截水沟的水流。

（7）环形截水设计数条截水沟时，其间距一般以 50~60 m 为宜，每条截水沟的断面尺寸，应按山坡汇水面积和汇流量计算确定。其断面形式，应根据当地所引起的作用及土质等因素而定，多用倒梯形、矩形等形式。

（8）截水沟铺砌时应先砌沟壁，后砌沟底，以增加其坚固性。迎水面沟壁应设泄水孔（10 cm×20 cm），以宣泄土中渗水。沟壁应嵌入边坡内，如图 6-2-7 所示。

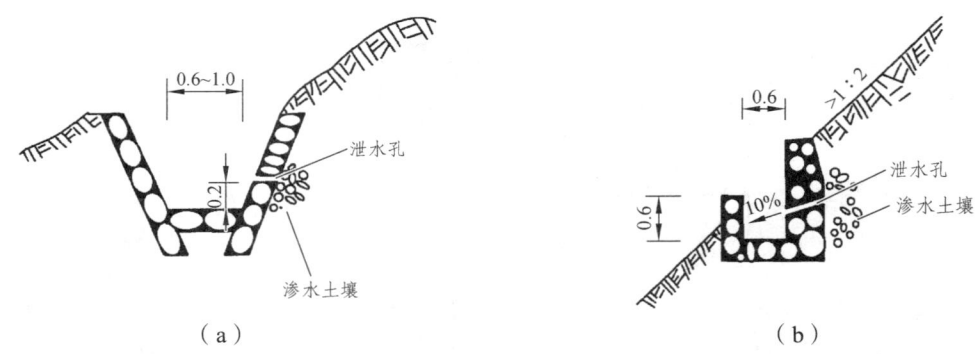

图 6-2-7 截水沟铺砌构造

（9）当山坡覆盖土层较薄，又不稳定时，截水沟的沟底应设置在基岩上，以拦截覆盖土层与基岩面间的地下水，同时保证截水沟的自身稳定和安全。

（10）截水沟应结合地形地质合理布置，要求线形顺直舒畅，在转弯处应以平滑曲线连接，尽量与大多数地面水流方向垂直，以提高截水效果和缩短截水沟长度。若因地形限制，截水沟须绕行，工程艰巨，附近又无出水口，可分段考虑，中部以急流槽衔接，如图6-2-8所示。

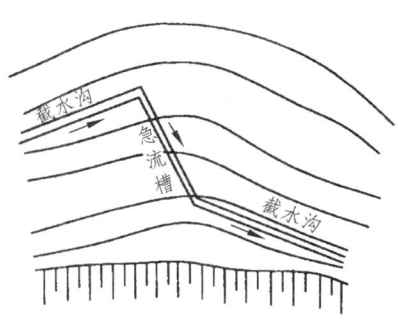

图6-2-8 坡体中部以急流槽衔接的截水沟

（11）采用浆砌片石、混凝土修筑的截水沟时，每隔4~6 m应设一沉降缝，缝内用沥青麻筋仔细塞实，表面勾缝，随时发现断裂，随即修补。当滑坡地段含水丰富时，则浆砌的截水沟上侧应增设泄水孔，泄水孔背后设反滤层，必要时还应在水沟底设石磕或卵石垫层。

二、边　沟

1. 边沟的构造形式

边沟是设在挖方路基的外侧和填方高度小于边沟深度的低路堤的坡脚外侧（见图6-2-9），用于汇集和排除路基范围内以及流向路基的坡面水的沟槽。

图6-2-9 填土高度小于边沟深度

边沟的断面形式一般为梯形、三角形、流线型、矩形，如图6-2-10至图6-2-13。

边沟沟底纵坡应衔接平顺，通常与路线纵坡一致。为了排水顺畅，可适当加深边沟或增加边沟的出水口，并采取加固措施。

图6-2-10 梯形边沟

图6-2-11 矩形边沟

图 6-2-12 三角形边沟

图 6-2-13 流线型边沟

（1）梯形边沟。

边坡坡度：内侧边坡坡度一般为 1∶1～1∶1.5，外侧边坡坡度与路堑边坡相同。当边沟外设碎落台时，外侧边坡坡度同内侧边坡。

边沟深度不得小于 400 mm，底宽不得小于 400 mm，超高加宽地段可适当调整边沟深度，以保证排水通畅。

梯形边沟边坡稳定性好，排水量大，适用于土质和软岩质边沟。

（2）矩形边沟。

边坡坡度：直立或稍有倾斜。边沟深度和底宽均不得小于 400 mm，超高加宽地段可适当调整边沟深度，以保证排水通畅。

矩形边沟最大的优点是节约用地，适用于石质边沟或石砌的加固边沟。

（3）三角形边沟。

边坡坡度：一般为 1∶2～1∶3。边沟深度不得小于 400 mm，当水流量较大时，可适当加深边沟。

三角形边沟有利于组织机械化作业，适用于矮路堤或少雨地区的浅边沟。

（4）流线型边沟。

流线型边沟曲线半径一般采用 300 mm。沟深不得小于 400 mm，当水流量较大时，可适当加深。

流线型边沟有利于环境协调，适用于积雪、积沙地区的浅边沟。

2. 边沟的施工工艺

边沟施工工艺流程如图 6-2-14。

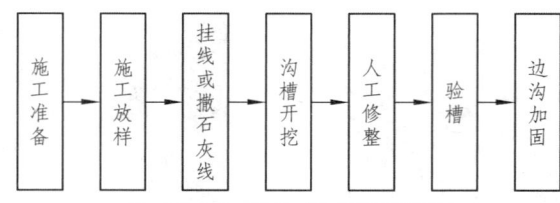

图 6-2-14 边沟施工工艺流程

低等级公路或降雨量较少地区的土质边沟，边沟尺寸较小，通常可采用人工开挖沟槽，测量放样后，挂线开挖。高等级道路或降雨量较大地区的土质边沟，设计尺寸较大，为保证施工质量和工期,可采用人工配合机械开挖。先放样、撒石灰粉、挖掘机开挖、机械适当欠挖、人工修整到设计断面成型。石质边沟的开挖,不论采用人工还是机械施工,均需首先爆破施工,使石方松动后再开挖成型。

3. 边沟的施工要求

(1)边沟水引出路基时,应注意不造成冲刷破坏。在路堑边沟与填方毗邻处设跌水沟或急流槽,将边沟水流直接引导至填方坡脚之外,如图 6-2-15 所示。

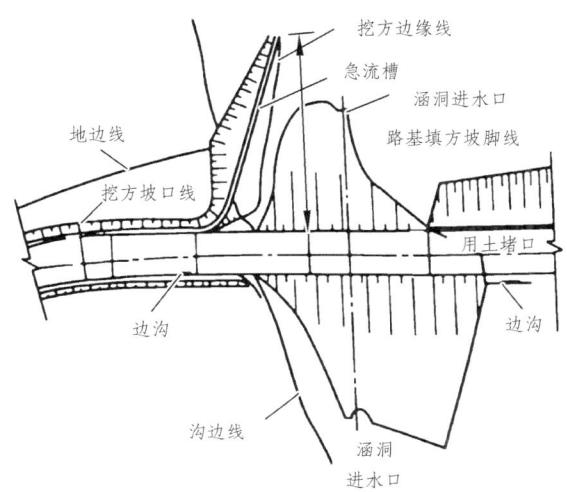

图 6-2-15 路堑与填方毗邻处边沟处理方式

(2)涵洞进水口处,为避免冲刷,应做如下处理:

① 在涵洞进水口处设置窨井,在进水口前设置急流槽或跌水等构造物,将水流引入涵洞,如图 6-2-16 所示。

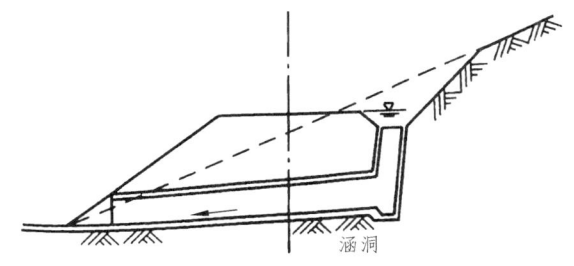

图 6-2-16 涵洞进口处设置窨井

② 在桥头翼墙或挡土墙的后端,设置急流槽或跌水,将水引入河道。
③ 石方路堑边沟一般应浆砌,以保证边沟的整齐美观和路基宽度。

三、排水沟

1. 排水沟的构造形式

排水沟是指将边沟、截水沟和路基附近的积水引入沟谷或涵洞排出,如图 6-2-17。

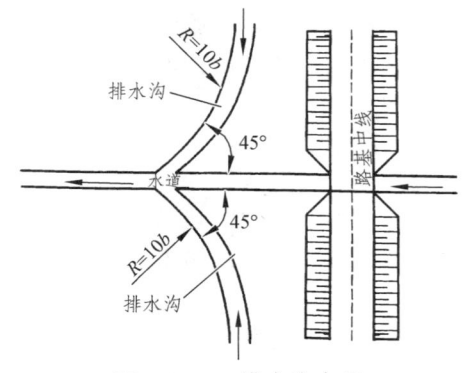

图 6-2-17 排水沟布置

排水沟多为梯形断面，底宽不小于 500 mm，边坡坡度一般为 1∶1~1∶1.5，排水沟的沟底纵坡一般不小于 0.5%。

2. 排水沟的施工工艺

排水沟的施工工艺流程如图 6-2-18 所示。

截水沟、排水沟的施工方法与边沟的施工方法相似，不再重述。

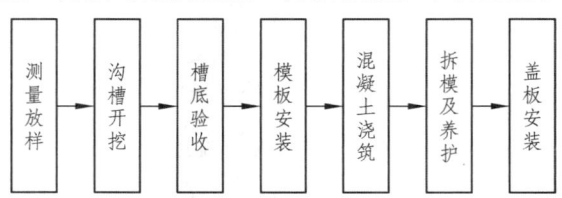

图 6-2-18 排水沟施工工艺流程

3. 排水沟的施工要求

（1）排水沟的具体位置与地形有关，总体要求线性平顺，排水沟长度一般不宜超过 500 m，以免流量过大造成漫溢。

（2）排水沟平面线形应力求简捷，尽量采用直线，必须转弯时，可做成圆弧形，其半径不宜小于 10~20 m。

（3）在滑坡体内修筑排水沟时，应有防止渗水的措施，如采用浆砌片石、混凝土板或沥青板铺砌，砂胶沥青堵塞砌缝等，避免沟内排水渗入滑坡体内。

（4）当排水沟的水流流速大于沟底、沟壁土的允许冲刷流速时，应采取加固措施。

（5）排水沟的出水口，应设置跌水和急流槽将水流引出路基或引入自然排水系统。当排水沟中的水流流入河道或沟渠时，应避免产生冲刷或淤积。

四、跌水和急流槽

1. 跌水和急流槽的构造形式

（1）跌水。

跌水是设置于需要排水的高差较大且距离较短或坡度陡峻地段的阶梯形的构筑物。水流以瀑布形式通过，有单级和多级之分。其作用主要是降低流速和消减水的能量。如图 6-2-19 和图 6-2-20 所示。

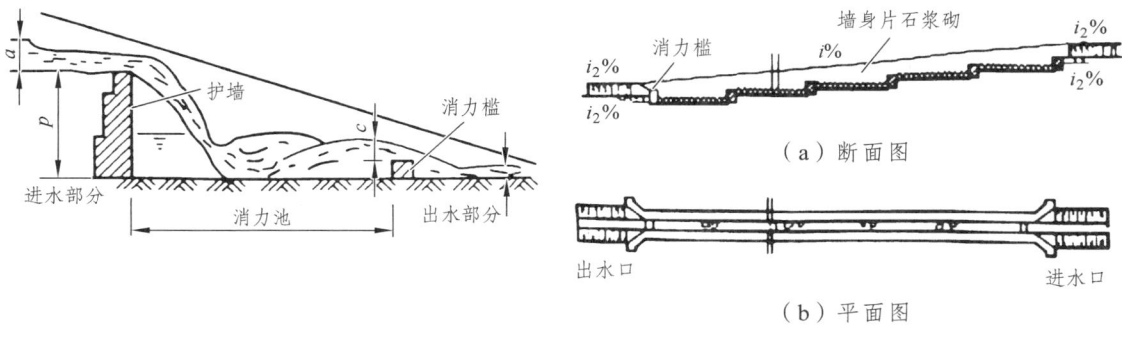

图 6-2-19　单级跌水　　　　　　图 6-2-20　多级跌水

跌水结构有进口、台阶、出口三部分组成，跌水槽身一般为矩形，出口部分设置消力槛，如图 6-2-19 所示。

跌水台阶高度视当地地形确定，每阶跌水高度一般为 300～600 mm，每阶高度与长度之比一般应大致等于地面坡度，跌水的台面坡度一般为 2%～3%。

（2）急流槽。

急流槽是具有较陡坡度的水槽，但水流不离开槽底。其主要作用是在很短的距离内、水面落差很大的情况下进行排水，多用于涵洞的进出水口或截水沟流向排水沟的地段，如图 6-2-21 和图 6-2-22 所示。急流槽进水口的喇叭形簸箕口可以很好地汇集流水到槽口，如图 6-2-23 和图 6-2-24 所示。

图 6-2-21　急流槽

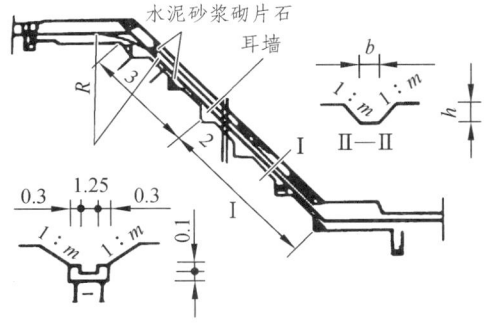

图 6-2-22　急流槽构造（一）（尺寸单位：m）

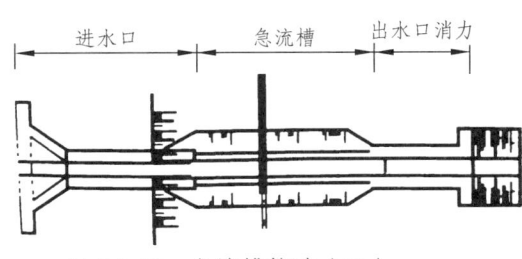

图 6-2-23　急流槽构造（二）

图 6-2-24　急流槽喇叭形簸箕口

一般在山区，排水沟渠纵坡较陡、流速大、水流冲刷力强，为降低流速，防止对路基形成危害，常采用跌水或急流槽。

2. 跌水和急流槽的施工工艺

跌水和急流槽必须用浆砌片石、水泥混凝土预制块或水泥混凝土浇筑。若是岩质地区，亦可利用岩质坡面开槽形成急流槽的槽身，然后进行必要的勾缝、灌浆或喷射混凝土等处理措施。跌水与急流槽施工工艺流程如图 6-2-25 所示。

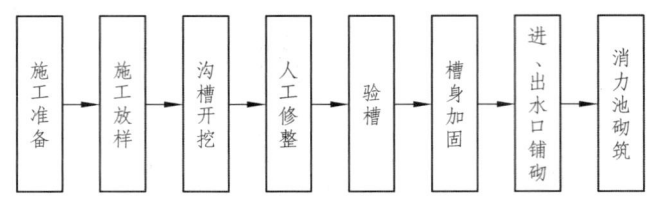

图 6-2-25　跌水和急流槽施工工艺流程

3. 跌水和急流槽的施工要求

（1）跌水的台阶高度可根据当地地形、地质条件决定，多级台阶的高度可以相同，也可以不同，其高度与长度之比应与原地面坡度相适应。

（2）当急流槽较长时，应分段砌筑，每段长度以 5～10 m 为宜，接头处用防水材料填塞，要求密实无空隙。若是混凝土预制块急流槽，分节长度宜为 2.5～5.0 m，接头应采用榫接。

（3）路堤边坡急流槽的修筑，应能为水流流入排水沟提供一个顺畅通道，路缘石开口及水流进入路堤边坡急流槽的过渡段应连接顺畅。

（4）傍山路线遇有岩石山沟，有的相当于天然急流槽，应予利用。必要时适当加工修整，将水流沿该山沟引入指定地点。

（5）设计跌水和急流槽时，可适当增加槽底粗糙度，使水流消能和减缓流速。

（6）急流槽槽壁厚度，石砌时一般为 0.4 m，水泥混凝土 0.3 m。槽壁应高出计算水深至少 0.2 m。

 工程应用

运用本任务所讲内容，结合网络自学，对工作任务进行分析，亦可作为课后作业，检查本任务内容的掌握程度和实际运用能力。

地表排水设施的种类有很多，在工程实例中，往往是多种设施并用，才能达到理解的效果。大量实例表明，水在边坡的变形破坏中起着举足轻重的作用，据资料统计，90%左右的边坡破坏（滑坡）均发生在雨季，尤其是暴雨、连续雨或是地下水的参与，这充分说明了水是影响边坡稳定性的重要因素。

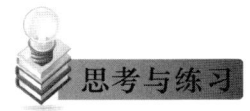

一、填空题

1. 排除地表水的目的在于_____、_____滑坡范围外的地表水，使其不进入滑坡区。
2. 修建地表排水措施时，按其分布的相对位置可分为_____和_____两种。
3. 滑坡体内的排水建筑物，应以_____、_____和_____为原则。
4. 滑坡体外的地表排水建筑物，应使所有的水不流入滑坡区，以_____、_____为原则。
5. 排水沟的沟底纵坡一般不小于_____。
6. 跌水和急流槽的作用主要是_____和_____。
7. 环形截水设计数条截水沟时，其间距一般以_____为宜。
8. 设计滑坡体外截水沟时，可以沿滑坡体周围，根据水流汇聚情况及滑坡在可以发展的边界以外不小于_____处，设计环形截水沟。

二、判断题

1. 当边坡上侧山坡汇水面积较大时，应设置排水沟。（   ）
2. 截水沟应结合地形合理布置，保证通直顺畅；在转折处应以曲线连接，必要时应采取加固措施。（   ）
3. 截水沟铺砌时应先砌沟壁，后砌沟底，以增加其坚固性。（   ）

三、简答题

1. 常见的地表排水设施有哪些？
2. 简述截水沟的特点有哪些？
3. 简述跌水和急流槽的区别。
4. 简述地表排水设施的设计原则和要求。

任务工作页

【学习目标】

（1）能积极接受工作任务，明确任务，确定小组成员。
（2）能说出常见的地表排水措施有哪些。
（3）能正确选择其构造形式。
（4）能讨论出施工流程。
（5）能总结出施工注意要点。
（6）能正确识别和绘制排水措施的类型。
（7）能按照安全文明操作规程，做好安全防护措施。

【建议学时】

2 学时。

【任务描述与分析】

现有路基 K0+100～K0+475 段为填方路基，K0+475～K1+524 段为挖方路基。路基挖方边坡采用挂三维网喷播植草护坡；填方边坡高度大于 3 m 采用菱形网格护坡进行防护，小于 3 m 直接采用植草护坡；水田地段设置护脚。

本路段排水系统由边沟、排水沟、截水沟、引流槽、盲沟、涵洞及沿线沟渠组成。路基挖方边坡坡脚设置边沟；排水沟设置在填方路段和挖填交接处。

【任务目标】

能对任务中出现的地表排水设施进行施工。

【任务实施流程与活动】

一、施工准备

1. 对任务进行阅读、理解，找出任务中出现的地表排水措施

2. 对该任务中出现的地表排水设施进行施工，需要的机具设备有哪些

序号	设备机具名称	数量

二、施工要求

三、施工流程及施工要点

四、各种地表排水措施的注意事项及使用条件

五、工作总结，经验交流

六、评价反馈

1. 学习自测题

完成教材课后练习题。

2. 学习目标达成度的自我检查

自我检查表

序号	学习目标	达成情况（在相应的选项后打"√"）		
		能	不能	如果不能，是什么原因
1	能遵守上课基本制度			
2	能遵守劳动纪律，以积极的态度接受工作任务			
3	能积极查阅资料、主动学习			
4	能相互协作、配合			
5	能100%完成任务			
6	能积极提出疑问			
7	能口述出这次任务的大概内容			
8	能收集归纳相关知识点			
9	安全文明施工			

3. 日常表现性评价（由小组长或者组内成员评价）

（1）工作页填写情况（　　　）。

A. 填写完整　　　　　　　　　B. 缺失 0%～20%

C. 缺失 20%～40%　　　　　　D. 缺失 40%以上

（2）工作页填写正确率（　　　）。

A. 80%以上　　　　　　　　　B. 60%以上

C. 60%以下　　　　　　　　　D. 极差

（3）总体表现评价（　　　）。

A. 非常优秀　　　　　　　　　B. 比较优秀

C. 需要改进　　　　　　　　　D. 急需改进

（4）是否达到全勤（　　　）。

A. 全勤

B. 缺勤（姓名：　　　　　　　　　　　　　　　　　　　　）

C. 缺勤（有请假，姓名：　　　　　　　　　　　　　　　　）

（5）其他建议：

　　　　　　　　　　　　　　　　　　小组长签名：　　　　　日期：

4. 教师总体评价

（1）小组成员整体表现评价。

① 姓名：　　　　非常优秀（　）比较优秀（　）需要改进（　）急需改进（　）

② 姓名：　　　　非常优秀（　）比较优秀（　）需要改进（　）急需改进（　）

③ 姓名：　　　　非常优秀（　）比较优秀（　）需要改进（　）急需改进（　）

④ 姓名：　　　　非常优秀（　）比较优秀（　）需要改进（　）急需改进（　）

⑤ 姓名：　　　　非常优秀（　）比较优秀（　）需要改进（　）急需改进（　）

⑥ 姓名：　　　　非常优秀（　）比较优秀（　）需要改进（　）急需改进（　）

⑦ 姓名：　　　　非常优秀（　）比较优秀（　）需要改进（　）急需改进（　）

⑧ 姓名：　　　　非常优秀（　）比较优秀（　）需要改进（　）急需改进（　）

（2）小组整体评价（　　　）。

A. 组长很负责，所有同学都能达成学习目标

B. 小组能完成学习任务，个别同学不能达成学习目标

C. 组内有 3～4 人不能达成学习目标

D. 组内大部分同学不能达成学习目标

　　　　　　　　　　　　　　　　　　教师签名：　　　　　日期：

任务三　地下排水措施

【知识目标】

（1）能说出地下排水措施的构造形式及使用范围。
（2）明确治理地下水的原则。
（3）能说出地下排水体系的构成。
（4）能说出地下排水设施的施工要点。
（5）能进行暗沟、渗沟、渗井等的施工。
（6）会识图。

【建议学时】

4 学时。

【任务描述】

某边坡地貌类型为峰林谷地、峰丛洼地等溶蚀类型，峰丛挺拔，洼地深小，相对高差 200～350 m，峰丛多呈圆顶，山坡坡脚 35°～50°，洼地多呈椭圆形和不规则的长条形，呈封闭状和半封闭状。溶洞、漏斗、落水洞、石芽等较发育，洼地最低处多发育有裂缝状漏斗、落水洞等。

【任务目标】

掌握边坡的地下防水排水措施。

地下排水设施是处治地下水的工程设施。由于地下水对坡体稳定性的危害很大，在边坡施工时应查清并采取适当的排水措施。地下排水设施设置于地面以下，不易维修，建成后难以查明失效情况，因此在施工及质量检测过程中应予以高度重视，严格按设计施工。排除地下水一般以导流为主，不宜采取堵塞的办法。

排除地下水是一项比较复杂、艰巨，而且投资较大的工程。设计中必须搜集足够的水文地质资料，注意施工质量，确保施工安全。

治理地下水的原则是"可疏而不可堵"。应该根据水文地质条件，特别是滑面（带）水分布类型，补给来源及方式，合理采用拦截、疏干、排引等排水措施，达到"追踪寻源，截断水流，降低水位，晾干土体，提高岩土抗剪强度，稳定滑坡"的目的。

一、常用排除地下水的工程措施

常用的排除滑坡体内地下水的工程措施有:
(1) 拦截地下水的建筑物:截水明沟、槽沟、排水隧洞以及截水渗沟等。
(2) 疏干地下水设施:边坡渗沟、支撑渗沟、疏干排水隧洞、渗水暗沟、渗井、渗管、渗水支垛、垂直钻孔排水等。
(3) 降低地下水的措施:多布置在路基两侧附近,其中常用的有槽沟、纵向渗沟、横向渗沟、排水隧洞、带渗井及渗管的隧洞等。

二、地下排水体系

反滤层

井点降水

集水井

目前常用的排除地下水的构筑物有明沟、槽沟、暗沟、渗沟、渗井等。

1. 明沟和槽沟

(1) 明沟和槽沟的构造形式。

明沟是在地面开挖沟道以排除地表积水、土壤中多余水分和过高的地下水的排水沟渠。一般适用于地下水埋藏很浅,仅在 1~2 m 之内,或水沟通过稳定地层能够进行较深的明挖的地方。

槽沟则用于处理地下水埋藏较深或地质不良,水沟边坡容易发生滑塌的地方,其深度可达到 3 m 左右。它能排除分布于渗透系数小的土层中土颗粒间孔隙内的地下水。

明沟、槽沟用处很广,可以做拦截、排引、疏干、降低地下水之用,施工简便、养护容易、造价低廉。

明沟、槽沟的断面形式,常用的有梯形和矩形两种,如图 6-3-1 和图 6-3-2 所示。明沟常用浆砌片石或砖砌筑,槽沟则有浆砌片石、木质结构及钢筋混凝土结构,并可根据其设置的位置和作用的不同分别做好过滤、隔水和防渗等设施。

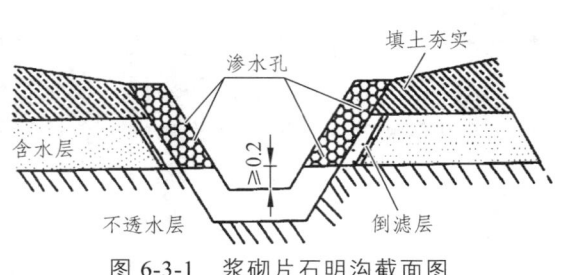

图 6-3-1 浆砌片石明沟截面图　　图 6-3-2 浆砌片石排水沟槽

(2) 明沟和槽沟的施工工艺。

明沟和槽沟的施工工艺流程如图 6-3-3 所示。

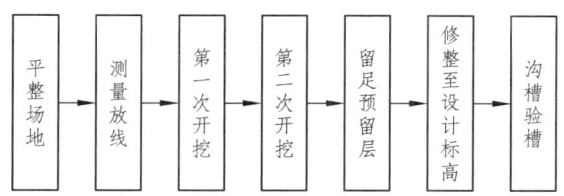

图 6-3-3 明沟、槽沟施工工艺流程

（3）明沟和沟槽的施工要求。

① 土方开挖的顺序、方法必须与设计工况一致，遵循"分层开挖、严禁超挖"的原则，挖至坑底 15~20 cm 时，由人工挖土至槽底设计标高。沟槽周边严禁超堆荷载。

② 如遇个别超挖，应用砂、碎石填补夯实，对软弱地基，经设计、监理同意后，可采取换填土层或加强垫层等方法。

③ 施工时，严格控制边坡坡度，为确保土坡自身稳定，要及时刷坡。

④ 土方开挖，不宜在雨天施工，如遇雨季，工作面不宜过大，应逐段、逐片完成。

2. 暗沟

（1）暗沟的构造形式。

暗沟指的是在路基或地基内设置的充填碎、砾石等粗粒材料并铺以倒滤层（有的埋设透水管）的排水、截水暗沟，是设在地面以下引导水流的沟渠，无渗水和汇水功能，如图 6-3-4 所示。当路基范围内遇有个别泉眼泉水外涌，路线不能绕避时，为将泉水引出路基，需修建暗沟。

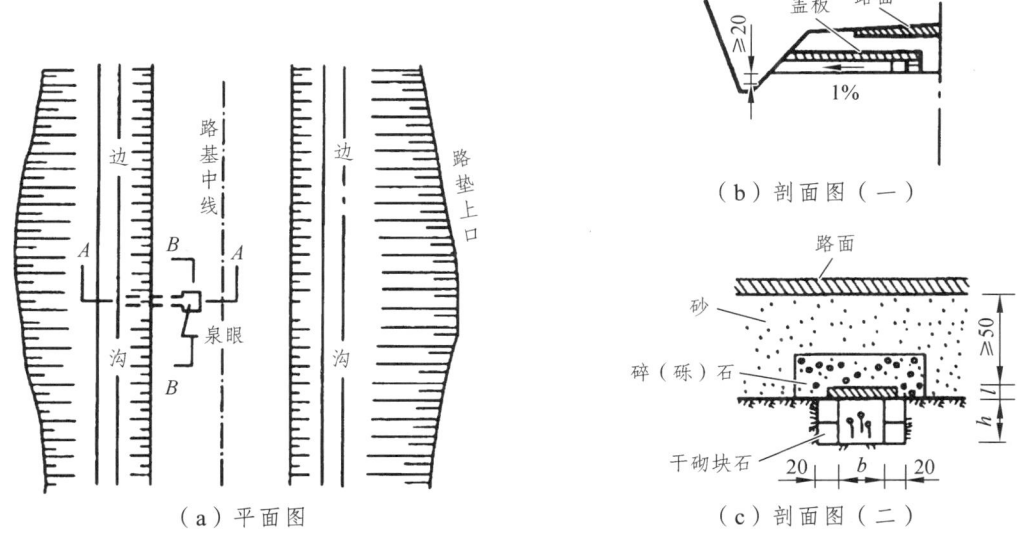

图 6-3-4 疏导路基泉水的暗沟构造图

暗沟构造简单，在路基填土之前，或挖出泉眼之后，按照泉眼范围大小，剥除泉眼上层浮土，挖出泉井，砌筑井壁与沟壁，上盖混凝土或石盖板。暗沟顶面必须设置混凝土面板，顶板覆土厚度应大于 50 cm。

（2）暗沟的施工工艺。

暗沟施工工艺流程如图6-3-5所示。

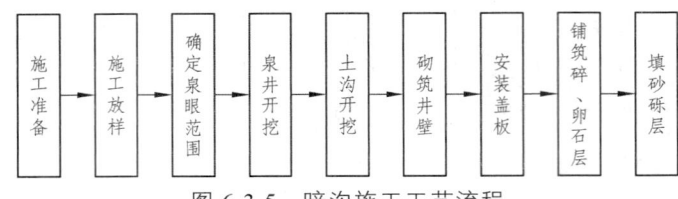

图6-3-5 暗沟施工工艺流程

（3）暗沟的施工要求。

① 暗沟设在路基旁侧时，宜沿路线方向布置；设在低洼地带或天然沟谷处时，宜顺山坡的方向布置。

② 暗沟必须埋入不透水层，沟壁最低一排渗水孔应高出沟底至少20 cm。

③ 沟底纵坡应大于0.5%，出水口处应加大纵坡，并高出地表排水沟常水位20 cm。

④ 暗沟采用混凝土或浆砌片石时，应设置一排或多排向沟中倾斜的渗水孔，沟壁外侧应填筑反滤层，用粗颗粒透水性材料或土工合成材料。

⑤ 沿沟槽底每隔10～15 m或在软硬岩层分界处应设置沉降缝和伸缩缝，缝中应填塞沥青麻絮或浸透沥青的木板或土工合成的弹性材料，不致漏水。

⑥ 应防止泥土或砂砾落入沟槽或泉眼，以免堵塞。

⑦ 施工一般有下游向上游开挖，随挖、随支撑、随填。

⑧ 寒冷地区暗沟应做好防冻保温措施，出水口也宜做好防冻保温措施。

3. 渗 沟

渗沟是采用渗透方式将路基工作区或以下较浅的大面积地下水汇集于沟内，并沿沟把水排到路基范围以外的排水设施统称为渗沟，如图6-3-6至图6-3-8所示。

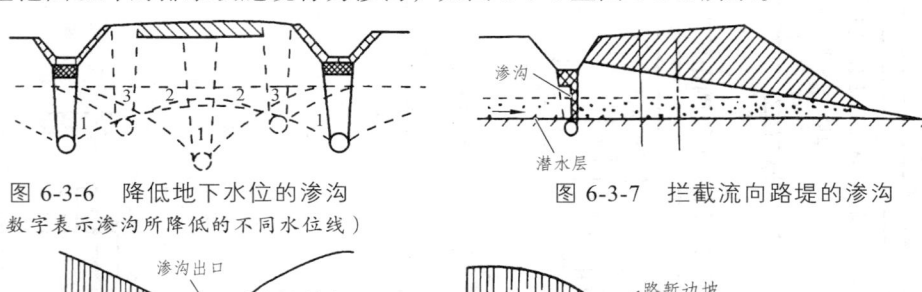

图6-3-6 降低地下水位的渗沟
（数字表示渗沟所降低的不同水位线）

图6-3-7 拦截流向路堤的渗沟

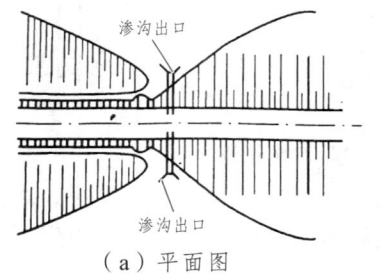

（a）平面图

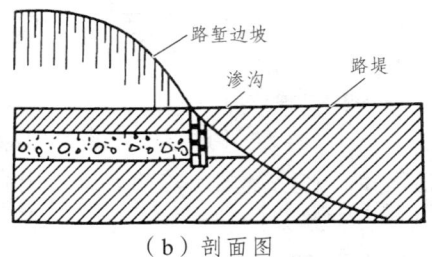

（b）剖面图

图6-3-8 拦截路堑层间地下水的渗沟

（1）渗沟的构造形式。

渗沟可设于路基边沟下面、边坡上或横穿路基。各类渗沟通常由排水层、反滤层和封闭层组成。

根据修筑形式不同，渗沟可分为填石渗沟（盲沟）、管式渗沟和洞式渗沟等。

根据作用不同，渗沟可分为截水渗沟、边坡渗沟和支撑渗沟等。

① 填石渗沟。

填石渗沟又称盲沟，用于流量不大、地下引水不长的地段的渗沟。填石渗沟断面通常为矩形和梯形，如图 6-3-9 和图 6-3-10 所示。

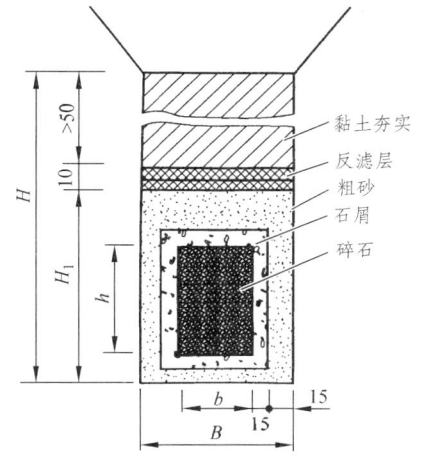

图 6-3-9　填石渗沟构造示意图（尺寸单位：cm）

图 6-3-10　填石渗沟构造

② 管式渗沟。

管式渗沟适用于地下引水较长，流量较大的地区。管式渗沟构造如图 6-3-11 和图 6-3-12 所示。当管式渗沟长度在 100～300 m 时，其末端宜设横向泄水管分段排除地下水。

管式渗沟的泄水管可用陶瓷、混凝土、石棉、水泥或塑料等材料制成，管壁应设泄水孔，交错布置，间距不宜大于 20 cm。渗沟的高度应使填料的顶面高于原地下水位。沟底材料一般用干砌片石、浆砌片石、混凝土或土工合成的防水材料。

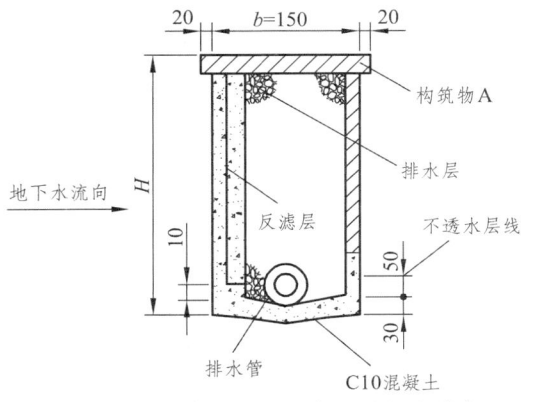

图 6-3-11　管式渗沟构造示意图（尺寸单位：cm）

图 6-3-12　管式渗沟

③ 洞式渗沟。

洞式渗沟适用于地下水流较大的地段，洞壁宜采用浆砌片石砌筑，洞顶应用盖板覆盖，盖板之间应留有空隙，使地下水流入洞内，如图 6-3-13 所示。

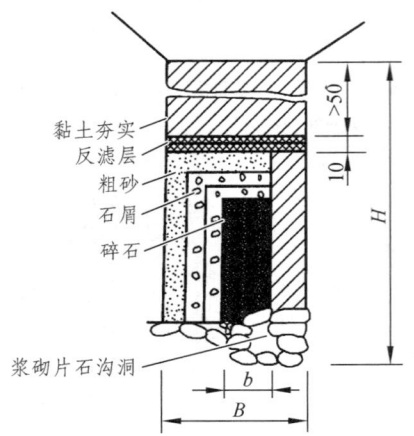

图 6-3-13 洞式渗沟构造示意图（尺寸单位：cm）

④ 截水渗沟。

当滑坡范围外有丰富的深层地下水进入滑坡体时，为了使地下水在流入滑坡体之前被拦截引离，可在垂直于地下水流方向上设置截水渗沟。

截水渗沟的位置，一般设置在滑坡体的后缘及其周围，距滑坡周界以外不少于 5 m 的稳定土体上，其平面位置呈折线或环状形，如图 6-3-14 所示。

截水渗沟适用于地下水位埋深在 15 m 以内，水流量较大，地下水为单向流动，含水层较明显的地区。沟底宽度不应小于 1.0~1.5 m，纵坡不得小于 4%~5%，填料应采用碎石、卵石、粗砂或片石，以利排水。

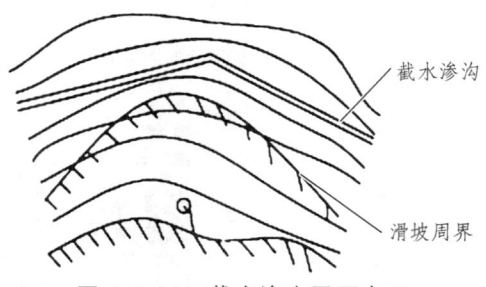

图 6-3-14 截水渗沟平面布置

⑤ 边坡渗沟。

边坡渗沟用于疏干潮湿的边坡和引排边坡局部出露的上层滞水或泉水，并起支撑边坡、减轻坡面冲刷的作用。适用于边坡不陡于 1∶1 的土质路堑边坡，也可用于加固潮湿的容易发生表土坍滑的土质路堤边坡。边坡渗沟的平面形状可作条带形、分岔形和拱形等。

对于较小范围的局部湿土或泉水出露处，宜用条带形布置；对于较大范围的局部湿土，宜用分岔形布置，如图6-3-15（a）所示。当边坡表土普遍潮湿时，宜用拱形与条带形相结合的布置形式，如图6-3-15（b）所示。

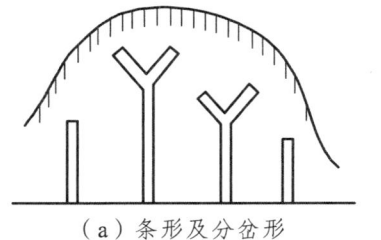
（a）条形及分岔形

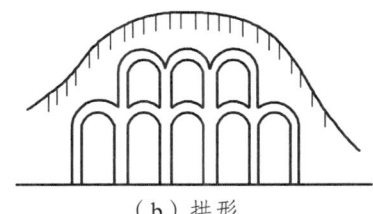
（b）拱形

图6-3-15 边坡渗沟设计图

边坡渗沟断面一般采用矩形，宽度多用1.2~1.5 m，一般不小于0.8 m，其间距取决于地下水的分布、流量和边坡土质等因素，一般采用6~15 m。由于引排的地下水流量较小，故沟底填以大粒径的石料作为排水通道，沟壁作反滤层。其余空间可利用当地卵石、砾石、碎石、粗砂以及过筛的炉渣等渗水好的材料填充。

⑥ 支撑渗沟。

支撑渗沟适用于较深层（2~10 m）滑动面的不稳定边坡，或在抗滑挡墙背后与挡墙配合使用，主要作用是支撑不稳定的土体兼引排土体中的地下水或上层滞水，达到疏干土体的目的。在底部采用浆砌片石铺砌隔水层，其厚度一般为0.2~0.3 m，为防止淤积，在支撑渗沟的进水侧壁及顶端应做各层0.2 m厚的砾砂及砂砾反滤层如，如图6-3-16所示。

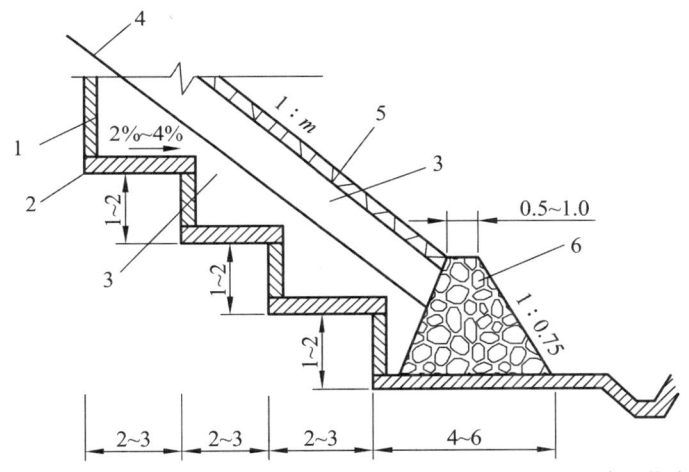

1—浆砌片石；2—开挖线；3—渗水材料填充；4—滑动面；5—浆砌片石护坡；6—挡墙。

图6-3-16 支撑渗沟示意图（尺寸单位：m）

支撑渗沟是滑坡整治中广泛使用的一种工程措施。它既可稳定边坡，又可疏排坡面出露的局部水流。支撑渗沟适应于富含裂隙水、局部容易坍塌的边坡，施工简便，布置灵活，一般使用在滑坡体前部，尤其在整治牵引式土体滑坡时，成效显著。

支撑渗沟的深度一般以不超过10 m为宜；断面采用矩形，宽度一般采用2~4 m，视渗沟深度、抗滑需要及便于施工等因素而定。其基底应设在滑动面以下的稳定地层内0.5 m，并设置2%~4%的排水纵坡。

（2）渗沟的施工工艺。

渗沟施工工艺流程如图 6-3-17 所示。

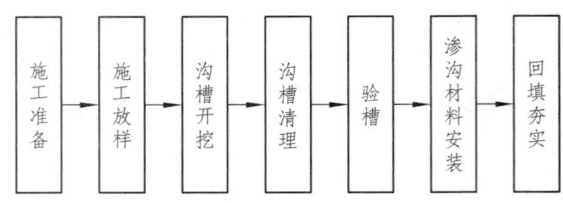

图 6-3-17　渗沟施工工艺流程

（3）渗沟的施工要求。

① 渗沟的基底应埋入不透水层，沟壁的一侧应设反滤层汇集水流，另一侧用黏土夯实或浆砌片石拦截水流。如渗沟沟底不能埋入不透水层时，两侧沟壁均应设置反滤层。

② 渗沟通常为矩形或梯形，用透水性好的卵石或碎石填筑，用土工合成材料包裹有孔的硬塑管，管四周填以大于硬塑管孔径的碎石、砾石做渗沟。

③ 渗沟顶部应设置封闭层，封闭层宜采用浆砌片石或干砌片石水泥砂浆勾缝，寒冷地区应设保温层，并加大出水口附近纵坡。

④ 渗沟宜从下游向上游开挖，并应随挖随支撑，及时回填，不可暴露太久，以免造成坍塌。当渗沟开挖深度超过 6 m 时，须选用框架式支撑。在开挖时自上而下随挖随支撑，施工回填时自下而上逐步拆除支撑。

⑤ 截水渗沟一般深而窄，为了维修和疏通的需要，在直线段每隔 30～50 m 和渗沟转折点、边坡处设置检查井。检查井井壁应设泄水孔，以排除附近的地下水。检查井的平面布置，如图 6-3-18 所示。

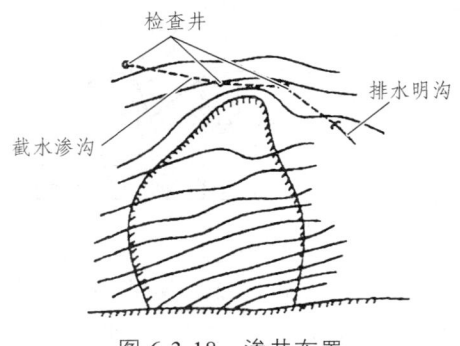

图 6-3-18　渗井布置

4. 渗　井

（1）渗井的构造形式。

当路基附近的地面水或浅层地下水无法排除，有渗透性土层，且地下水流向背离路基，地面水流量不大时设置的立式排水设施称为渗井。

（2）渗井的施工工艺。

渗井施工工艺流程如图 6-3-19 所示。

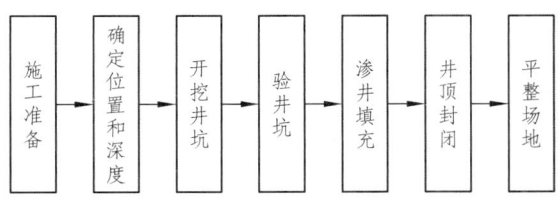

图 6-3-19　渗井施工工艺流程

（3）渗井的施工要求。

① 渗井采用支撑施工，从地面向下开挖，达到隧洞顶后再逐层填充，并随填随拆除支撑。在渗井与隧洞连接处应特别加固，以防隧洞承压过大导致破坏。

② 基底要求：无树根草皮和其他杂物，基底表面光滑平整。

③ 渗井直径一般为 0.5～0.6 m，井深应保证将地面水或浅层地下水引入透水层中。

④ 井内填充砂石料，按单一粒径分层填筑。下层透水层范围内填碎石或卵石，上层不透水范围填砂或砾石。

⑤ 渗井顶部四周用黏土填筑围护，井顶应加盖封闭。

⑥ 渗井开挖应随挖随支撑，及时回填，确保施工安全顺利。

 工程应用

运用本任务所讲内容，结合网络自学，对工作任务进行分析，亦可作为课后作业，检查本任务内容的掌握程度和实际运用能力。

 思考与练习

一、填空题

1. 常用的排除地下水的措施有_____、_____、_____、_____、_____等。
2. 槽沟的断面形式，常用的有_____和_____两种。
3. 边沟的断面形式一般为_____、_____、_____、_____。
4. 当路基范围内遇有个别泉眼，泉水外涌，路线不能绕避时，为将泉水引出路基，需修建_____。
5. 根据修筑形式不同，渗沟可分为_____、_____和_____等。
6. 渗沟根据作用不同，可分为_____、_____和_____等。

二、简答题

1. 常见的地下排水措施有哪些？
2. 暗沟有何作用？
3. 不同形式的渗沟在构造上有何不同？
4. 平孔排水的设计要点有哪些？
5. 渗沟施工需要注意哪些问题？
6. 截水沟施工应注意哪些问题？

任务工作页（一）

【学习目标】

（1）能积极接受工作任务，明确任务，确定小组成员。
（2）能说出常见的地下排水措施有哪些。
（3）能讨论出施工流程。
（4）能总结出施工注意要点。
（5）能正确识别各种排水措施的剖面图。
（6）能按照安全文明操作规程，做好安全防护措施。

【建议学时】

2学时。

【任务描述与分析】

某公路两侧，距路中心距离15 m处，开挖污水管道，深度为2.5~4.5 m，沟槽宽度为2 m，地层为素填土、淤泥质黏土、粉质黏土等黏土类地层，场地地下水为空隙潜水，试完成该沟槽的施工。

【任务目标】

对沟槽进行开挖施工。

【任务实施流程与活动】

一、施工准备

1. 沟槽开挖的原则是什么，施工前需要做哪些准备工作

2. 沟槽施工需要的机具设备有哪些

序号	设备机具名称	数量

二、需要做哪些安全文明施工措施

三、施工顺序及施工要点

四、管道的铺设与安装

五、需要哪些应急预案

六、工作总结，经验交流

七、评价反馈

1. 学习自测题

完成教材课后练习题。

2. 学习目标达成度的自我检查

自我检查表

序号	学习目标	达成情况（在相应的选项后打"√"）		
		能	不能	如果不能，是什么原因
1	能遵守上课基本制度			
2	能遵守劳动纪律，以积极的态度接受工作任务			
3	能积极查阅资料、主动学习			
4	能相互协作、配合			
5	能100%完成任务			
6	能积极提出疑问			
7	能口述出这次任务的大概内容			
8	能主动收集归纳相关知识点			
9	安全文明施工			
10	能主动思考，提出新的问题			

3. 日常表现性评价（由小组长或者组内成员评价）

（1）工作页填写情况（　　　）。

A. 填写完整　　　　　　　　　　B. 缺失0%~20%

C. 缺失20%~40%　　　　　　　D. 缺失40%以上

（2）工作页填写正确率（　　　）。

A. 80%以上　　　　　　　　　　B. 60%以上

C. 60%以下　　　　　　　　　　D. 极差

（3）总体表现评价（　　　）。

A. 非常优秀　　　　　　　　　　B. 比较优秀

C. 需要改进　　　　　　　　　　D. 急需改进

（4）是否达到全勤（　　　）。

A. 全勤

B. 缺勤（姓名：　　　　　　　　　　　　　　　）

C. 缺勤（有请假，姓名：　　　　　　　　　　　）

（5）其他建议：

小组长签名：　　　　　日期：

4. 教师总体评价

(1) 小组成员整体表现评价。

① 姓名：　　　非常优秀(　)　比较优秀(　)　需要改进(　)　急需改进(　)

② 姓名：　　　非常优秀(　)　比较优秀(　)　需要改进(　)　急需改进(　)

③ 姓名：　　　非常优秀(　)　比较优秀(　)　需要改进(　)　急需改进(　)

④ 姓名：　　　非常优秀(　)　比较优秀(　)　需要改进(　)　急需改进(　)

⑤ 姓名：　　　非常优秀(　)　比较优秀(　)　需要改进(　)　急需改进(　)

⑥ 姓名：　　　非常优秀(　)　比较优秀(　)　需要改进(　)　急需改进(　)

⑦ 姓名：　　　非常优秀(　)　比较优秀(　)　需要改进(　)　急需改进(　)

⑧ 姓名：　　　非常优秀(　)　比较优秀(　)　需要改进(　)　急需改进(　)

(2) 小组整体评价(　　)。

A. 组长很负责，所有同学都能达成学习目标

B. 小组能完成学习任务，个别同学不能达成学习目标

C. 组内有3~4人不能达成学习目标

D. 组内大部分同学不能达成学习目标

　　　　　　　　　　　　　　　　　　　教师签名：　　　　　日期：

任务工作页（二）

【学习目标】

（1）能积极接受工作任务，明确任务，确定小组成员。
（2）能说出渗沟的形式有哪些。
（3）能讨论出施工流程。
（4）能总结出施工注意要点。
（5）能正确识图。
（6）能按照安全文明操作规程，做好安全防护措施。

【建议学时】

2学时。

【任务描述与分析】

ZK108+913～ZK109+122路基属于填方路基，填方高度2m有余，路基填方采用隧道弃渣和路基挖余石方（中等风化砂岩和砾岩），ZK108+945路基底下设置58m的横向渗沟，ZK109+095路基底下设置14.2m的横向渗沟。

【任务目标】

横向渗沟施工尺寸高50 cm，宽50 cm，采用d=16 cm的软式透水管，渗沟内填筑3～7 cm的碎石，对该渗沟进行施工。

【任务实施流程与活动】

一、施工准备

1. 任务中的渗沟结构形式是什么

2. 需要的主要机具设备有哪些

序号	设备机具名称	单位	数量

3. 主要人员及劳动力配备

序号	姓名	职称	职位	备注

二、渗沟施工流程

三、渗沟技术要求及措施

四、质量保证措施

五、安全文明施工措施

六、工作总结，经验交流

八、评价反馈

1. 学习自测题

完成教材课后练习题。

2. 学习目标达成度的自我检查

自我检查表

序号	学习目标	达成情况（在相应的选项后打"√"）		
		能	不能	如果不能，是什么原因
1	能遵守上课基本制度			
2	能遵守劳动纪律，以积极的态度接受工作任务			
3	能积极查阅资料、主动学习			
4	能相互协作、配合			
5	能100%完成任务			
6	能积极提出疑问			
7	能口述出这次任务的大概内容			
8	能收集归纳相关知识点			
9	安全文明施工			

3. 日常表现性评价（由小组长或者组内成员评价）

（1）工作页填写情况（　　　）。

　A. 填写完整　　　　　　　　B. 缺失0%～20%

　C. 缺失20%～40%　　　　　D. 缺失40%以上

（2）工作页填写正确率（　　　）。

　A. 80%以上　　　　　　　　B. 60%以上

　C. 60%以下　　　　　　　　D. 极差

（3）总体表现评价（　　　）。

　A. 非常优秀　　　　　　　　B. 比较优秀

　C. 需要改进　　　　　　　　D. 急需改进

（4）是否达到全勤（　　　）。

A. 全勤

B. 缺勤（姓名：　　　　　　　　　　　　　　　　　）

C. 缺勤（有请假，姓名：　　　　　　　　　　　　　）

（5）其他建议：

小组长签名：　　　　　日期：

4. 教师总体评价

（1）小组成员整体表现评价。

① 姓名：　　　　非常优秀（　）比较优秀（　）需要改进（　）急需改进（　）

② 姓名：　　　　非常优秀（　）比较优秀（　）需要改进（　）急需改进（　）

③ 姓名：　　　　非常优秀（　）比较优秀（　）需要改进（　）急需改进（　）

④ 姓名：　　　　非常优秀（　）比较优秀（　）需要改进（　）急需改进（　）

⑤ 姓名：　　　　非常优秀（　）比较优秀（　）需要改进（　）急需改进（　）

⑥ 姓名：　　　　非常优秀（　）比较优秀（　）需要改进（　）急需改进（　）

⑦ 姓名：　　　　非常优秀（　）比较优秀（　）需要改进（　）急需改进（　）

⑧ 姓名：　　　　非常优秀（　）比较优秀（　）需要改进（　）急需改进（　）

（2）小组整体评价（　　　）。

A. 组长很负责，所有同学都能达成学习目标

B. 小组能完成学习任务，个别同学不能达成学习目标

C. 组内有 3～4 人不能达成学习目标

D. 组内大部分同学不能达成学习目标

教师签名：　　　　　日期：

项目七
边坡病害治理措施效果评价

◆ 工作导向流程图

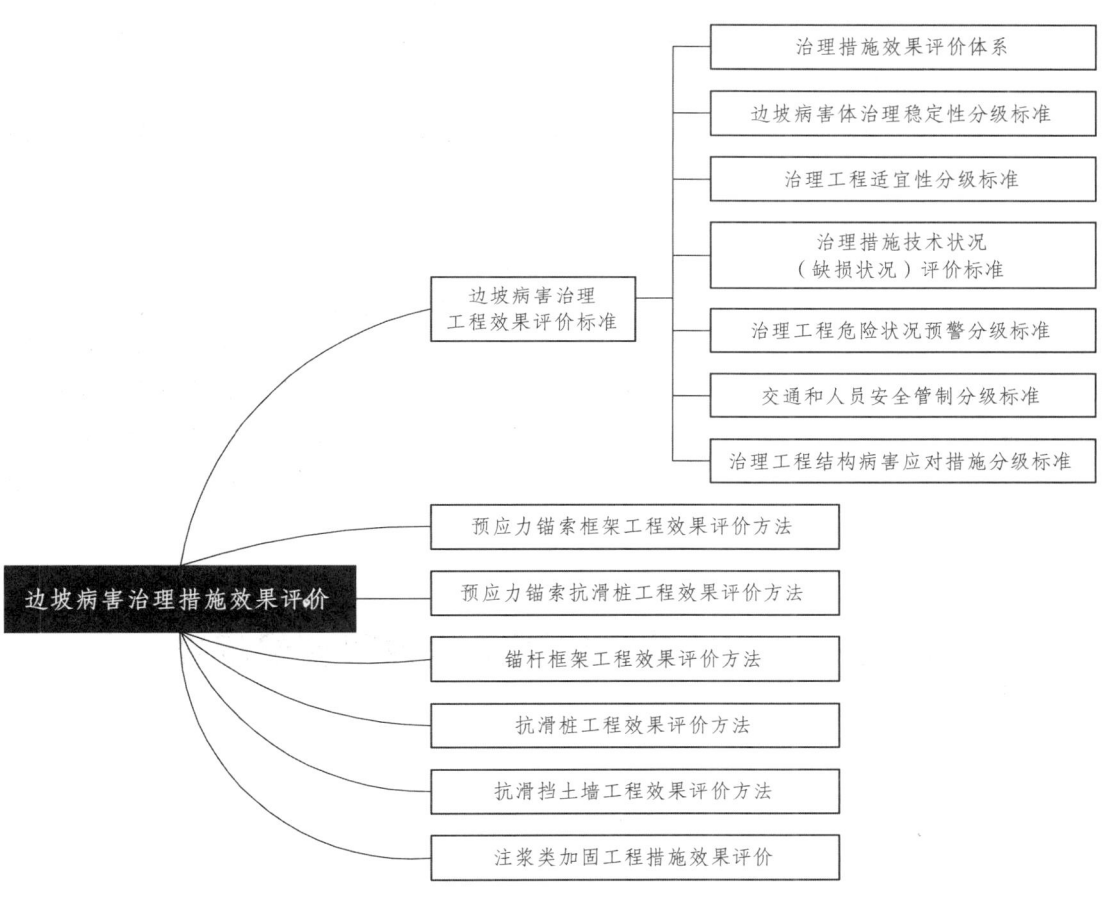

知识目标

（1）能出总结出评价系统的内容。
（2）知道评价系统的六个准则。
（3）每一个评价标准如何划分。
（4）知道预应力锚索框架的结构病害类型。
（5）了解抗滑桩的结构病害类型。

📝 **技能目标**

（1）针对具体的措施，能进行施工效果评价。
（2）能对具体的施工措施进行病害成因分析。

📝 **课时建议**

8学时。

📝 **项目目标**

通过本项目的学习，了解对施工措施进行效果评价时，它的评价体系是什么，如何评价，从哪些方面进行评价，产生病害的原因等。并能结合本项目知识、任务背景、工作任务页，简要设计效果评价方案。

边坡病害的处理，应达到一个什么样的标准，获得什么样的治理效果，才算合格？针对这个问题，需要建立一个评价体系。本项目内容是通过科学试验和理论分析，建立边坡病害治理措施效果评价体系。

针对中专和大专院校的学生，本项目内容可以作为一个拓展和了解的知识。

本项目列出了边坡病害治理措施效果评价的六个标准：边坡病害治理工程稳定性分级标准、治理工程适宜性分级标准、治理措施技术状况（缺损状况）评价标准、治理工程危险状况预警分级标准、交通管理和人员安全管制分级标准、治理工程病害应对措施分级标准。对预应力锚索框架、预应力锚索框架抗滑桩、锚杆框架、抗滑桩、抗滑挡墙等病害类型，提出了相应的适宜性、局部工作状态、整体作用安全状况评价分析，根据不同结果提出应对方案，并绘制出工程效果评价流程图。

任务一　边坡病害治理工程效果评价标准

【知识目标】

（1）能总结出治理措施的效果评价体系。
（2）知道各个评价标准的评价准则。
（3）能对各评价标准进行分析。

【课时建议】

2学时。

相关理论

一、治理措施效果评价体系

本任务从图 7-1-1 所示的几个方面进行，建立边坡安全评价体系，根据评价结果，采取相应等级的安全管制及整治措施。该图所示的边坡病害治理评价体系，包含了病害评价标准和对边坡整治措施的实施性标准，这些标准之间相互关联。在实际工程中，一般以最不利的评价结果，确定出对边坡治理措施病害的整治方案。

需要注意的是，不同部门、不同行业对边坡治理的安全等级要求不同，不同规范对边坡治理安全系数的取值要求各有所异。本书仅以公路规范为标准，当治理边坡体的稳定系数 $K = 1.2$ 时，即满足了要求，以此来确定各类分级标准。可根据相应规范对 K 值进行调整。

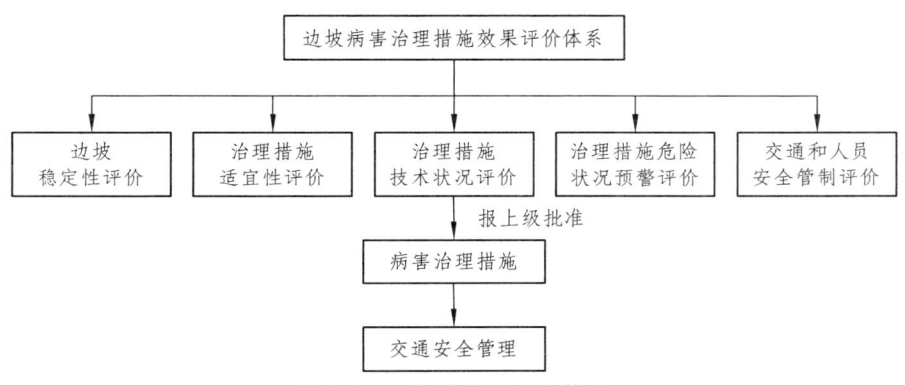

图 7-1-1　边坡治理评价体系

二、边坡病害体治理稳定性分级标准

边坡的整体稳定性对应于边坡的整体变形破坏，局部稳定性对应于边坡的局部变形破坏。根据边坡的整体稳定性和局部稳定性，将边坡病害体治理的稳定性划分为五级，如表 7-1-1 所示。

表 7-1-1　边坡病害体治理的稳定性分级标准

等级	稳定状态	K 的范围	地质条件是否恶化	整体失稳的概率	局部失稳的概率	对策
一级	稳定	$K \geq 1.2$	不会	没有可能	小	小修保养
二级	基本稳定	$1.15 \leq K < 1.2$	不会	小	较小	局部加固、中修
三级	欠稳定	$1.1 \leq K < 1.15$	会	较大	大	动态监测、大修
四级	不稳定	$1.05 \leq K < 1.1$	会	大	大	专项加固
五级	极不稳定	$1.0 \leq K < 1.05$	会	很大	大	应急抢险
		$K < 1.0$	会	已失稳	已失稳	灾后抢修

1. 稳　定

在工程使用年限内病害体不会发生任何整体和局部的变形破坏，稳定系数 $K \geqslant 1.2$。

2. 基本稳定

不会发生整体变形破坏，稳定系数 K 略小于规范值，即 $1.15 \leqslant K < 1.2$，但有可能发生局部的变形破坏。边坡病害体的局部变形破坏对边坡的整体稳定有一定的影响。

应采取的方案：定期寻找和检查边坡的变形迹象，对边坡进行局部加固，以防止病害积聚，由量变引起质变。

3. 欠稳定

虽然边坡的整体稳定系数 K 相对较大，即 $1.1 \leqslant K < 1.15$，但边坡的地质条件在不断恶化，边坡体向不稳定趋势发展，在工程使用年限内边坡体整体失稳的可能性较大。

应采取的方案：需采用常规手段监测变形破坏动态，结合大修对边坡进行加固，恢复边坡的稳定状态。

4. 不稳定

边坡的整体稳定系数 K 较小，即 $1.05 \leqslant K < 1.1$，远小于规范要求。同时，边坡的地质条件不断恶化，边坡体呈不稳定发展趋势，在工程使用年限内边坡体失稳的可能性大。

应采取的方案：对边坡进行连续动态监测，进行专项加固。

5. 极不稳定

虽然边坡体呈极不稳定状态，但根据病害的发展程度可划分为以下两类：

（1）极不稳定Ⅰ。

稳定系数 K 较小，即 $1.0 \leqslant K < 1.05$，边坡的地质情况不断恶化，边坡体向不稳定趋势发展很快，短期内很可能失稳。

应采取的方案：对边坡进行连续监测，实行专项加固或应急抢险措施。

（2）极不稳定Ⅱ。

边坡已整体失稳，即 $K < 1.0$，已形成灾害。

应采取的方案：需进行灾后处理，如维修、改建、重建。

三、治理工程适宜性分级标准

评价治理工程措施的适宜性，首先应假设在不存在边坡病害体的情况下，对工程措施的地质条件和环境进行分析，判断工程措施本身能否起作用，如预应力锚索框架是否有锚固条件、抗滑桩是否有持力层等，然后在此基础上再进行评价。总之，如果选用的治理措施能起到"对症下药""药到病除"的效果，称为治理措施适宜。反之，如果治理效果不显著，不能达到预期效果，称为不适宜。

导致边坡病害的因素有主要因素和次要因素，不同的边坡病害对治理工程措施有不同的破坏力。从工程措施对产生边坡病害主要因素的控制程度和对变形破坏力抵抗的有效性两个方面，结合工程施工的技术可行性、治理工程环境效果、造价，将边坡病害治理工程的适宜性划分为五个等级，如表 7-1-2 所示。

表 7-1-2　边坡病害治理工程适宜性分级标准

等级	适宜性	对主要因素的控制作用	对次要因素的抑制作用	对边坡破坏力的抵制作用	技术可行性	环境效果	造价	比较分析
一级	完全适宜	大	大	大	好	好	合理	方案好
二级	适宜	大	较小	大	好	好	合理	治理方案较好，需结合其他措施
三级	较适宜	较大	小	较大	较好	较好	较合理	方案具有可行性，需与其他方案比较
四级	较不适宜	较小	小	较小	较不好	较不好	较不合理	方案的可比性差，需配合其他措施
五级	不适宜	小	小	小	不好	不好	不合理	没有可比性，需结合其他措施

1. 完全适宜

工程措施对边坡病害的主、次要因素都能起到有效的抑制作用，能够有效地抵抗边坡的破坏力，施工简便易行，工程环境效果好，造价合理。治理方案合理。

2. 适　宜

工程措施对边坡病害主要因素能起到有效的抑制作用，能够有效地抵抗边坡的破坏力，施工简便易行，工程环境效果较好，造价较合理。但对产生边坡病害的次要因素的抑制效果较差，需要结合其他简单措施。治理方案较合理。

3. 较适宜

工程措施对边坡病害的主要因素的抑制作用较有效，对边坡破坏力的抵抗作用较有效，但效果不明显；对边坡病害的次要因素的抑制效果差，需与其他治理方案进行比较。

4. 较不适宜

工程措施对边坡病害的主要因素有一定的抑制作用，但工程效果较差；对边坡破坏力也有一定的抵制作用，但效果不明显；对边坡病害治理的作用小，治理方案的可比性差，需配合其他工程措施才能达到治理的效果。

5. 不适宜

工程措施对边坡病害的主要因素没有抑制作用，对边坡的破坏力没有抵抗作用，起不到治理边坡病害的作用，需比选其他工程措施。

四、治理措施技术状况（缺损状况）评价标准

对于具体的边坡病害治理工程措施，其病害的发生往往有主次之分，例如锚索桩板墙，主要由锚索和桩组成，桩间挡土板就是次要组成部分。

主要组成部分决定工程措施的承载能力（抗滑能力），次要组成部分是保证主要组成部分正常作用的必要部分。边坡病害整体缺损状况，分为五类进行评定，如表 7-1-3 所示。

表 7-1-3　边坡病害治理工程措施整体技术状况评定标准

等级	一类	二类	三类	四类	五类
状态	完好、良好状态	较好状态	较差状态	差状态	危险状态
应对措施	日常清洁、保养	小修	中修	大修、专项加固	抢修

1. 一类（完好、良好状态）

总体评价：

（1）主要组成部分功能及材料良好；

（2）次要组成部分无明显变形；

（3）工程措施的承载能力（抗滑能力）符合设计指标；

（4）只需简单的日常清洁保养。

2. 二类（较好状态）

总体评价：

（1）主要组成部分功能良好，材料局部（不大于 3%）有轻度缺损，结构裂缝宽度小于极限值，主要组件完好率达 95% 以上；

（2）次要组成部分有局部变形；

（3）工程措施的承载能力（抗滑能力）达到设计标准。

（4）实施小修保养措施。

3. 三类（较差状态）

总体评价：

（1）主要组成部分 10% 以内有缺陷，结构裂缝超限，出现轻度功能性病害，但发展缓慢，能正常发挥作用；

（2）次要组成部分出现较大变形，如进一步恶化，将会影响工程措施的正常使用；

（3）工程措施的承载能力（抗滑能力）比设计降低 10% 以内；

（4）需要采取中修措施。

4. 四类（差状态）

总体评价：

（1）主要组成部分 10%～20% 有严重缺陷，结构裂隙超限，出现中等功能性病害，且发展较快，结构变形小于或等于规范值，功能明显降低；

（2）次要组成部分20%以上有严重缺损，失去应有的功能，严重地威胁正常交通安全；
（3）工程措施的承载能力（抗滑能力）比设计降低10%~25%；
（4）需要通过特殊检查，确定大修、专项加固措施。

5. 五类（危险状态）

总体评价：

（1）主要组成部分出现严重的功能性病害，而且有继续扩展现象。关键部位的部分材料强度达到极限状态，结构变形大于规范值，随时危及交通安全；
（2）病害治理的工程措施的承载能力（抗滑能力）降低到25%以上，必须连续监测灾情，必要时封闭交通；
（3）要通过特殊检查，确定处治对象，随时做好抢险准备。

五、治理工程危险状况预警分级标准

对可能造成灾害和重大损失的情况应予以预警和报警，根据边坡病害的稳定状况和治理工程措施的安全状况将预警和报警等级划分为三级，如表7-1-4所示。

表7-1-4　边坡病害治理工程措施危险状况预警分级标准

预警等级	分级依据		预警和报警标准	对策
	边坡病害稳定状况	治理工程措施安全状况		
一	欠稳定或不稳定	欠安全（1.05≤K<1.15）或不安全	专项加固预警，对边坡的整体稳定和工程措施进行专项加固，进行连续动态监测，根据监测结果和工程需要进行交通管制	专项加固，恢复安全状态，进行连续动态监测，确定是否需要交通管制
二	极不稳定	很不安全	应急抢险报警，进行应急抢险，进行实时动态监测，根据灾害危险程度和灾害发展趋势进行群众安全管制，根据抢险工程需要和灾害状况进行交通管制	应急抢险，实时监测，根据监测数据，对群众和交通进行安全管制
三		很不安全	灾后抢修报警，补建、改建或重建，及时恢复交通	抢修、修复或重建、改建

六、交通和人员安全管制分级标准

当边坡发展到一定程度，威胁到车辆安全行驶，需要对交通进行管理。换句话说，根据边坡病害险情程度，管理部门应采取相应的交通安全和人员安全管理措施。

1. 交通管制分级标准

对出现不安全或险情的边坡，根据病害危险程度、发展趋势、发展速度，对过往车辆安全程度，分为三个等级进行管理，如表7-1-5所示。

表 7-1-5　交通管制分级标准

等级	情况描述	标准
一	边坡病害影响了路面平整度，或在路面范围内出现裂缝，但在近期整体是稳定的	限速或限距：限制车辆的行车速度和间距
二	部分路面受病害影响，已不能行车，或由于治理病害需要，要占用部分路面作为施工现场	限界：限制车辆行车边界，如封闭一条车道或半幅路等
三	由于病害影响，路面已失去行车条件，或病害有随时危及车辆安全的可能	中止交通：无行车条件，或出现险情，中止交通

2. 人员安全管制分级标准

对于出现不安全或险情的边坡，应根据对周围群众和过往行人的安全影响，实行分级管制，如表 7-1-6 所示。

表 7-1-6　人员安全管制分级标准

等级	情况描述	标准
一	边坡处于不稳定状态，或治理工程措施处于不安全状态，不能承受较大的人为荷载	限群聚：禁止在病害体附近进行群聚活动或其他人为加载活动
二	边坡病害在短期内可能发生失稳，或工程措施在短期内失效	限速：提醒过往行人快速穿行病害体，不宜逗留
三	边坡处于危险状态，随时有失稳的可能，危及过往行人的生命安全	限行：限制过往行人进入边坡病害区

七、治理工程结构病害应对措施分级标准

综合各种评价结果，提出边坡病害中治理工程结构病害的应对措施。应对措施共划分为六级标准，每级应对措施中包括工程对策、检查和监测要求、预警和报警标准。在预警和报警标准中，可根据监测的结果提出交通管制等级和群众安全管制等级。应对措施的分级标准如表 7-1-7 所示。

表 7-1-7　治理工程结构病害应对措施分级标准

等级	应对措施标准
Ⅰ	小修保养，正常检查
Ⅱ	中修，定期检查，简易观测
Ⅲ	大修，恢复规范的安全状态，常规监测
Ⅳ	专项加固，连续动态监测，采取一级预警措施
Ⅴ	应急抢险，实时监测，采取二级预警措施
Ⅵ	抢修，恢复原有工程或全面改进，灾后处理，采取三级预警措施

思考与练习

一、填空题

1. 边坡的整体稳定性对应于边坡的_____，局部稳定性对应于边坡的_____。
2. 在工程使用年限内病害体不会发生任何整体和局部的变形破坏，稳定系数 $K \geqslant$ _____。
3. 导致边坡病害的因素有_____和_____，不同的边坡病害对治理工程措施有不同的破坏力。
4. 根据边坡病害险情程度，管理部门应采取相应的_____和_____管理措施。

二、简答题

1. 治理措施效果评价体系主要由哪几部分构成？
2. 简述边坡病害体治理稳定性分级标准。
3. 简述治理工程适宜性分级标准。
4. 简述治理措施技术状况（缺损状况）评价标准。
5. 简述治理工程危险状况预警分级标准。
6. 简述交通和人员安全管制分级标准。
7. 简述治理工程结构病害应对措施分级标准。

任务工作页

【学习目标】

(1) 能积极接受工作任务，明确任务，确定小组成员。
(2) 能总结出工程效果评价体系包括哪些方面。
(3) 能说出每种评价标准的具体划分依据。

【建议学时】

2学时。

【任务描述与分析】

对已发生破坏的边坡或采取治理措施后的边坡，如何评价其治理效果。

【任务目标】

整理出边坡病害治理工程效果评价标准。

【任务实施流程与活动】

一、治理效果评价体系的构成

1. 工程效果评价体系的构成

序号	因素	等级	标准

2. 每种因素具体划分标准

因素	一类	二类	三类	四类

二、经对比分析后，应采用何种对策

三、对每种对策做具体解释

四、工作总结，经验交流

五、评价反馈

1. 学习自测题

完成教材课后练习题。

2. 学习目标达成度的自我检查

自我检查表

序号	学习目标	达成情况（在相应的选项后打"√"）		
		能	不能	如果不能，是什么原因
1	能遵守上课基本制度			
2	能遵守劳动纪律，以积极的态度接受工作任务			
3	能积极查阅资料、主动学习			
4	能相互协作、配合			
5	能100%完成任务			
6	能积极提出疑问			
7	能口述出这次任务的大概内容			
8	能收集归纳相关知识点			

3. 日常表现性评价（由小组长或者组内成员评价）

（1）工作页填写情况（　　）。

A. 填写完整　　　　　　　　B. 缺失 0%～20%

C. 缺失 20%～40%　　　　　D. 缺失 40%以上

（2）工作页填写正确率（　　）。

A. 80%以上　　　　　　　　B. 60%以上

C. 60%以下　　　　　　　　D. 极差

（3）总体表现评价（　　　）。

A. 非常优秀　　　　　　　　B. 比较优秀

C. 需要改进　　　　　　　　D. 急需改进

（4）是否达到全勤（　　　）。

A. 全勤

B. 缺勤（姓名：　　　　　　　　　　　　　　　　　　　　　）

C. 缺勤（有请假，姓名：　　　　　　　　　　　　　　　　　）

（5）其他建议：

小组长签名：　　　　　日期：

4. 教师总体评价

（1）小组成员整体表现评价。

① 姓名：　　　非常优秀（　）比较优秀（　）需要改进（　）急需改进（　）

② 姓名：　　　非常优秀（　）比较优秀（　）需要改进（　）急需改进（　）

③ 姓名：　　　非常优秀（　）比较优秀（　）需要改进（　）急需改进（　）

④ 姓名：　　　非常优秀（　）比较优秀（　）需要改进（　）急需改进（　）

⑤ 姓名：　　　非常优秀（　）比较优秀（　）需要改进（　）急需改进（　）

⑥ 姓名：　　　非常优秀（　）比较优秀（　）需要改进（　）急需改进（　）

⑦ 姓名：　　　非常优秀（　）比较优秀（　）需要改进（　）急需改进（　）

⑧ 姓名：　　　非常优秀（　）比较优秀（　）需要改进（　）急需改进（　）

（2）小组整体评价（　　　）。

A. 组长很负责，所有同学都能达成学习目标

B. 小组能完成学习任务，个别同学不能达成学习目标

C. 组内有3~4人不能达成学习目标

D. 组内大部分同学不能达成学习目标

教师签名：　　　　　日期：

任务二　预应力锚索框架工程效果评价方法

【知识目标】

（1）能说出预应力锚索框架的构成。
（2）知道预应力锚索框架病害类型及成因。
（3）能进行预应力锚索框架防治崩塌坍塌的适宜性评价。
（4）能对预应力锚索框架进行整体作用安全效果评价。

【建议学时】

2学时。

【任务描述】

某高速公路 K32+180～K33+110 路堑边坡由三种岩性的岩石组成，最上部为砂砾岩，下部为中、巨厚层强风化红砂岩，下部为中风化红砂岩，边坡中有两组节理，对边坡影响不大。

该边坡在设计时采用钢筋混凝土锚索骨架护坡，锚索为长 10～13 m 的高强钢丝。

【任务目标】

通过本任务及以前的学习，能对预应力锚索框架进行整体安全效果评价。

一、预应力锚索框架结构病害

预应力锚索框架是治理边坡病害最常见、最重要的措施之一。它主要由锚索、框架、坡面防护、排水设施及边坡地基等部件组成。其中，有些部件是以产生抗滑力为主，有些部件是以维护治理措施稳定性为主，它们共同组成一个整体维持坡体的稳定。

1. 病害类型

根据预应力锚索框架发生病害部位的不同，可划分为预应力锚索缺损、框架缺损、边坡地基缺损及坡面防护措施缺损四种，各种病害又可划分为若干类，如表 7-2-1 所示。

表 7-2-1　预应力锚索框架结构病害分类

预应力锚索框架结构病害	预应力锚索缺损病害	钢绞线缺损
		锚固段锚固力不足
		预应力锚索长度不足
		锚头缺损
	框架缺损病害	框架梁抗弯能力不足
		框架梁抗剪能力不足
		框架梁裂缝超限
	边坡地基缺损病害	框架悬空
		框架凹陷
	坡面防护措施缺损病害	框架坡面防护措施被雨水冲刷
		框架内发生局部坍塌

2．病害成因分析

（1）钢绞线缺损。

预应力锚索所用的钢绞线存在缺损后，可能产生的破坏形式有两种：① 锚索拉应力大于预应力锚索材料本身的强度而产生的拉断破坏（见图 7-2-1）；② 预应力锚索受到与杆体垂直方向的力而被剪断（见图 7-2-2），破坏的部位可能是在自由段也可能是在锚固段，其原因可能是施工缺陷，也可能是设计不当造成的。

如果破坏的位置在锚固段，从外部很难发现。如果是设计不当，当边坡的破坏力发展到一定程度，或与锚索垂直变形达到一定限度，就会发生这种病害。

（2）锚固段锚固力不足。

发生这种病害的原因有两种可能：①锚固段灌浆体与钻孔壁之间的黏结强度不足或岩土体发生剪切破坏（见图 7-2-3）；②钢绞线和灌浆体之间的黏结强度不足。

图 7-2-1　钢绞线断裂破坏

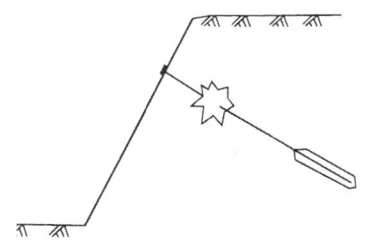
图 7-2-2　预应力锚索束体断裂破坏

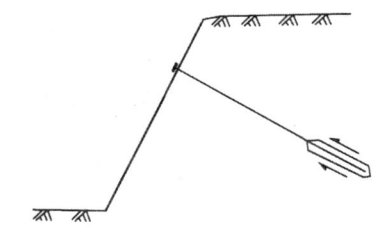
图 7-2-3　预应力锚索注浆体与岩土层面破坏

（3）预应力锚索长度不足。

预应力锚索的锚固段没有伸入到稳定岩体中，或者伸入到稳定岩体的长度不足，起不到加固边坡的作用，或加固效果不好（见图 7-2-4 和图 7-2-5）。之所以发生这种病害，除了施工中没有按设计下料造成预应力锚索的长度达不到设计长度以外，大多数情况是由于设计人员对边坡病害的范围估计不足或不当造成的。

图 7-2-4　预应力锚索框架整体"坐船"下滑

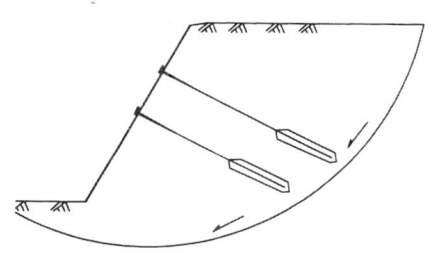
图 7-2-5　"坐船"效应

（4）锚头缺损。

这种病害的原因有两种：① 锚具质量有问题，这一般是由于锚具生产工艺不当造成的；② 锚头承压板或锚墩破坏（见图 7-2-6），锚头下的钢垫板受局部承压变形，主要原因是垫板厚度不足、强度不够、套管孔径大、垫板下混凝土压碎、钢垫板凹陷等，这种病害大多是施工质量存在缺陷造成的。对于后者，由于设计中的预应力锚索和框架往往不垂直，因此工程中常采用混凝土垫墩来调整使预应力锚索和框架垂直。

造成混凝土垫墩（锚墩）破坏的原因有：① 由于混凝土垫墩受压面积过小或受力过于集中造成垫墩被破坏；② 混凝土垫墩没有配置钢筋或配筋数量不足；③ 垫墩混凝土的养护期较短，混凝土强度不足，过早张拉预应力锚索而使垫墩混凝土被破坏。

（a）钢垫板变形缺陷

（b）钢垫板下混凝土压碎变形破坏

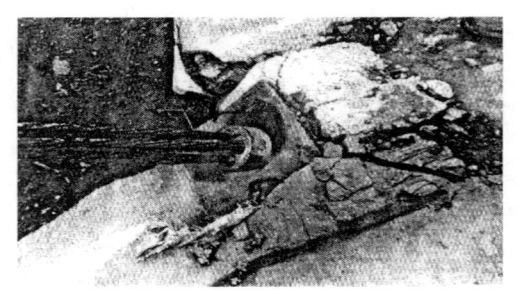

（c）锚墩混凝土受压破碎

图 7-2-6　锚头或锚墩破坏

（5）框架梁抗弯能力不足。

造成框架梁抗弯能力不足的原因是截面最大弯矩处梁的弯矩超过了抗弯能力，从而导致框架弯曲破坏（见图 7-2-7 和图 7-2-8）。

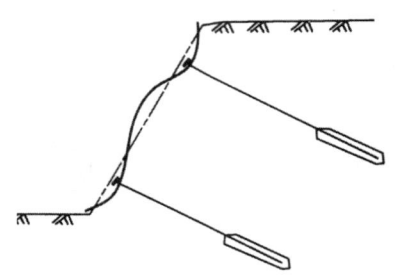 

图 7-2-7　框架梁受弯破坏示意图　　图 7-2-8　框架梁受弯破坏

（6）框架梁抗剪能力不足。

如果框架梁的截面抗剪能力不足，可能会引起剪切破坏。发生这种病害的原因，主要是由于截面混凝土的强度和箍筋数量不足引起的。

（7）框架梁裂缝超限。

主要是框架梁的竖向裂缝超过了允许范围。

（8）框架悬空。

由于框架梁底部土体发生变形破坏，导致的框架梁悬空、框架发生下错变形、下部锚头失去预拉力等破坏（见图 7-2-9 至图 7-2-11）。

 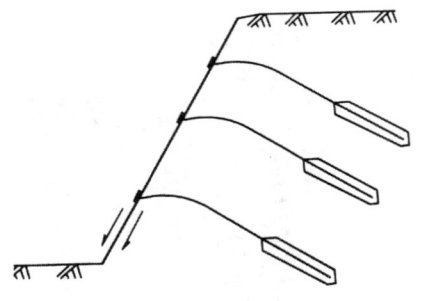

图 7-2-9　框架底破坏后框架整体下滑　　图 7-2-10　框架底破坏后框架整体下滑

图 7-2-11 预应力锚索拉断地梁下滑

（9）框架凹陷。

在松软土体中，预应力锚索框架加固边坡时，由于土体强度较低或框架截面尺寸偏小，在锚索拉力作用下，框架下地基承载力不足导致土体变形较大，造成框架陷入土体，如图 7-2-12 所示。

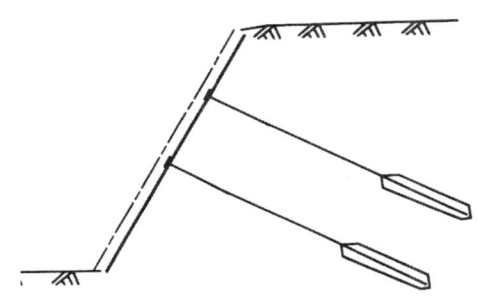

图 7-2-12 框架被拉入松软土体中

（10）框架坡面防护措施被雨水冲刷。

如果没有采取封闭式的坡面防护措施，如以植草防护为主，由于坡面植被稀少，且根系不发达，在雨水的作用下，易产生坡面防护措施被冲毁。

（11）框架内发生局部坍塌。

在地下水出口附近，或受地表水的影响，或边坡坡率较陡，原来坡面防护措施发生局部坍塌或破坏。

二、适宜性评价

预应力锚索框架的主要受力构件为预应力锚索，对于不具备锚固条件的病害体不适宜采用，对于具备锚固条件的病害体，应先进行适应性评价。具体分以下三种：

1. 防治崩塌的适宜性评价

对于已发生过的崩塌体采用预应力锚索框架不适宜；对于小型的潜在崩塌体较不适宜或不适宜；对大中型有潜在崩塌前兆但还没有倒塌的崩塌体，应先按表 7-2-2 进行适应性评价。

表 7-2-2　预应力锚索框架防治崩塌的适宜性评价

滑塌破坏模式	适宜性	说明
滑移式崩塌	完全适宜、适宜	崩塌的前期变形是滑动，预应力锚索防治滑动是有效的
倾倒式崩塌	不适宜	长期冲刷直立岩体的坡脚或坡脚软岩受雨水软化引起的崩塌不适宜
鼓胀式崩塌	较适宜	在软岩部位采用，提高岩体侧向承载力，限制鼓胀变形
拉裂式崩塌	不适宜	应以底部支顶为主，预应力锚索抗弯拉裂的效果差
错断式崩塌	不适宜	自然高陡边坡发生崩塌，预应力锚索框架对自然营力的限制作用小，不适宜采用
错断式崩塌	较适宜	人工高陡边坡，在边坡下部设预应力锚索框架提高岩体的抗剪断力，较适宜采用

2. 防治滑坡的适宜性评价

虽然预应力锚索框架可以提供较大的抗滑力，但对于小型滑坡的治理较不适宜，对于大中型滑坡的治理可按表 7-2-3 进行适宜性评价。

表 7-2-3　预应力锚索框架防治滑坡的适宜性评价

滑坡类型	适宜性	说明
塑流状滑坡	不适宜	由于预应力损失较大，预应力锚索起不到抗滑的作用
塑性滑坡	不适宜	由于预应力损失较大，预应力锚索起不到抗滑的作用
坡上滑坡	完全适宜	由于滑坡出口在斜坡上，预应力锚索框架可根据前缘出口和变形体的范围灵活设置
坡脚滑坡	适宜	滑动面在坡脚埋深不超过 2 m
坡脚滑坡	较适宜	滑动面在坡脚埋深 2~4 m
坡脚滑坡	较不适宜	滑动面在坡脚埋深 4~6 m
坡脚滑坡	不适宜	滑动面在坡脚埋深超过 6 m

预应力锚索框架对滑坡而言，提供抗滑力更直接有效，但是提供的抗剪切力较差。因此，对于边坡下部由于竖向承载力不足引起的滑坡，如单一采用预应力锚索框架治理不适宜。如果采用预应力锚索框架必须有提高承载力的措施，如采用竖向钢花管注浆技术。对于坡脚承载力不足引起的滑坡，也可以采用抗滑桩、抗滑挡墙等刚性支撑措施。

3. 防治坍塌的适宜性评价

预应力锚索框架对于小型坍塌的治理较不适宜；对于潜在的大中型坍塌的治理可按表 7-2-4 进行适宜性评价。

表 7-2-4　预应力锚索框架防治坍塌的适宜性评价

坍塌破坏模式	适宜性	说明
溜塌	不适宜	滑体易变形，很难提供锚固力
堆塌	较不适宜	坡体含水量大，强度低时，预应力损失大
堆塌	较适宜	坡体含水量相对小，有一定的强度，预应力损失在一定的限度内
滑塌	适宜	主要是结构面的强度低，岩体有一定的强度，具有较好的锚固效果

预应力锚索框架对错落和多种坡面病害的防治不适宜。对于错落转化成滑坡的防治,可按上述防治滑坡的适宜性进行评价。

三、整体作用安全状况评价

对于预应力锚索框架措施的整体安全状况评价方法有多种,如安全系数评价法和位移评价法,本任务主要研究的是安全系数评价法。

1. 评价系数

预应力锚索框架用于加固边坡时,其加固效果可用边坡整体安全系数 K 来衡量,因此安全系数 K 可作为预应力锚索框架整体作用安全状况的评价指标。

假设坡体总破坏力(滑坡下滑力)的水平分力为 E_x(不考虑安全系数计算结果),所有预应力锚索水平分力的总和 P_x(抗滑力即锚索拉力),则加固后边坡的安全系数 K 为

$$K = \frac{P_x}{E_x} \quad (7-2-1)$$

2. 评价方法

预应力锚索框架正常作用表现为加固边坡的安全系数在规范允许范围内。如果超出界限即为不正常,或可能存在安全问题。按表 7-2-5 进行安全状况评价。

表 7-2-5 预应力锚索框架整体安全状况安全系数评价方法

等级	安全状态	安全系数	特征	应对措施
一	安全	$K \geq 1.2$	预应力锚索框架在满足规范安全储备的条件下有效发挥作用	Ⅰ
二	基本安全	$1.15 \leq K < 1.2$	预应力锚索框架整体安全储备略小于规范要求,结构有整体变形破坏迹象,存在局部变形破坏	Ⅱ
三	欠安全	$1.1 \leq K < 1.15$	预应力锚索框架整体安全储备略小于规范要求,结构有整体变形破坏迹象,存在局部变形破坏,地质条件不断恶化	Ⅲ
四	不安全	$1.05 \leq K < 1.1$	边坡体的地质条件会恶化,病害体向不稳定的方向发展,锚固条件会恶化	Ⅳ
五	很不安全	$1.0 \leq K < 1.05$	边坡体的地质条件会恶化,病害体向不稳定的方向发展,短期内可能整体失稳,造成灾害事故,锚固条件恶化	Ⅴ
		$K < 1.0$	工程措施已部分或全部失效	Ⅵ

四、工程效果评价流程

对预应力锚索框架的工程效果评价流程如图 7-2-13 所示。

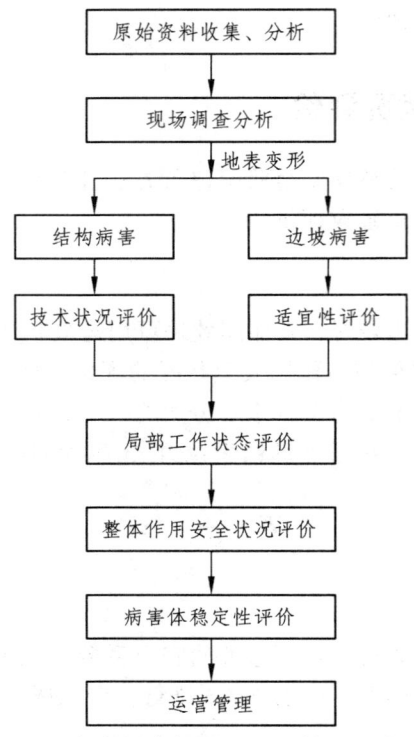

图 7-2-13 预应力锚索框架的工程效果评价工作流程

运用本任务所讲内容，结合网络自学，对工作任务进行分析，亦可作为课后作业，检查本任务内容的掌握程度和实际运用能力。

一、填空题

1. 预应力锚索框架主要由_____、_____、_____、_____及边坡地基构成。
2. 根据预应力锚索框架发生病害部位的不同，可划分为_____缺损、框架缺损、_____缺损及_____施缺损四种。
3. 如果钢绞线破坏的位置在_____，从外部很难发现。
4. 预应力锚索的锚固段没有伸入到_____中，或者伸入到稳定岩体的_____，都起不到加固边坡的作用。

5. 对于已发生过的崩塌体采用预应力锚索框架_____；对于小型的潜在崩塌体_____；对大中型有潜在崩塌前兆但还没有倒塌的崩塌体_____。

二、简答题

1. 预应力锚索框架主要由哪几部分构成？
2. 预应力锚索框架可能的病害类型及其成因有哪些？
3. 崩塌的适宜性评价包括哪些内容？
4. 坍塌的适宜性评价包括哪些内容？
5. 简述工程效果评价流程。

任务工作页

【学习目标】

（1）能积极接受工作任务，明确任务，确定小组成员。
（2）能列出预应力锚索框架的病害类型。
（3）能分析出病害产生的原因。

【建议学时】

2学时。

【任务描述与分析】

某高速公路 K32+180~K33+110 路堑边坡由三种岩性的岩石组成，最上部为砂砾岩，下部为中、巨厚层强风化红砂岩，下部为中风化红砂岩，边坡中有两组节理，对边坡影响不大。该边坡在设计时采用钢筋混凝土锚索骨架护坡，锚索为长 10~13 m 的高强钢丝。

【任务目标】

能对预应力锚索框架进行整体安全效果评价。

【任务实施流程与活动】

一、预应力锚索框架结构病害

1. 预应力锚索框架由哪几部分构成

2. 预应力锚索框架可能产生的病害类型

病害类型	产生原因

二、请对该工程措施进行适宜性评价

三、如何进行整体安全状况评价

四、工作总结，经验交流

五、评价反馈

1. 学习自测题

完成教材课后练习题。

2. 学习目标达成度的自我检查

自我检查表

序号	学习目标	达成情况（在相应的选项后打"√"）		
		能	不能	如果不能，是什么原因
1	能遵守上课基本制度			
2	能遵守劳动纪律，以积极的态度接受工作任务			
3	能积极查阅资料、主动学习			
4	能相互协作、配合			
5	能100%完成任务			
6	能积极提出疑问			
7	能口述出这次任务的大概内容			
8	能收集归纳相关知识点			

3. 日常表现性评价（由小组长或者组内成员评价）

（1）工作页填写情况（　　　）。

    A. 填写完整　　　　　　　　B. 缺失0%~20%

    C. 缺失20%~40%　　　　　　D. 缺失40%以上

（2）工作页填写正确率（　　　）。

    A. 80%以上　　　　　　　　B. 60%以上

    C. 60%以下　　　　　　　　D. 极差

（3）总体表现评价（　　）。

A. 非常优秀　　　　　　　　B. 比较优秀

C. 需要改进　　　　　　　　D. 急需改进

（4）是否达到全勤（　　）。

A. 全勤

B. 缺勤（姓名：　　　　　　　　　　　　　　　　　　）

C. 缺勤（有请假，姓名：　　　　　　　　　　　　　　）

（5）其他建议：

小组长签名：　　　　　日期：

4. 教师总体评价

（1）小组成员整体表现评价。

① 姓名：　　　非常优秀（　）比较优秀（　）需要改进（　）急需改进（　）

② 姓名：　　　非常优秀（　）比较优秀（　）需要改进（　）急需改进（　）

③ 姓名：　　　非常优秀（　）比较优秀（　）需要改进（　）急需改进（　）

④ 姓名：　　　非常优秀（　）比较优秀（　）需要改进（　）急需改进（　）

⑤ 姓名：　　　非常优秀（　）比较优秀（　）需要改进（　）急需改进（　）

⑥ 姓名：　　　非常优秀（　）比较优秀（　）需要改进（　）急需改进（　）

⑦ 姓名：　　　非常优秀（　）比较优秀（　）需要改进（　）急需改进（　）

⑧ 姓名：　　　非常优秀（　）比较优秀（　）需要改进（　）急需改进（　）

（2）小组整体评价（　　）。

A. 组长很负责，所有同学都能达成学习目标

B. 小组能完成学习任务，个别同学不能达成学习目标

C. 组内有 3~4 人不能达成学习目标

D. 组内大部分同学不能达成学习目标

教师签名：　　　　　日期：

任务三　预应力锚索抗滑桩工程效果评价方法

【知识目标】

（1）能说出预应力锚索抗滑桩结构病害类型。
（2）能对各种病害成因进行分析。
（3）能进行预应力锚索抗滑桩防治崩塌的适宜性评价。
（4）能进行预应力锚索抗滑桩防治崩塌的适宜性评价。
（5）能进行预应力锚索抗滑桩工程整体安全状况评价。

【课时建议】

2 学时。

【任务描述】

工程位于某安置房小区 H3 标段，全段长 260 m，共计使用 42 根锚索抗滑桩，锚索间距 2.1 m，桩顶高程平均在路面高程上 4.5 m 左右，桩间墙为重力式块石砌石挡墙。

【任务目标】

通过该任务的学习，能对预应力锚索抗滑桩措施进行施工。

相关理论

一、预应力锚索抗滑桩结构病害

1. 病害类型

将预应力锚索抗滑桩结构病害类型划分为 10 种，如表 7-3-1 所示。

表 7-3-1　预应力锚索抗滑桩结构病害类型

序号	病害类型	
1	预应力锚索缺损	钢绞线缺损
		锚固段锚固力不足
		预应力锚索长度不足
		锚头缺陷
2	抗滑桩缺损	抗弯能力不足
		抗剪能力不足
		桩顶位移超限

续表

序号	病害类型	
3	嵌固段缺损	桩竖向承载力不足
		桩侧向承载力不足
4	变形体缺损	变形体整体失稳
		越顶破坏
		土拱效应失效

2. 病害成因分析

预应力锚索抗滑桩的锚索缺损病害种类、发生病害的原因和预应力锚索框架相同，详见预应力锚索框架相关内容，在此不重复。

（1）抗滑桩抗弯能力不足。

抗滑桩的截面弯矩超过了桩自身的抗弯能力。

（2）抗滑桩抗剪能力不足。

这种病害的原因是抗滑桩的抗剪能力不足。

（3）抗滑桩桩顶位移超限。

对于路肩式预应力锚索抗滑桩，在路面结构施工以前，桩的侧向位移随着填筑高度的增加而增大，这种位移的增大不会影响预应力锚索抗滑桩的正常使用。如果在路面结构施工以后，桩的侧向位移过大就会引起路面开裂，从而引起地表水下渗，而下渗的结果可能会引起以下路基病害：

① 路基填土受水浸泡后，强度降低，引起路基下沉；

② 下沉量较大时因锚轴线垂直方向受力较大会引起预应力锚索产生破坏；

③ 地表水的下渗会引起填土体、填土与老地面间、填土层以下软弱夹层的剪切强度的降低，从而导致预应力锚索抗滑桩侧向受力增大，整体安全受到影响，以至产生破坏。

可见，在使用过程中，桩顶位移过大会引起多种病害。

（4）桩竖向承载力不足。

这种病害发生的情况很少，一般不进行专门的研究，当桩的埋入段较小且桩底是软弱基层时，可能会出现这种病害。

（5）桩侧向承载力不足。

桩侧向承载力不足会导致桩的侧向塑性变形较大。预应力锚索对桩顶位移的约束作用明显，预应力锚索抗滑桩的位移可以限制在一定的限度内，但也可能超出这种限度。《铁路路基支挡结构设计规范》（TB 10025—2001）中规定：抗滑桩锚固深度的计算，主要应根据地基的横向允许承载力确定，当桩的变形需要控制时，应考虑最大变形不要超过允许值。

（6）变形体整体失稳。

变形体整体失稳，意味着对边坡病害治理措施的失效，从而使坡体处于危险状态。

（7）桩顶破坏。

抗滑桩桩顶位置低或桩位靠前，虽然预应力锚索抗滑桩结构物本身完好，但边坡体产生了新的剪切口，变形体从抗滑桩顶以上滑出。

（8）土拱效应失效。

抗滑桩在正常的作用下，桩间土靠"土拱"效应实现桩土的共同作用，但当桩间岩土松软、潮湿时，"土拱"效应失效，变形体从桩间挤出，抗滑桩起不到抗滑的作用。

二、适宜性评价

预应力锚索抗滑桩的主要受力构件是桩和预应力锚索，凡是不具备桩的施工条件和锚固条件的病害体，均不适宜采用预应力锚索抗滑桩防治。

1. 防治崩塌的适宜性评价

预应力锚索抗滑桩对于小型崩塌体的治理不适宜或较不适宜，对已发生的崩塌体治理不适宜，对于潜在大中型崩塌体的治理可按表 7-3-2 进行适应性评价。

表 7-3-2　预应力锚索抗滑桩防治崩塌的适宜性评价

滑塌破坏模式	适宜性	说明
滑移式崩塌	不适宜	这类崩塌的出口较高，没有设桩的条件
拉裂式崩塌	不适宜	这类崩塌主要是下部悬空，上部岩体受弯造成的，应以支顶为主
倾倒式崩塌 错断式崩塌 鼓胀式崩塌	完全适宜	崩塌体的出口高于地面（开挖面、自然缓坡、平地），不超过 4 m 时，桩的效果较好
	适宜	崩塌体的出口高于地面 4～6 m
	较适宜	崩塌体的出口高于地面 6～8 m
	较不适宜	崩塌体的出口高于地面 8～12 m
	不适宜	崩塌体的出口高于地面超过 12 m

2. 防治滑坡的适宜性评价

由于预应力锚索抗滑桩对于小型滑坡的治理不适宜或较不适宜，对于大中型滑坡的治理可按表 7-3-3 进行适宜性评价。

表 7-3-3　预应力锚索抗滑桩防治滑坡的适宜性评价

滑坡类型	适宜性	说明
坡基滑坡	完全适宜	滑面在坡脚埋深超过 8 m
	适宜	滑面在坡脚埋深 4～8 m 范围内可与抗滑桩方案比较，也可以与预应力锚索框架方案进行比较，主要取决于滑坡推力的大小
坡上滑坡	适宜	滑动面没有向深部发展的可能，滑床岩体能提供足够的抗力，桩的持力层条件好
	较适宜	滑动面有向深部发展的可能，但可能发展的深度有限，滑床岩体能够提供较大的抗力，桩的持力层条件较好
	较不适宜	滑动面向深部发展的可能性很大，具有多层性，滑床岩体能够提供一定的抵抗力，桩的持力层条件较差
	不适宜	滑床岩体的强度低，提供抗力非常有限，桩的持力层条件较差

3. 防治坍塌的适宜性评价

预应力锚索抗滑桩防治小型坍塌不适宜；防治大中型坍塌的治理可按表 7-3-4 进行适宜性评价。

表 7-3-4　预应力锚索抗滑桩防治坍塌的适宜性

坍塌破坏模式	适宜性	说明
溜塌	不适宜	桩间形不成土拱效应，桩的施工条件差
堆塌	较不适宜	桩间的土拱效应较差，桩的施工条件较差
滑塌	适宜	桩间岩土能发挥土拱效应，桩具备施工条件

预应力锚索抗滑桩防治错落和坡面变形不适宜，但对错落转化成滑坡的防治适宜。

三、整体作用安全状况评价

本书采用安全系数法对预应力锚索抗滑桩整体作用的工程效果进行评价。因此，安全系数可以作为预应力锚索抗滑桩整体作用工程效果的评价参数。

1. 评价参数

预应力锚索抗滑桩用于加固边坡，其加固的作用表现为边坡变形体安全系数 K 的提高。评价系数的获取途径有：① 考虑预应力锚索抗滑桩的作用计算边坡的稳定系数；② 采用预应力锚索抗滑桩所提供的抗滑力与边坡破坏力（滑坡推力）的比值。

2. 评价方法

预应力锚索抗滑桩的正常作用表现为加固边坡的安全系数在规范允许的范围内，如果超出了规范允许的范围就认定不正常，或存在问题。根据超出范围的大小，按表 7-3-5 进行工程效果评价。

表 7-3-5　预应力锚索抗滑桩工程整体安全状况评价方法

等级	安全状态	安全系数	特征	应对措施
一	安全	$K \geqslant 1.2$	预应力锚索抗滑桩在满足规范安全储备的条件下有效发挥作用	Ⅰ
二	基本安全	$1.15 \leqslant K < 1.2$	预应力锚索抗滑桩整体安全储备略小于规范要求，结构没有整体变形破坏迹象，存在局部变形破坏	Ⅱ
三	欠安全	$1.1 \leqslant K < 1.15$	地质条件不断恶化，病害体向不稳定的方向发展，预应力锚索锚固条件和抗滑桩持力层条件会恶化，需要维修加固	Ⅲ
四	不安全	$1.05 \leqslant K < 1.1$	地质条件不断恶化，病害体向不稳定的方向发展，预应力锚索锚固条件和抗滑桩持力层条件会恶化，需要专项加固	Ⅳ
五	很不安全	$1.0 \leqslant K < 1.05$	边坡体的地质条件会恶化，病害体向不稳定的方向发展，短期内可能整体失稳，造成灾害事故，预应力锚索锚固条件和抗滑桩的持力层条件恶化	Ⅴ
		$K < 1.0$	工程措施已部分或全部失效	Ⅵ

四、工程效果评价工作流程

对预应力锚索抗滑桩的工程效果评价流程如图 7-3-1 所示。

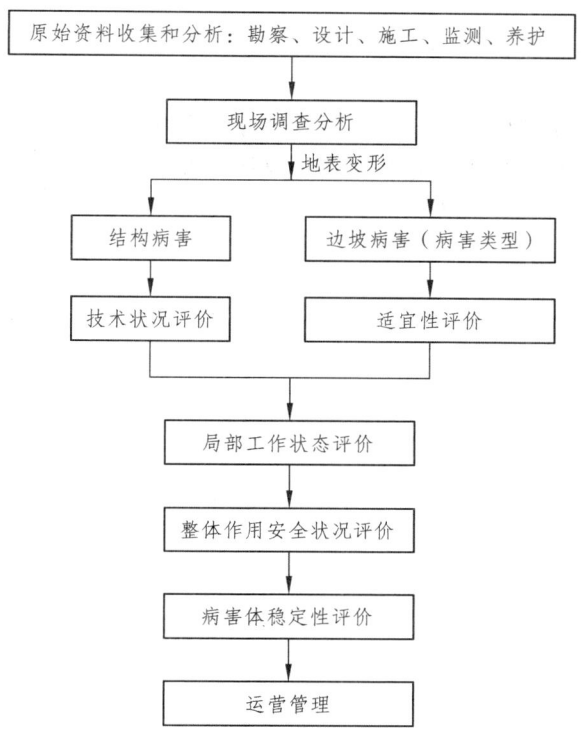

图 7-3-1　预应力锚索抗滑桩工程效果评价工作流程

　　运用本任务所讲内容，结合网络自学，对工作任务进行分析，亦可作为课后作业，检查本任务内容的掌握程度和实际运用能力。

一、填空题

1. 预应力锚索抗滑桩结构病害主要有_____、_____、_____、_____。
2. 抗滑桩抗弯能力不足的原因是抗滑桩的_____超过了桩自身的抗弯能力。
3. 抗滑桩在正常的作用下，桩间土靠_____实现桩土的共同作用，但当桩间岩土松软、潮湿时，它会失效，变形体从_____挤出，抗滑桩起不到抗滑的作用。

4. 预应力锚索抗滑桩防治_____和_____不适宜，但对错落转化成滑坡的防治适宜。
5. _____可以作为预应力锚索抗滑桩整体作用工程效果的评价参数。

二、简答题

1. 预应力锚索抗滑桩结构有哪些病害类型？
2. 形成各种病害成因有哪些？
3. 简述预应力锚索抗滑桩防治崩塌的适宜性评价内容。
4. 简述预应力锚索抗滑桩工程整体安全状况评价方法。
5. 简述工程效果评价工作流程。

任务工作页

【学习目标】

（1）能积极接受工作任务，明确任务，确定小组成员。
（2）能列出预应力锚索抗滑桩的病害类型。
（3）能分析出病害产生的原因。

【建议学时】

2学时。

【任务描述与分析】

工程位于某安置房小区 H3 标段，全段长 260 m，共计使用 42 根锚索抗滑桩，锚索间距 2.1 m，桩顶高程平均在路面高程上 4.5 m 左右，桩间墙为重力式块石砌石挡墙。

【任务目标】

能对预应力锚索抗滑桩进行整体安全效果评价。

【任务实施流程与活动】

一、预应力锚索抗滑桩结构病害

1. 预应力锚索抗滑桩由哪几部分构成

2. 预应力锚索抗滑桩可能产生的病害类型

病害类型	产生原因

二、该措施的质量目标和安全目标是什么

三、施工前需要做哪些准备工作

四、工程管理及施工人员配置计划

序号	名称	负责人姓名	人数	职业资格

五、施工组织机构

六、工作总结，经验交流

七、评价反馈

1. 学习自测题

完成教材课后练习题。

2. 学习目标达成度的自我检查

自我检查表

序号	学习目标	达成情况（在相应的选项后打"√"）		
		能	不能	如果不能，是什么原因
1	能遵守上课基本制度			
2	能遵守劳动纪律，以积极的态度接受工作任务			
3	能积极查阅资料、主动学习			
4	能相互协作、配合			
5	能 100%完成任务			
6	能积极提出疑问			
7	能口述出这次任务的大概内容			
8	能收集归纳相关知识点			

3. 日常表现性评价（由小组长或者组内成员评价）

（1）工作页填写情况（　　　）。

　A. 填写完整　　　　　　　　B. 缺失 0%～20%

　C. 缺失 20%～40%　　　　　 D. 缺失 40%以上

（2）工作页填写正确率（　　　）。

　A. 80%以上　　　　　　　　B. 60%以上

　C. 60%以下　　　　　　　　D. 极差

（3）总体表现评价（　　　）。

　A. 非常优秀　　　　　　　　B. 比较优秀

　C. 需要改进　　　　　　　　D. 急需改进

（4）是否达到全勤（　　　）。

　A. 全勤

　B. 缺勤（姓名：　　　　　　　　　　　　　　　　　　　　　）

　C. 缺勤（有请假，姓名：　　　　　　　　　　　　　　　　　）

（5）其他建议：

小组长签名：　　　　　　日期：

4. 教师总体评价

（1）小组成员整体表现评价。

①姓名：　　　　非常优秀（　）比较优秀（　）需要改进（　）急需改进（　）

② 姓名：　　　　非常优秀（　）比较优秀（　）需要改进（　）急需改进（　）
③ 姓名：　　　　非常优秀（　）比较优秀（　）需要改进（　）急需改进（　）
④ 姓名：　　　　非常优秀（　）比较优秀（　）需要改进（　）急需改进（　）
⑤ 姓名：　　　　非常优秀（　）比较优秀（　）需要改进（　）急需改进（　）
⑥ 姓名：　　　　非常优秀（　）比较优秀（　）需要改进（　）急需改进（　）
⑦ 姓名：　　　　非常优秀（　）比较优秀（　）需要改进（　）急需改进（　）
⑧ 姓名：　　　　非常优秀（　）比较优秀（　）需要改进（　）急需改进（　）
（2）小组整体评价（　　　）。
A. 组长很负责，所有同学都能达成学习目标
B. 小组能完成学习任务，个别同学不能达成学习目标
C. 组内有 3~4 人不能达成学习目标
D. 组内大部分同学不能达成学习目标

教师签名：　　　　日期：

任务四　锚杆框架工程效果评价方法

【知识目标】

（1）了解锚杆框架结构病害类型。
（2）能对各种病害成因进行分析。
（3）能进行锚杆框架防治崩塌的适宜性评价。
（4）能进行锚杆框架结构整体安全状况评价。

【课时建议】

2学时。

【任务描述】

K422+340～K422+560 右侧的路堑边坡，此边坡分为一、二、三级，分级高度为 10 m，均采用锚杆框架植草防护，边坡坡率为 1∶0.5。

【任务目标】

能对该锚索框架植被防护措施进行整体安全效果评价。

相关理论

一、锚杆框架结构病害

1. 病害类型

工程实践中，根据锚杆框架缺损病害发生的部位，可将其划分为锚杆缺损病害、框架缺损病害、边坡地基缺损病害和坡面防护措施缺损病害，如表 7-4-1 所示。

表 7-4-1　锚杆框架缺损病害种类

序号	病害种类	
1	锚杆缺损	锚固力不足
		杆体强度不足
2	框架缺损	框架梁抗弯能力不足
		框架梁抗剪能力不足
		框架梁裂缝超限
3	边坡地基缺损	框架悬空
		框架基底承载力不足
4	坡面防护措施缺损	框架坡面防护措施被雨水冲刷
		框架内发生局部坍塌

2. 病害成因分析

（1）锚固力不足。

普通钢筋锚杆是采用全孔一次注浆完成，杆体和注浆体之间全孔黏结而无自由段，因此锚杆需穿过变形体破裂面足够的长度。

穿过破裂面的锚杆部分为锚杆的锚固段（类似于预应力锚索的锚固段）；而另一部分为穿过变形体的部分，其与预应力锚索自由段的区别在于：**钢筋杆体与灌浆体黏结在一起，不能自由移动**。从理论上分析，如以破裂面为界，锚杆体上下两部分是对拉受力，杆体轴向力两端逐渐衰减。锚固力大小的决定因素是灌浆体和钻孔壁之间的黏聚力，要求锚固段有足够的长度，灌浆体和钻孔壁之间有足够的黏结强度，否则就会发生由于锚固力不足而引起的破坏。

（2）锚杆杆体强度不足。

锚杆杆体强度不足，即锚杆拉力超出了杆体钢筋的允许拉力。造成这种病害的原因：灌浆体质量缺损，或因钢筋的保护层厚度不够而被锈蚀。

二、适宜性评价

锚桩框架的主要受力构件是锚杆，对于不具备锚固条件的病害体不适宜采用；对于具有锚固条件的病害体，按以下提出的方法进行评价。

1. 防治崩塌的适宜性评价

对于大中型潜在崩塌体的防治不适宜，对于小型潜在崩塌体的治理可按表 7-4-2 进行适应性评价。

表 7-4-2　锚杆框架防治崩塌的适宜性评价

滑塌破坏模式	适宜性	说明
滑移式崩塌	完全适宜、适宜	锚杆框架防止滑动变形是有效的
倾倒式崩塌	不适宜	长期冲刷直立岩体的坡脚和坡脚软岩受雨水软化引起的崩塌
倾倒式崩塌	适宜	弯折式附加水平力作用下的崩塌
鼓胀式崩塌	较适宜	在鼓胀部位，采用锚杆框架，限制鼓胀变形
拉裂式崩塌	不适宜	施工条件差
错断式崩塌	不适宜	对自然高陡边坡潜在的崩塌应以底部支顶为主
错断式崩塌	较适宜	人工切坡引起的高陡边坡的崩塌

2. 防治滑坡的适宜性评价

锚杆框架对大中型滑坡的防治不适宜，对于小型滑坡的治理可按表 7-4-3 进行适宜性评价。

表 7-4-3　锚杆框架防治滑坡的适宜性评价

滑坡类型		适宜性	说明
塑流滑坡		不适宜	锚杆拉力很难起作用
塑性滑坡		较不适宜	
滑动块体	坡上滑坡	完全适宜	由于滑坡出口在斜坡上，锚杆框架可根据前缘出口和变形体的范围灵活设置
	坡基滑坡	适宜或较适宜	滑动面在坡脚埋深不超过 2 m，可灵活设置，提供较好抗滑力
		较不适宜	滑动面在坡脚埋深 2~4 m
		不适宜	滑动面在坡脚埋深大于 4 m

锚杆框架对于坡脚承载力不足引起的滑坡不适宜。

3. 防治坍塌的适宜性评价

防治大中型坍塌不适宜采用锚杆框架，对小型坍塌的防治可按表 7-4-4 进行适宜性评价。

表 7-4-4　锚杆框架防治坍塌的适宜性评价

坍塌破坏模式	适宜性	说明
溜塌	不适宜	形不成锚固力
堆塌	较适宜	框架尺寸可以较小，能形成一定的锚固力
滑塌	完全适宜、适宜	锚固效果较好

锚杆框架对错落不适宜。对错落转化成滑坡的防治较适宜，对各种坡面变形的防治较适宜或适宜。

三、整体作用安全状况评价

1. 评价参数

锚杆框架用于加固边坡，其加固作用表现为边坡变形体安全系数 K 的提高。因此，安全系数 K 可以作为锚杆框架整体作用安全状况评价参数。

参数的获取途径有：① 根据锚杆的锚固力与实测锚杆拉力的比值确定，大多数情况下没有实测值；② 根据所有锚杆的锚固力和边坡的破坏力进行比较确定。边坡的破坏力根据变形体的破坏模式、范围和强度参数计算得出；锚杆的锚固力是根据锚固段的长度和锚固体的强度参数按计算设计锚固力的方法计算得出，或进行现场拉拔试验得出。

2. 评价方法

锚杆框架正常起作用，表现为加固边坡的安全系数在规范允许的范围内，如果超出了规范允许的范围就认为不正常或存在安全问题。根据超出范围的大小，按表 7-4-5 进行安全等级划分。

表 7-4-5 锚杆框架整体作用安全状况评价方法

等级	安全状态	安全系数	特征	应对措施
一	安全	$K \geq 1.2$	锚杆框架在满足规范安全储备的条件下有效发挥作用	Ⅰ
二	基本安全	$1.15 \leq K < 1.2$	锚杆框架整体安全储备略小于规范要求，有变形破坏迹象，存在局部变形破坏	Ⅱ
三	欠安全	$1.1 \leq K < 1.15$	边坡体的地质条件会恶化，病害体向不稳定的方向发展，锚固条件不断恶化	Ⅲ
四	不安全	$1.05 \leq K < 1.1$	边坡体的地质条件不断恶化，病害体向不稳定的方向发展，锚固条件会恶化	Ⅳ
五	很不安全	$1.0 \leq K < 1.05$	边坡体的地质条件会恶化，病害体向不稳定的方向发展，短期内可能整体失稳，造成灾害事故，锚固条件恶化	Ⅴ
		$K < 1.0$	工程措施已部分或全部失效	Ⅵ

四、锚杆框架工程效果评价工作流程

锚杆框架的工程效果评价流程如图 7-4-1 所示。

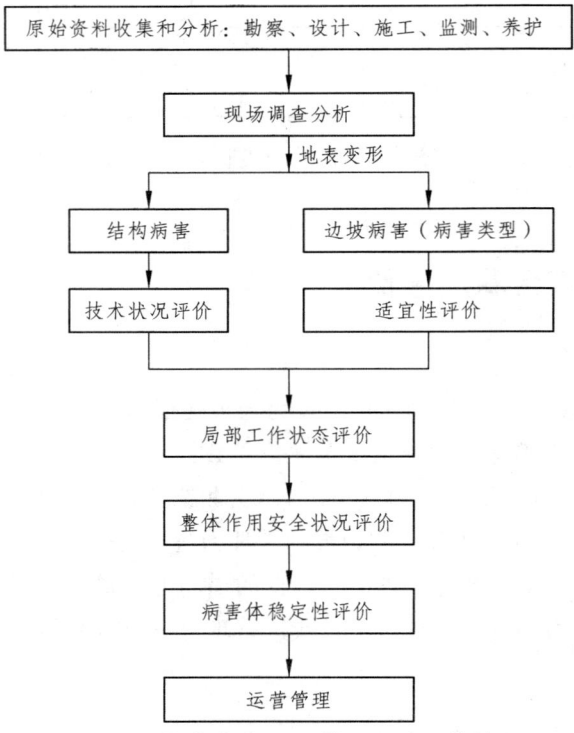

图 7-4-1 锚杆框架工程效果评价工作流程

运用本任务所讲内容,结合网络自学,对工作任务进行分析,亦可作为课后作业,检查本任务内容的掌握程度和实际运用能力。

一、填空题

1. 根据锚杆框架缺损病害发生的部位,可划分为_____病害、_____病害、边坡地基缺损病害和_____病害。

2. 边坡地基缺损主要包括_____和_____。

3. 锚杆缺损主要包括_____和_____。

4. 框架缺损主要包括_____、_____、_____。

5. 锚杆框架用于加固边坡,其加固作用表现为边坡变形体_____的提高。

二、简答题

1. 锚杆框架结构会产生哪些病害?
2. 各种病害的成因是什么?
3. 简述锚杆框架防治崩塌的适宜性评价内容。
4. 锚杆框架结构整体安全状况评价方法。
5. 简述锚杆框架工程效果评价工作流程。

任务工作页

【学习目标】

（1）能积极接受工作任务，明确任务，确定小组成员。
（2）能列出锚杆框架的病害类型。
（3）能分析出病害产生的原因。

【建议学时】

2学时。

【任务描述与分析】

K422+340~K422+560右侧的路堑边坡，此边坡分为一、二、三级，分级高度为10 m，均采用锚杆框架植草防护，边坡坡率为1∶0.5。

【任务目标】

对该锚索框架植被防护措施进行整体安全效果评价。

【任务实施流程与活动】

一、锚杆框架结构病害

1. 锚杆框架由哪几部分构成

2. 该锚杆框架可能产生的病害类型

病害类型	产生原因

二、请对该工程措施进行适宜性评价

三、如何进行整体安全状况评价

四、工作总结，经验交流

五、评价反馈

1. 学习自测题

完成教材课后练习题。

2. 学习目标达成度的自我检查

自我检查表

序号	学习目标	达成情况（在相应的选项后打"√"）		
		能	不能	如果不能，是什么原因
1	能遵守上课基本制度			
2	能遵守劳动纪律，以积极的态度接受工作任务			
3	能积极查阅资料、主动学习			
4	能相互协作、配合			
5	能100%完成任务			
6	能积极提出疑问			
7	能口述出这次任务的大概内容			
8	能收集归纳相关知识点			

3. 日常表现性评价（由小组长或者组内成员评价）

（1）工作页填写情况（　　　）。

A. 填写完整　　　　　　　　B. 缺失0%～20%

C. 缺失20%～40%　　　　　D. 缺失40%以上

（2）工作页填写正确率（　　　）。

A. 80%以上　　　　　　　　B. 60%以上

C. 60%以下　　　　　　　　D. 极差

（3）总体表现评价（　　　）。

A. 非常优秀　　　　　　　　B. 比较优秀

C. 需要改进　　　　　　　　D. 急需改进

（4）是否达到全勤（　　　）。

A. 全勤

B. 缺勤（姓名：　　　　　　　　　　　　　　　　　）

C. 缺勤（有请假，姓名：　　　　　　　　　　　　　　　）

（5）其他建议：

小组长签名：　　　　　　日期：

4. 教师总体评价

（1）小组成员整体表现评价。

① 姓名：　　　非常优秀（　）比较优秀（　）需要改进（　）急需改进（　）

② 姓名：　　　非常优秀（　）比较优秀（　）需要改进（　）急需改进（　）

③ 姓名：　　　非常优秀（　）比较优秀（　）需要改进（　）急需改进（　）

④ 姓名：　　　非常优秀（　）比较优秀（　）需要改进（　）急需改进（　）

⑤ 姓名：　　　非常优秀（　）比较优秀（　）需要改进（　）急需改进（　）

⑥ 姓名：　　　非常优秀（　）比较优秀（　）需要改进（　）急需改进（　）

⑦ 姓名：　　　非常优秀（　）比较优秀（　）需要改进（　）急需改进（　）

⑧ 姓名：　　　非常优秀（　）比较优秀（　）需要改进（　）急需改进（　）

（2）小组整体评价（　　　）。

A. 组长很负责，所有同学都能达成学习目标

B. 小组能完成学习任务，个别同学不能达成学习目标

C. 组内有3~4人不能达成学习目标

D. 组内大部分同学不能达成学习目标

教师签名：　　　　　　日期：

任务五　抗滑桩工程效果评价方法

【知识目标】

（1）能说出抗滑桩结构病害类型。
（2）能对各种病害成因进行分析。
（3）能进行抗滑桩防治崩塌的适宜性评价。
（4）能进行抗滑桩整体安全状况评价。

【课时建议】

2 学时。

【任务描述】

同项目三，此处不再赘述。

一、抗滑桩结构病害

1. 病害类型

抗滑桩结构病害类型如表 7-5-1 所示。

表 7-5-1　抗滑桩结构病害类型

序号	病害类型	
1	抗滑桩缺损病害	抗弯能力不足
		抗剪能力不足
		桩顶位移超限
2	嵌固段岩体缺损病害	桩侧岩土承载力不足
3	变形体缺损病害	越顶破坏
		土拱效应失效

2. 病害成因分析

对抗滑桩缺损病害成因的分析参照预应力锚索抗滑桩内容。

二、适宜性评价

1. 防治崩塌的适宜性评价

对于大型和小型崩塌体的治理采用抗滑桩不适宜或较不适宜,对于中型崩塌体的治理可按表 7-5-2 进行适宜性评价。

表 7-5-2　抗滑桩防治崩塌的适宜性评价

滑塌破坏模式	适宜性	说明
滑移式崩塌	不适宜	崩塌的出口较高,没有设桩的条件
拉裂式崩塌	不适宜	这类崩塌应以悬空部位支顶为主
倾倒式崩塌 鼓胀式崩塌 错断式崩塌	完全适宜	崩塌体的出口高于地面(开挖面、自然缓坡、平地),但不超过 2 m 时
	适宜	崩塌体的出口高于地面 2~4 m
	较适宜	崩塌体的出口高于地面 4~6 m
	较不适宜	崩塌体的出口高于地面 6~8 m
	不适宜	崩塌体的出口高于地面超过 8 m

2. 防治滑坡的适宜性评价

抗滑桩对于大型和小型滑坡的治理不适宜或较不适宜,对于中型滑坡的治理可按表 7-5-3 进行适宜性评价。

表 7-5-3　抗滑桩防治滑坡的适宜性评价

滑坡类型	适宜性	说明
坡基滑坡	不适宜	滑面在坡脚埋深超过 8 m
	较适宜、适宜	当滑面在坡脚埋深 4~8 m 时,采用抗滑桩是否适宜或较适宜可与预应力锚索抗滑桩比较;滑面在坡脚埋深不超过 4 m 时,与预应力锚索抗滑桩和预应力锚索框架进行比较
坡上滑坡	适宜	滑动面没有向深部发展的可能,滑床岩体能提供足够的抗力,桩的持力层条件好
	较适宜	滑动面有向深部发展的可能,但可能发展的深度有限,滑床岩体能够提供较大的抗力,桩的持力层条件较好
	较不适宜	滑动面向深部发展的可能性很大,具有多层性,滑床岩体能够提供一定的抗力,桩的持力层条件较差差
	不适宜	滑床岩体的强度低,提供抗力非常有限,桩的持力层条件较差

3. 防治坍塌的适宜性评价

抗滑桩防治大型和小型坍塌不适宜,防治中型坍塌的治理可按表 7-5-4 进行适宜性评价。

表 7-5-4 抗滑桩防治坍塌的适宜性评价

坍塌破坏模式	适宜性	说明
溜塌	不适宜	桩间形不成土拱效应，桩的施工条件差
堆塌	较不适宜	桩间的土拱效应较差，桩的施工条件较差
滑塌	适宜	桩间岩土能发挥土拱效应，桩具备施工条件

抗滑桩防治错落变形和坡面不适宜，但适宜防治错落转化成的滑坡。

三、整体作用安全状况评价

采用安全系数法对抗滑桩的整体安全状况进行评价。

1. 评价参数

抗滑桩用于加固边坡，其加固的作用表现为边坡变形体安全系数 K 的提高。因此，安全系数 K 可以作为抗滑桩整体安全状况评价参数。

评价参数的获取途径有：①考虑抗滑桩的作用计算边坡的稳定系数；②采用抗滑桩所提供的抗滑力与边坡破坏力（滑坡推力）的比值。

2. 评价方法

抗滑桩正常起作用表现为加固边坡的安全系数在规范允许的范围内，如果超过了规范允许的范围就认为不正常或存在安全问题。根据超出范围的大小，按表 7-5-5 进行评价。

表 7-5-5 抗滑桩安全状况评价方法

等级	安全状态	安全系数	特征	应对措施
一	安全	$K \geq 1.2$	抗滑桩在满足规范安全储备的条件下有效发挥作用	Ⅰ
二	基本安全	$1.15 \leq K < 1.2$	抗滑桩整体安全储备略小于规范要求，没有整体变形破坏迹象，存在局部变形破坏	Ⅱ
三	欠安全	$1.1 \leq K < 1.15$	边坡体的地质条件不断恶化，病害体向不稳定的方向发展，抗滑桩持力层条件会恶化，需要维修加固	Ⅲ
四	不安全	$1.05 \leq K < 1.1$	边坡体的地质条件不断恶化，病害体向不稳定的方向发展，抗滑桩持力层条件会恶化，需要专项加固	Ⅳ
五	很不安全	$1.0 \leq K < 1.05$	边坡体的地质条件会恶化，病害体向不稳定的方向发展，短期内可能整体失稳，造成灾害事故，抗滑桩的持力层条件恶化	Ⅴ
		$K < 1.0$	工程措施已部分或全部失效	Ⅵ

四、工程效果评价工作流程

抗滑桩的工程效果评价流程和预应力锚索抗滑桩流程大致相同，不再赘述。

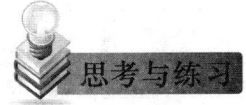

1. 抗滑桩会产生哪些病害？
2. 各种病害的成因是什么？
3. 简述抗滑桩防治崩塌的适宜性评价内容。
4. 抗滑桩整体安全状况评价方法。
5. 简述抗滑桩工程效果评价工作流程。

任务六　抗滑挡土墙工程效果评价方法

【知识目标】

（1）能说出抗滑挡土墙的病害类型。
（2）能对各种病害成因进行分析。
（3）能进行抗滑挡土墙防治崩塌的适宜性评价。
（4）能进行抗滑挡土墙整体安全状况评价。

【课时建议】

2学时。

【任务描述】

同项目四，此处不再赘述。

一、抗滑挡土墙结构病害

1. 病害类型

当抗滑桩连续布设，并组成一个整体，就筑成了抗滑挡土墙。但是，抗滑挡土墙多为圬工或素（少筋）混凝土浇筑而成，其使用范围同抗滑桩。

根据重力式抗滑挡墙的破坏形式可将其缺损病害划分为以下五类：① 基础滑动破坏；② 绕墙趾转动破坏；③ 基础不均匀沉陷；④ 墙身剪切破坏；⑤ 沿软弱层破裂面滑动。

2. 病害成因分析

（1）基础滑动破坏。

基础滑动破坏的原因是抗滑挡墙的抗滑力不足。

（2）绕墙趾转动破坏。

挡土墙发生绕墙趾转动破坏，分析其原因，可能是由于挡土墙抗倾覆力矩不足造成的。

（3）基础不均匀沉陷。

挡土墙发生的基础不均匀沉陷，多由于基底岩土的竖向承载力不足，靠近墙趾部分的竖向压力超过了地基的承载力。

（4）墙身剪切破坏。

挡土墙的墙身剪切破坏，是由于墙体材料的抗剪强度不足造成的，即墙体受到的横向剪切力大于墙体的抗剪强度。

（5）沿软弱层破裂面滑动。

当挡墙以下岩土的剪切强度较低，或存在下卧软层时，会产生沿墙踵的某一破裂面或沿下卧软弱层的滑动。

二、适宜性评价

1. 防治崩塌的适宜性评价

由于抗滑挡墙的抗滑能力有限，对于大中型崩塌体的治理不适宜，对于小型崩塌体的治理可按表 7-6-1 进行适应性评价。

表 7-6-1　抗滑挡墙防治崩塌的适宜性评价

滑塌破坏模式	适宜性	说明
滑移式崩塌	不适宜	一般滑移式崩塌的出口位置较高，采用挡墙高度较大
拉裂式崩塌	不适宜	以在悬空处设支撑墙较适宜，抗滑挡墙的作用有限
倾倒式崩塌 鼓胀式崩塌 错断式崩塌	不适宜	崩塌体的出口高于地面(自然缓坡平台、人工平台等)6 m
	较不适宜	崩塌体的出口高于地面 4~6 m
	较适宜	崩塌体的出口高于地面 2~4 m
	适宜	崩塌体的出口高于地面不超过 2 m

2. 防治滑坡的适宜性评价

抗滑挡土墙对于大中型滑坡的治理不适宜，对于小型滑坡的治理可按表 7-6-2 进行适宜性评价。

表 7-6-2　抗滑挡土墙防治滑坡的适宜性评价

滑坡类型	适宜性	说明
坡脚滑坡	适宜	滑面在坡脚处埋深不大于 2 m
	较适宜	滑面在坡脚埋处埋深 2~4 m
	不适宜	滑面在坡脚处埋深超过 4 m
坡上滑坡	不适宜	滑动出口高于地面 6 m
	较不适宜	滑动出口高于地面 4~6 m
	较适宜	滑动出口高于地面 2~4 m
	适宜	滑动出口高于地面不超过 2 m

3. 防治坍塌的适宜性评价

对于大中型边坡的坍塌采用抗滑挡墙防治不适宜，对于小型边坡坍塌，当坍塌体的底部高于地面超过 6 m 时不适宜，在 4~6 m 较不适宜，在 2~4 m 较适宜，不超过 2 m 适宜。

抗滑挡墙对于错落的防治不适宜，对坡面病害的防治较适宜。虽然抗滑挡墙能解决坡面病害的问题，但偏于保守。坡面病害一般采用防护措施即可。

三、抗滑软弱层滑动的工程效果评价

1. 评价参数

采用沿通过墙踵的破裂面或沿下卧软弱层滑动的稳定系数 K 作为评价参数。

参数获取途径：研究分析滑动的破坏模式、范围、计算参数，用极限平衡分析法或数值计算法确定滑动的稳定系数。

2. 评价方法

根据稳定系数 K 和规范要求的比较，按表 7-6-3 进行工程效果评价。

表 7-6-3　重力式抗滑挡土墙沿软弱层滑动的工程效果评价

等级	安全状态	评价参数和范围	特征	应对措施
一	安全	$K \geq 1.2$	重力式抗滑挡土墙在满足规范安全储备的条件下有效发挥作用	Ⅰ
二	基本安全	$1.15 \leq K < 1.2$	重力式抗滑挡土墙整体安全储备略小于规范要求，有变形破坏迹象，存在局部变形破坏	Ⅱ
三	欠安全	$1.1 \leq K < 1.15$	边坡体的地质条件不断恶化，病害体向不稳定的方向发展，抗滑条件会恶化	Ⅲ
四	不安全	$1.05 \leq K < 1.1$	地质条件不断恶化，病害体向不稳定的方向发展，抗滑条件会恶化	Ⅳ
五	很不安全	$1.0 \leq K < 1.05$	边坡体的地质条件不断恶化，病害体向不稳定的方向发展，短期内可能整体失稳，造成灾害事故，抗滑条件恶化	Ⅴ
		$K < 1.0$	工程措施已部分或全部失效	Ⅵ

四、抗滑挡土墙工程效果评价工作流程

抗滑挡土墙的工程效果评价流程如图 7-6-1 所示。

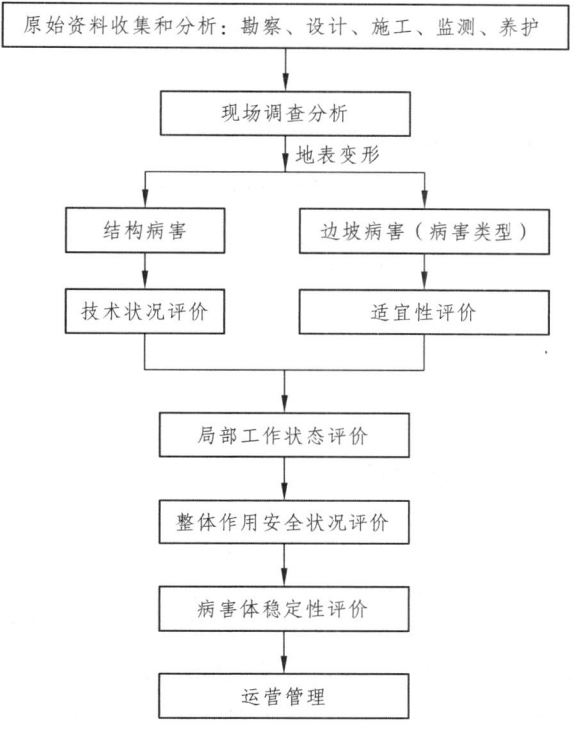

图 7-6-1　抗滑挡墙工程效果评价工作流程

1. 抗滑挡土墙会产生哪些病害？
2. 各种病害的成因是什么？
3. 简述抗滑挡土墙防治崩塌的适宜性评价内容。
4. 简述抗滑挡土墙整体安全状况评价方法。
5. 简述抗滑挡土墙工程效果评价工作流程。

任务七 注浆类加固工程措施效果评价

【知识目标】

(1) 能说出注浆类加固工程的类型。
(2) 能总结出边坡病害治理措施整体安全状态分级标准。
(3) 能进行压浆锚柱防治各类病害的适宜性评价。
(4) 能进行锚管框架防治各类病害的适宜性评价。

一、整体作用安全效果评价

对于注浆式锚杆的工程效果评价，包括两个部分：① 钻孔外注浆加固土体效果的评价；② 钻孔内注浆体和钢筋（管）杆体的抗滑支撑效果评价。

在不考虑施工质量的情况下，对钻孔内注浆体和钢筋（管）杆体的抗滑支撑效果能够较准确地定量评价；对钻孔外加固土体效果，只能进行大致的定量评价。常用的评价方法有安全系数评价法和宏观变形迹象评价法，本任务主要讲述安全系数评价法。

对于这类工程措施可以根据注浆扩散范围以及注浆扩散范围内强度的提高来计算边坡的破坏力；根据钻孔内钢筋（管）杆体的结构计算抗滑支挡力，将抗滑支挡力（水平方向）和边坡的破坏力（水平方向）的比值作为安全系数 K，再根据 K 值的大小按表 7-7-1 进行工程效果评价。

表 7-7-1 边坡病害治理措施整体安全状态分级标准

等级	安全状况	划分标准
一	安全	既没有整体变形破坏迹象，也没有局部变形破坏迹象，整体安全系数。$K \geq 1.2$
二	基本安全	没有整体变形破坏迹象，有局部变形破坏迹象，$1.15 \leq K < 1.2$
三	欠安全	$1.1 \leq K < 1.15$，边坡的地质条件不断恶化，边坡向不稳定方向发展，将来可能失效
四	不安全	整体安全系数 $1.05 \leq K < 1.1$，边坡的地质条件继续恶化，边坡向不稳定方向发展，将来可能失效
五	很不安全	边坡的整体安全系数 $1.0 \leq K < 1.05$，边坡的地质条件继续恶化，边坡向不稳定方向发展，短期内可能失效
		整体安全系数 $K < 1.0$，工程措施已部分失效或全部失效

二、适宜性评价

1. 压浆锚柱防治各类边坡病害的适宜性评价

（1）防治崩塌的适宜性评价。

压浆锚柱防治大、中型崩塌体不适宜或较不适宜，防治小型崩塌体按表7-7-2进行评价。

表7-7-2　压浆锚柱防治崩塌的适宜性评价

崩塌破坏模式	适宜性	说明
滑移式崩塌	适宜	压浆锚柱能够提供一定的抗滑力
拉裂式崩塌	不适宜	对拉裂破坏抵抗的作用小
倾倒式崩塌	较不适宜或不适宜	抵抗这类病害的作用有限
鼓胀式崩塌		
错断式崩塌		

（2）压浆锚柱防治滑坡的适宜性评价。

压浆锚柱防治滑坡的适宜性评价如表7-7-3所示。

表7-7-3　压浆锚柱防治滑坡的适宜性评价表

滑坡类型	适宜性	说明
浅层滑坡	适宜	特别是对于大面积的浅层滑坡防治有效
中层滑坡	较不适宜	单根结构抗滑能力有限
厚层滑坡	不适宜	滑面深、滑坡推力大，锚柱作用
巨厚层滑坡		

（3）压浆锚柱防治坍塌的适宜性评价。

压浆锚柱防治小型坍塌体较适宜，防治大、中型坍塌体较不适宜或不适宜。

（4）压浆锚柱防治错落的适宜性评价。

压浆锚柱防治小型错落体较适宜，防治大、中型错落体较不适宜或不适宜。

（5）压浆锚柱防治坡面病害的适宜性评价。

压浆锚柱不适宜防治坡面变形病害。

2. 锚管框架防治各类病害的适宜性评价

（1）锚管框架防治崩塌的适宜性评价。

锚管框架防治崩塌的适宜性按表7-7-4进行评价。

表7-7-4　锚管框架防治崩塌的适宜性评价

崩塌破坏模式	适宜性	说明
滑移式崩塌	适宜	注浆和钢锚管都能起到抗滑的作用
拉裂式崩塌	不适宜	应以悬空处支护为主
倾倒式崩塌	较适宜	能对产生倾倒的因素起到抑制作用
鼓胀式崩塌	完全适宜	针对变形部位进行加固
剪断式崩塌		

（2）锚管框架防治滑坡的适宜性评价。

锚管框架防治滑坡的适宜性评价按表7-7-5进行评价。

表 7-7-5　锚管框架防治滑坡的适宜性评价

滑坡类型	适宜性	说明
巨厚层滑坡	不适宜	钢锚管太长
厚层滑坡	不适宜	钢锚管较长
中层滑坡	较不适宜	滑带为黏性土、粉土，可灌性较差
中层滑坡	较适宜	滑带为砂性土、碎石土，可灌性好
浅层滑坡	较适宜	滑带为黏性土、粉土，可灌性较差
浅层滑坡	适宜或完全适宜	滑带为砂性土、碎石土，可灌性好

（3）锚管框架防治坍塌的适宜性评价。

锚管框架防治坍塌的适宜性按表7-7-6进行评价。

表 7-7-6　锚管框架防治坍塌的适宜性评价

坍塌破坏模式	适宜性	说明
溜塌	不适宜	注浆效果不大
堆塌	较适宜	坍塌体呈砂土状
堆塌	适宜	坍塌体呈碎石土状
滑塌	完全适宜	抗滑和注浆效果都很明显

（4）锚管框架防治错落的适宜性评价。

锚管框架防治错落的适宜性按表7-7-8进行评价。

表 7-7-8　锚管框架防治错落的适宜性评价

错落破坏模式	适宜性	说明
反倾错落	适宜	软岩错落带裂隙发育
反倾错落	较适宜	软岩错落带裂隙不发育
顺倾错落	适宜	错落带呈碎裂状、碎石土状、砂土状，可灌性好
顺倾错落	较不适宜	错落带呈黏性土状、粉土状，可灌性差

 **思考与练习**

1. 对于注浆式锚杆的工程效果评价的内容主要有哪些？
2. 简述边坡病害治理措施整体安全状态分级标准。
3. 简述压浆锚柱防治崩塌的适宜性评价内容。
4. 简述压浆锚柱防治坍塌的适宜性评价内容。
5. 简述压浆锚柱防治滑坡的适宜性评价内容。
6. 怎样进行锚管框架防治坍塌的适宜性评价？
7. 怎样进行锚管框架防治错落的适宜性评价？

思考与练习
参考答案

参考文献

[1] 高民欢，李辉，张新宇，等. 高等级公路边坡冲刷理论与植被防护技术[M]. 北京：人民交通出版社，2005.

[2] 王红霞. 公路路基与路面养护[M]. 北京：人民交通出版社，2009.

[3] 赵明阶，何光春，王多垠，等. 边坡工程处治技术[M]. 北京：人民交通出版社，2003.

[4] 蒋鹏飞，李志勇，舒安平，等. 公路边坡防护技术[M]. 北京：人民交通出版社，2011.

[5] 张士彩. 工程地质[M]. 武汉：武汉大学出版社，2013.

[6] 张玉芳，王春生，张从明. 边坡病害及治理工程效果评价[M]. 北京：科学出版社，2009.

[7] 张从明，李国峰. 公路边坡治理措施及安全评价方法[M]. 北京：人民交通出版社，2009.

[8] 郭长庆，梁勇旗，魏进，等. 公路边坡处治技术[M]. 北京：中国建筑工业出版社，2007.

[9] 刘兴远，雷用，康景文. 边坡工程——设计·监测·鉴定与加固[M]. 北京：中国建筑工业出版社，2007.

[10] 刘丽萍. 土木工程锚固与支护技术[M]. 北京：机械工业出版社，2012.

[11] 李建林，王乐华. 边坡工程[M]. 重庆：重庆大学出版社，2013.

[12] 邝青梅，高连生. 路基路面施工技术[M]. 北京：人民交通出版社，2009.

[13] 何满潮. 中国典型工程边坡（矿山工程卷）[M]. 北京：煤炭工业出版社，2008.

[14] 胡厚田. 崩塌与落石[M]. 北京：中国铁道出版社，1989.

[15] 胡厚田，赵晓彦. 中国红层边坡岩体结构类型的研究[J]. 岩土工程学报，2006，28（6）：689-693.

[16] 霍明，王恭先. 中国典型工程边坡（交通工程卷）[M]. 北京：人民交通出版社，2008.

[17] 李中国，张玉芳. 高陡预应力锚索框架在加固路堑边坡中的应用[J]. 铁道建筑，2005（5）：53-55.

[18] 刘宝奎，张玉芳，王荣，等. 预应力锚索框架用于高边坡加固的实测与分析[J]. 铁道建筑，2005（1）：59-61.

[19] 铁道部宝成铁路修建总结委员会. 路基设计及坍方滑坡处理[M]. 北京：人民铁道出版社，1959.

[20] 徐邦栋. 滑坡分析与防治[M]. 北京：中国铁道出版社，2001.

[21] 云南元磨高速公路建设指挥部，中国铁道科学研究院. 元磨高速公路边坡病害群治理工程效果评价及应对措施研究报告[R]. 云南元磨高速公路建设指挥部，2007.

[22] 张咸恭，王思敬，张倬元. 中国工程地质学[M]. 北京：科学出版社，2000.

[23] 张玉芳. 京珠高速公路108滑坡及防治工程分析[J]. 西南交通大学学报，2003，38（6）：633-637.

[24] 郑颖人，陈祖煜，王恭先，等. 边坡与滑坡工程治理[M]. 北京：人民交通出版社，2007.

[25] 郑明新. 滑坡防治工程效果的后评价研究[D]. 南京：河海大学，2005.

[26] 周建平. 中国典型工程边坡（水利水电工程卷）[M]. 北京：中国水利水电出版社，2008.

[27] 张玉芳，齐明柱，马华. 深圳市边坡病害及其防治[J]. 岩石力学与工程学报，2006，25（S2）：3412-3421.

[28] 万军利，张玉芳. 高速公路路堤预应力锚索桩板墙的施工技术[J]. 铁道建筑，2007（6）：60-62.

[29] 铁道部第二勘察设计研究院. 铁路路基支挡结构设计规范：TB 10025—2001[S]. 北京：中国铁道出版社，2003.

[30] 曾宪明. 深汕高速公路 K64 滑坡病害的整治[J]. 路基工程，2005（03）：66-69.